Andreas Lorenz

FROM ZERO TO WOMEN´S HERO

Wie ich lernte, die schönsten Frauen zu erobern

Bibliografische Information der Deutschen Nationalbibliothek:
Die Deutsche Nationalbibliothek verzeichnet diese Publikation in der
Deutschen Nationalbibliografie; detaillierte bibliografische Daten sind im
Internet über http://dnb.dnb.de abrufbar.

Inhalt: Andreas Lorenz
Lektorat: Jan-Christoph Bremenkamp
Umschlaggestaltung: Chris Gilcher

Herstellung und Verlag: BoD – Books on Demand, Norderstedt

ISBN: 978-3-7543-7241-8

Ein schrilles Piepsen reißt mich unsanft aus meinen Träumen. Ach verdammt, mein Wecker. Und das auch noch um fünf Uhr früh! Schlaftrunken ziehe ich meine Hand unter der Bettdecke hervor und schalte das nervtötende Ding aus. Was für ein Kraftakt, wenn man noch im Halbschlaf ist! Mein Arm erschlafft wieder und baumelt nun wie ein Pendel an der Bettkante hin und her. Ich fühle mich wie erschlagen; die Nacht war sehr kurz. Warum überhaupt? Ach ja, ich hatte gestern spontan Frauenbesuch bekommen. Eigentlich sind wir nur befreundet – *eigentlich*. So ist das im Leben. Es kommt immer anders als man denkt. Zumindest kam es so für sie. Was es damit auf sich hat? Nun, lass mich Dir diese verrückte Geschichte erzählen:

Eine Begegnung im Untergrund

Es war an einem Freitag im Winter. Eine eisige Jahreszeit stand allen bevor. Auch wenn die Kälte die meisten Menschen in ihre Wohnungen trieb, hatte ich an diesem Samstag etwas vor. Nichts Außergewöhnliches, ich hatte mich lediglich mit Freunden am Alexanderplatz in Berlin verabredet, um gemeinsam etwas trinken zu gehen.

Da stand ich nun in der U-Bahn-Station am „Alex", wie wir Berliner liebevoll sagen, und blickte auf die unruhige Menschenmasse. Ich hoffte, in dem Gewusel endlich meine Freunde zu erblicken, auf die ich hier so ungeduldig wartete. Doch die Jungs kamen nicht. Mir wurde mit jeder Minute kälter und ich zog den Kragen meines Mantels enger zusammen. Zwischendurch schaute ich immer wieder auf mein Smartphone, so als könnte ich hierdurch die Zeit vorspulen. Wo blieben sie bloß? Manchmal kam ich mir hierbei wie ein Idiot vor. Ich war stets pünktlich, während die anderen auf sich warten ließen. Und das jedes Mal aufs Neue. Zu spät kommen? Fehlanzeige, dafür war ich wohl zu deutsch und bin es bis heute. Also blieb mir nichts anderes übrig, als all die Menschen zu beobachten, die über den Bahnsteig strömten.

Überall nur Hektik, soweit das Auge reichte. Ein paar Leute rannten, um schnell noch ihre U-Bahn zu erwischen, und quetschten sich in die überfüllten Waggons zu den anderen Passagieren. Andere stiegen aus, vollbepackt mit schweren Einkaufstüten, und schleppten sich zur Rolltreppe Richtung Ausgang. Wie aus dem Nichts erspähte ich in diesem bunten Treiben plötzlich eine südländische, äußerst feminine Schönheit. Lass mich kurz in Erinnerung schwelgen und sie Dir beschreiben: Sie hatte schwarzes glattes Haar, dezentes Make-up und trug einen langen eleganten Mantel sowie dazu passende Stiefel. Und eines sei Dir gewiss: Ich war in diesem Augenblick nicht der einzige Mann, der ihr neugierig hinterherschaute.

So ist es ja meistens, dachte ich in diesem Moment. Wir schüchternen Männer sehen im Alltag wundervolle Frauen, aber trauen uns nicht, sie anzusprechen. Lieber verbleiben wir in der Rolle des Gaffers. Es verschafft uns ein Gefühl der Sicherheit, die Ladys nur aus der Ferne zu beobachten wie Zaungäste. Statt über unseren Schatten zu springen und etwas zu riskieren, liegen wir dann abends allein im Bett und bereuen unsere Untätigkeit. Zugleich träumen wir davon, wie es wäre, all diese Frauen einfach anzusprechen und mit unserem ganzen Charme zu verführen.

Doch ich entschied mich in diesem Moment anders. Ich wollte keine Traumblase aufsteigen lassen, sondern die Realität formen. Also tat ich, was jeder Mann in meiner Situation tun sollte: Ich fasste Mut und lief der südländischen Schönheit hinterher. Mein Herz klopfte leicht. Doch ich wusste, dass es kein Zurück geben durfte. Sie war ganz schön flink, als ob sie ziemlich unter Zeitdruck stände. Nach circa dreißig Metern, kurz vor den Rolltreppen, hatte ich sie endlich eingeholt. Ich tippte ihr leicht an die Schulter und sprach sie mit aufgeregter Stimme an:

»Entschuldige ... ähm ... das mag jetzt etwas verrückt klingen, aber du bist an mir vorbeigelaufen und ich konnte nicht anders, als dir zu sagen, dass du umwerfend aussiehst!«

Die südländische Dame blieb stehen und machte einen vorsichtigen Schritt zurück. Sie schaute mich nicht nur durchdringend an, sondern musterte mich von oben bis unten.

Eine Antwort auf mein Kompliment gab sie nicht. Kein guter Start. Im Gegensatz zu ihr sah ich auch nicht so elegant aus. Eher sportlich gekleidet. Zudem ein bisschen ungepflegt; ich hatte heute vergessen mich zu rasieren. Aber hier schoss mir eine wichtige Regel in den Kopf, die ich mir selbst auferlegt hatte:

„Wenn du dich entschieden hast, eine Frau zu erobern, dann lass dich nicht so schnell von deinem Ziel abbringen!"

Also ließ ich mich nicht verunsichern, sondern versuchte, die Fassung zu bewahren und streckte ihr zur Begrüßung meine Hand entgegen.

»Ich bin Andy, und wie heißt du?«

»Das sage ich dir nicht!«, antwortete sie in einem ernsten Tonfall.

Was für eine harte Nuss! Meine Hand schütteln wollte sie auch nicht. Sie schaute mich nur mit versteinerter Miene an. Komischerweise blieb sie aber dennoch bei mir stehen und blickte mir weiterhin in die Augen. Ganz schön kurios. Sie hätte mir schließlich auch den Rücken zuwenden und weglaufen können. Da sie das aber nicht tat, sondern abwartete, was als Nächstes passieren würde, empfand ich das als Chance, die ich nun ergreifen musste. Doch was sollte man in so einer Situation tun?

Die meisten Männer hätten wohl aufgegeben oder versucht, sie erneut nach ihrem Namen zu fragen. Vielleicht hätte das auch funktioniert, wahrscheinlich aber hätte das ihre distanzierte Haltung nur noch weiter verstärkt. Ich versuchte es deshalb mit Charme und Witz. Mir war klar: Eine Frau, die sich nicht öffnen will, ist entweder sehr schüchtern oder äußerst misstrauisch. In beiden Fällen wirkt ein leichtes, stets einfühlsames Necken

Wunder. Ein verschmitztes Grinsen huschte über meine Lippen, als ich sagte:

»Okay, verstehe. Vielleicht hast du gar keinen Namen und schämst dich dafür. Keine Sorge, ich bin Pfarrer von Beruf und kann dich Christina taufen.«

Ihr eisiger Blick taute nun endlich auf. Sie lachte, und zum ersten Mal sah ich, was für ein süßes Lächeln sie hatte. Zum Dahinschmelzen. Ich glaube, dieses Lächeln wird mich süchtig danach machen, sie zum Lachen zu bringen, dachte ich in diesem Moment. Da das Eis jetzt gebrochen war, antwortete sie freundlich, während sie sich kurz durchs Haar fuhr:

»Guter Witz! Ich habe einen Namen, aber mit Christina liegst du knapp daneben.«

»Na dann musst du mir jetzt deinen richtigen Namen verraten, schließlich kennst du ja auch meinen.«

»Ich heiße Layan. Du kannst aber auch Lalo zu mir sagen.«

»Freut mich, dich kennenzulernen, Lalo!«

Ein kleiner Erfolg, dachte ich freudig, aber ob das wohl reichen wird? Mich beschlich das Gefühl, dass sie sich kaum öffnen wollte. In so einem Fall würde ich sie mit weiteren Fragen nur in die Flucht schlagen, denn sie würde sich bedrängt fühlen wie in einem Verhör. Also beherzigte ich folgende Regel:

„Frauen sind uns Männern körperlich unterlegen und brauchen daher mehr Vertrauen, ehe sie sich auf einen neuen Menschen einlassen."

Um Vertrauen herzustellen, erzählte ich ihr von mir: Was mich hierher verschlagen hatte und was ich so trieb. Sie gab bejahende Worte von sich und nickte freundlich mit dem Kopf.

Stellte aber keine Fragen – und es kam mir langsam so vor, als würde ich einen Monolog führen. Nebenbei warf ich einen kurzen Blick auf mein Smartphone. Oh, die Jungs hatten angerufen! Es wurde also höchste Zeit, zu gehen.

»Ich treffe mich jetzt gleich mit ein paar Freunden. Wenn du willst, können wir Handynummern tauschen und mal was trinken gehen.«

Sie schüttelte den Kopf, aber lächelte weiterhin, als sie erwiderte:

»Ne, lieber nicht. Ich gebe Fremden nicht meine Handynummer.«

»Das verstehe ich. Wir können uns auch über Facebook schreiben, wenn dir das lieber ist.«

»Ne, ich denke nicht.«

»E-Mail?«, fragte ich hoffnungsvoll, obwohl ihr die Antwort schon auf die Stirn geschrieben stand.

»Das wird nichts. Du kannst mich höchstens am Moritzplatz bei der Arbeit besuchen kommen. Ich mache dort ein Pflichtpraktikum, bevor ich mit meinem Modestudium anfangen darf.«

Kaum zu glauben, sie hatte mich tatsächlich zu ihrem Arbeitsplatz eingeladen! Manchmal sind die Frauen wirklich schwer zu verstehen. Überglücklich, das Ruder herumgerissen zu haben, willigte ich ein und notierte mir ihre Arbeitsstelle in meinem Handy. Anschließend verabschiedeten wir uns, und diesmal gab sie mir sogar die Hand. Das mag zwar banal klingen, aber für mich war das ein grandioser Fortschritt. Ich hatte die

Tür zu ihrem Herzen etwas öffnen und einen kleinen Teil davon für mich gewinnen können.

Kurze Zeit nach diesem glücklichen Ereignis trafen endlich meine Freunde ein. Während wir langsam die Rolltreppe hinauffuhren und schließlich die dämmerige U-Bahn-Station hinter uns ließen, um in Richtung Kneipe zu gehen, erzählte ich den Jungs von meinem Erfolgserlebnis mit der südländischen Lady namens Lalo. So wie ich waren auch sie ganz verblüfft darüber, dass die Sache trotz erheblicher Startschwierigkeiten zu meinen Gunsten ausgegangen war. Manchmal muss man halt ein wenig Glück haben, dachte ich noch freudetrunken, als wir in der Kneipe Platz nahmen.

In die Höhle der Löwin

Vier Tage später. Hier gleich mal vorweg: Ich wartete nicht mit Absicht vier Tage. Ich bin mir sicher, Du kennst diese Regel, dass man mehrere Tage verstreichen lassen soll, um sich dann bei der Frau zu melden. Oder, wie in meinem Fall, um sie zu besuchen. Man versucht, sich künstlich rar zu machen, um interessanter auf die Auserwählte zu wirken. Der Nachteil: Die allermeisten Frauen stehen gar nicht auf solche Hinhaltetaktiken. In dieser Zeit der Funkstille geht jegliche Anziehungskraft verloren und die Erinnerung an die Konversation verblasst immer mehr. Wieso bin ich trotzdem erst so spät zu Lalos Arbeitsstelle gegangen? Nun, es blieb mir keine andere Wahl: Angesprochen hatte ich sie an einem Freitag, am Wochenende hatte sie von ihrer Arbeit frei und Montag war ich verhindert. Somit fand ich erst Dienstag die Zeit, mich in die Höhle des Löwen zu wagen. Besser gesagt, in die Höhle der *Löwin*. So wirklich Lust, sie auf der Arbeit zu besuchen, verspürte ich nicht. Aber irgendwie hatte sie mich gereizt und meine Neugier, einen Blick in ihr Leben zu werfen, hatte gesiegt. Vielleicht faszinierte mich ihre distanzierte Art, dieses Gefühl, dass sie nicht leicht zu haben war. Ich hatte nämlich schon immer die Herausforderung gesucht – und so war es wohl auch jetzt.

Also machte ich mich Dienstagnachmittag auf den Weg. Ich stieg in die U-Bahn Richtung Moritzplatz und ließ mich in eines der grässlich bunten Sitzpolster sinken, wie sie jedermann von öffentlichen Verkehrsmitteln kennt. Die Türen der Bahn schlossen sich; los ging die Fahrt. Während ich gedankenverloren durch die zerkratzte Fensterscheibe hindurch ins schwarzgraue Nichts des U-Bahn-Tunnels starrte, gingen mir alle möglichen Szenarien unseres Wiedersehens durch den

Kopf. Was sollte ich tun, wenn ihre Kollegen in der Nähe sein würden? Was, wenn sie keine Zeit für mich hatte? Oder wenn ihr Chef ein Arsch war und ich lediglich gefühlte zehn Sekunden Zeit haben würde, mich mit ihr zu unterhalten? Fragen über Fragen.

Manchmal kommt es mir vor, dachte ich, als ob wir Männer wie kleine Hunde sind. Die Frau hält uns das Stöckchen hin und wir laufen so lange hinterher, bis das Frauchen irgendwann sagt: „Brav, hier hast du dein Leckerli!" In meinem Fall war das Leckerli wohl ihre Handynummer. Egal! Statt darüber nachzudenken, sollte ich mich lieber auf meine Regel konzentrieren. Diese besagt ja, dass man unbedingt an seinem Ziel festhalten soll, wenn man sich einmal dafür entschieden hat, eine Frau zu erobern. Das hieß in meinem Fall: Ich hatte mich dazu entschlossen, Lalo zu besuchen, also gab es kein Zurück! Just in dem Moment verkündete die Sprachansage der Bahn, dass wir an der Station Moritzplatz angekommen waren. Die seelenlose Computerstimme aus den Lautsprechern holte mich zurück in die Realität.

Also verabschiedete ich mich von meinem Spiegelbild in der Fensterscheibe und meinen vielen Fragen, deren Antworten ich immer noch nicht kannte, und stieg aus der U-Bahn. Als ich aus der Station Moritzplatz ins Freie trat, fand ich mich in einem ansehnlichen Stadtteil aus Bürogebäuden, gepflegten Neubau-Mietwohnungen und herausgeputzten Ladengeschäften wieder. Ich begab mich auf direktem Weg zu Lalos Arbeitsstelle, indem ich suchend durch ein paar Seitenstraßen lief. An der Adresse, die sie mir beschrieben hatte, befand sich im Inneren eines großflächigen Heimwerkermarktes ein kleines, aber nett anzusehendes Atelier. Das musste es sein. Ich atmete kurz durch, um mich zu beruhigen, und öffnete vorsichtig die Tür zur Höhle der Löwin.

Als ich die Änderungsschneiderei betrat, erblickte ich sie sofort: schwarz gekleidet und genauso hübsch wie bei unserer ersten Begegnung vor ein paar Tagen. Sie saß an einer Nähmaschine inmitten eines Raumes, in dem Stoffzuschnitte, Scheren, Nähgarne und anderes Zeug bunt durcheinander auf großen Tischen herumlagen. Es war die typische Welt der textilen Handarbeit, die uns Männern oft fremd erscheint. Hochkonzentriert arbeitete Lalo an der Nähmaschine. Ich ging auf sie zu; sie blickte kurz hoch und warf mir ein Lächeln entgegen.

»Hey!«

»Hi Lalo, hier arbeitest du also.«

»Ja, ich nähe gerade etwas. Komm, ich zeig dir das mal!«

Ihr Fuß senkte sich behutsam auf das Pedal am Boden, während sie mit geübten Händen ein Stück Stoff hielt, auf den die Nadel wild einzuhämmern schien. Wie von Zauberhand entstand mit wenigen schnellen Stichen eine perfekte Naht. Sie lachte mich freundlich an, als sie meinen staunenden Blick bemerkte, der Bewunderung für ihr handwerkliches Geschick verriet.

Irgendwie wirkte sie diesmal zugänglicher als bei unserem ersten Kennenlernen in der U-Bahn-Station. Ob das an mir lag? Wohl kaum. Ich hatte eher das Gefühl, dass ihr die Arbeit richtig Spaß machte und das Nähen ihre Leidenschaft war. Das konnte ich deutlich erkennen, als sie mir ein paar Stiche später stolz wie ein kleines Kind ihr fertig genähtes Stoffstück präsentierte und ihre Augen dabei leuchteten. Ich hatte bis jetzt das Glück gehabt, Lalo für mich allein zu haben, denn ihre Kolleginnen standen dicht gedrängt in einem Nebenraum, vertieft in eine angeregte Unterhaltung. Aber nun hatten sie mich bemerkt. So langsam löste sich die kleine Menschentraube auf, und ich begrüßte flüchtig jede einzelne von ihnen. In mir kam dabei sofort der innere Drang auf, mich der Situation zu entziehen. Die Anwesenheit von Lalos Arbeitskolleginnen war mir nämlich lästig; sie störten mich nur dabei, mit meiner neu gewonnenen Bekanntschaft auf Tuchfühlung zu gehen. Also fragte ich Lalo, ob wir kurz einen Rundgang machen könnten. Sie bejahte, gab kurz den Kolleginnen Bescheid, und so gingen wir einmal durch den gesamten Heimwerkermarkt.

»Du scheinst deine Arbeit ja echt zu lieben. Man trifft selten Menschen, die etwas gefunden haben, worin sie komplett aufgehen.«

Ein Kompliment, das ich ihr bewusst unterbreitete. Frauen lieben zwar Komplimente über ihr Äußeres – aber noch viel mehr lieben sie Schmeicheleien über ihren Charakter und das, was sie als Mensch ausmacht. Ich merkte, dass sie sich darüber freute, und so setzten wir die Konversation fort, wobei wir über belanglose Themen sprachen. Während wir in dem großen Fachmarkt noch durch andere Abteilungen schlenderten, wandte sie kaum den Blick zu mir. War das erneut ein Zeichen der Schüchternheit oder eher der ablehnenden Distanz? Um diese Frau zu erobern, bedurfte es wahrlich einer Armee von Panzerknackern. Doch dem Ganzen setzte sie noch die Krone auf, als wir auf dem Weg zurück zu ihrer Näherei waren.

»Also Lalo, jetzt kennen wir uns ein bisschen und wenn du magst, lass uns doch demnächst mal was trinken gehen. Das wird sicher cool!«

Die freudige Reaktion, die ich mir auf meine Einladung erhofft hatte, blieb aus. Stattdessen hielt sie verlegen inne und begann etwas zu stammeln. Heraus kam der magische Satz, der jeden Mann sofort von Wolke sieben ins Bodenlose stürzen lässt:

»Ich weiß nicht, ob das so eine gute Idee ist. Ich will ehrlich zu dir sein: Lass uns lieber Freunde bleiben!«

Ahhhh! Freunde bleiben? Ja ne, ist klar. Ich hatte sie angesprochen, war den weiten Weg hierher gefahren und hatte mich in die Höhle der Löwin begeben, um mir anschließend eine Ohrfeige abzuholen? Mal ganz ehrlich: Was würdest Du in dieser Situation tun? Nun, ich kannte nur eine Lösung. Und die lautete:

„Wenn eine Frau einen Schritt zurückgeht, gehst du zwei Schritte zurück und dann wieder einen Schritt vorwärts."

Also antwortete ich:

»Freunde? Ich glaube, wir werden nur Bekannte. Ich weiß nicht, ob ich mit einer Frau wie dir klarkommen würde. Wir sind eher wie Hund und Katze, wir passen nicht so wirklich zusammen.«

Das hatte ganz schön gesessen! Ich merkte, wie sie für eine Millisekunde das Gesicht verzog. Das war ein untrügliches Zeichen dafür, dass ihr meine Aussage überhaupt nicht gefallen hatte. In der Körpersprache nennt man dies übrigens „Mikro-Signale". Man muss sehr geübt darin sein, diese bewusst zu erkennen. In der ersten Folge der Serie „Lie to me" erklärt Dr. Cal Lightman genau dieses Phänomen. Beispielsweise nehmen wir intuitiv wahr, wenn unser Gegenüber nicht die Wahrheit sagt, ohne dass wir genau wissen, woran wir die Lüge erkennen. Wir haben lediglich ein ungutes Gefühl, eine dunkle Ahnung, dass „irgendetwas" mit diesem Menschen nicht stimmt. Das liegt an den nonverbalen Signalen, die wir in der

Kommunikation unbewusst aufnehmen und deuten. Aus Sicht des anderen heißt das: Eine Lüge lässt sich kaum verbergen, denn die verräterischen Mikro-Signale sind nur schwer kontrollierbar. Etwas überspitzt ausgedrückt: Unser Körper sagt stets die Wahrheit und lügt nie. Deswegen sollten wir Männer beim Flirten immer auch auf die Körpersprache der Frau achten, und nicht nur auf das gesprochene Wort.

An ihrer Reaktion wurde mir so langsam klar, dass sie irgendetwas auf Distanz hielt, sie aber dennoch Interesse an mir hatte. Vielleicht vertraute sie mir einfach nicht, hatte einen Freund oder hatte schlechte Erfahrungen mit Männern gemacht? Das alles war möglich; ihr Verhalten ließ viel Raum für Spekulation. Kurz bevor wir wieder an ihrer Näherei angekommen waren und ich im Dunstkreis ihrer kumpelhaften Arbeitskolleginnen endgültig in der Friendzone enden würde, meldete sich mein Jagdtrieb. Ohne Beute nach Hause zu gehen, wäre in der Steinzeit fatal gewesen für einen Jäger. Im einundzwanzigsten Jahrhundert schien die Handynummer einer Frau die Trophäe zu sein, die echte Männlichkeit auszeichnete. Zumindest kam es mir manchmal so vor. Also wagte ich nun den Schritt vorwärts:

»Was hältst du davon, wenn wir etwas trinken gehen?«

»Naja … also wir können ja bei mir auf der Arbeit was trinken.«

Der nächste Hammer! Diese Frau machte mich fertig. Bei ihr auf der Arbeit was trinken? Ja, vielleicht lade ich noch meine Oma und meinen Opa ein, und wir machen ein gemütliches Kaffeekränzchen, dachte ich enttäuscht. Es brachte nichts, ich musste ihr jetzt ein Ultimatum stellen. Wenn sie mir kein Stück entgegenkam, hatte das zurückhaltende Flirten keinen Sinn. Deshalb setzte ich ihr die sprichwörtliche Pistole auf die Brust:

»Also Lalo, entweder wir treffen uns in einem normalen Café oder wir lassen es bleiben. Die Wahl liegt bei dir!«

Sie zögerte kurz. Dachte nach. Fast meinte ich, es in ihrem Kopf rattern zu hören. Würde ich es doch noch schaffen, die störrische Löwin zu bändigen und durch meinen Feuerreifen springen zu lassen? Zumindest schien ich ihr doch nicht ganz gleichgültig zu sein. Sonst würde sie wohl kaum so lange überlegen, sondern hätte gleich einen Schlussstrich unter das Ganze gesetzt.

»Okay. Wo und wann?«

Es klappte. Die Löwin fraß mir aus der Hand. Ich schickte so etwas wie ein Gebet in Richtung Himmel: Gott, wenn du dafür verantwortlich bist, dann danke ich dir! Wir standen jetzt wieder vor ihrer Näherei. Gleich würde sie sich verabschieden und dort hinein verschwinden, um sich wieder ganz ihren Stoffen zu widmen. Ich wollte aber nicht ohne Beute nach Hause.

»Wollen wir nicht Handynummern tauschen und das dann spontan beschließen? Finde ich besser, als wenn wir uns jetzt sofort festlegen.«

»Ich gebe Fremden aber nicht meine Handynummer.«

Okay, da sprach wohl die Stimme ihrer besorgten Mutter aus ihr. Wie oft haben wir als Kinder zu hören bekommen, dass wir keine Süßigkeiten von Fremden annehmen, geschweige denn, zu ihnen ins Auto steigen sollen? Es darf ja auch nicht zu leicht werden, dachte ich etwas zynisch. Also, was sollte ich jetzt tun? Nach Facebook-Namen oder E-Mail-Adresse fragen? Ach, diese Hoffnung hatte ich schon lange aufgegeben. Meiner Meinung nach gab es nur einen richtigen Weg:

»Natürlich, wie konnte ich das vergessen! Lass uns übermorgen um neunzehn Uhr am Hermannplatz vor dem Donut-Laden treffen. Weißt du, wo der ist?«

»Ne, aber das finde ich schon. Dann treffen wir uns übermorgen dort!«

Sie gab mir zum Abschied die Hand, ehe sie in der Näherei verschwand und sich wieder ans Werk machte. Ich blieb freudig, aber gleichzeitig auch etwas ratlos zurück. Mir schoss bloß ein Gedanke durch den Kopf: Ob sie wohl kommen wird? Ich war optimistisch, trotz allem. Irgendwie hatte ich das Gefühl, dass sie eine Frau war, die sich an Abmachungen hielt. Mal schauen, ob dem auch so ist, dachte ich erwartungsvoll.

Wie ich Lalo um ein Haar abserviert hätte

Zwei Tage später. Ich war gerade zu Besuch und saß gemütlich auf einer braunen Couch. Bei wem ich war? Bei Bernhard, einem Mitstreiter aus alten Tagen. Bernhard wohnte in einer eigenen Zweizimmerwohnung im Herzen von Berlin-Neukölln. Während ich dasaß und seinen Maya-Kalender an der Wand betrachtete, der von zahlreichen persönlichen Urlaubsfotos umrahmt war, musste ich an unsere aufregende Zeit zurückdenken.

Wir waren in vielen Ländern Europas unterwegs gewesen, um dort wunderschöne Frauen kennenzulernen. Als ich auf die Bilder blickte, fiel mir wieder ein, dass Bernhard damals noch lockiges Haar gehabt hatte. Viele Frauen hatten ihn deshalb für einen Dichter gehalten, in Wirklichkeit war er jedoch Informatiker. Mit seiner Haarpracht und seinem Hang zu tiefgründigen Betrachtungen über Gott und die Welt hatte er tatsächlich immer den Eindruck eines Künstlertypen erweckt. Doch seit er einen modernen Kurzhaarschnitt hatte, wurde er von den Frauen nicht mehr so leicht für einen zweiten Schiller gehalten. Unsere gemeinsamen Erlebnisse hatten uns fest zusammengeschweißt, sodass wir sehr gute Freunde geworden waren. Nicht nur privat, auch beruflich versuchten wir, einiges auf die Beine zu stellen. Unser Plan war es, zusammen ein Flirtcoaching-Unternehmen in Berlin aufzubauen.

Als Bernhard mir eine Tasse heißen Früchtetee servierte, fing ich an, ihm von Lalo zu erzählen: wie ich sie in der U-Bahn-Station am „Alex" angesprochen, dann auf der Arbeit besucht und mir an ihrer zurückhaltenden Art immer wieder fast die Zähne ausgebissen hatte. Bernhard überlegte kurz und fragte:

»Und ihr trefft euch heute?«

»Ja, in gut einer Stunde muss ich los.«

»Meinst du, sie kommt?«

Sein Blick verriet Skepsis, aber ich war weiterhin zuversichtlich.

»Weiß ich nicht. Ich habe da ein zwiespältiges Gefühl. Ich hoffe es, denn irgendwas an ihr ist besonders.«

»Ach, wir wissen beide, dass jede Frau etwas Besonderes an sich hat.«

»Ja, aber was ist die Steigerung von besonders? Genau das ist sie nämlich für mich. Anders eben.«

Mir wurde allmählich klar, dass sie wirklich anders war. Ich hatte in den letzten Jahren viele Mädels angesprochen, aber mit keiner war es so ein zähes Ringen gewesen wie mit Lalo. Auch wenn viele Männer es nicht glauben können: In der Regel ist es sogar sehr leicht, hübsche Frauen kennenzulernen. Man muss nur wissen, wie. Aber Lalo machte es einem wahrlich nicht einfach. Eine Frau, die nicht so leicht zu haben war, hatte allerdings auch ihren Reiz für mich. Das war jedoch ein schmaler Grat, auf dem Lalo wanderte. Denn wenn eine Frau ihrerseits keinerlei guten Willen zeigt und keine Signale der Flirtbereitschaft aussendet, verliert so mancher Mann schnell das Interesse.

Meine Tasse Früchtetee hatte ich geleert; jetzt war ich aufgewärmt und musste mich fürs Date mit Lalo fertigmachen. Während ich aufstand und ins Bad ging, blieben meine Gedanken weiter an dieser rätselhaften Frau hängen. Ich war mir ziemlich sicher, dass sie mit ihrer Art, Männer kennenzulernen, viele schüchterne Jungs vergraulte. Wer würde sich schon so etwas antun? Bei dieser Frage blickte ich in den Badezimmerspiegel und mein Alter Ego schien mir stumm die passende Antwort zu geben: Der Einzige, der sich so etwas antut, bin ich. Als ich ausgehbereit war, kehrte ich zurück ins Wohnzimmer und sagte:

»Alles klar, Bernhard, ich bin ready und muss jetzt los.«

»Okay, viel Spaß! Und erzähl mir danach, wie es war.«

»Ja, ich rufe dich an.«

Die Tür ging hinter mir zu und ich machte mich auf den Weg zum vereinbarten Treffpunkt. Zum Glück hatte ich nicht so weit zu fahren und war pünktlich – wie immer. Ich stellte mich am Hermannplatz vor den Donut-Imbiss und wartete. Der Laden befand sich direkt an der Ecke einer vielbefahrenen Straßenkreuzung. Es herrschte reger Verkehr. Autos, Fahrradfahrer, Fußgänger, alles strömte an mir vorbei, während ich auf dem schmalen Bürgersteig an der Straßenecke auf Lalo wartete. Ungeduldig blickte ich auf mein Smartphone, um die Uhrzeit zu checken.

Es vergingen fünf Minuten, zehn Minuten, fünfzehn Minuten. Der Countdown tickte gnadenlos. Die Hoffnung zerrann wie Sand zwischen meinen Händen. Wo blieb sie nur? Sie kommt bestimmt nicht, dachte ich entmutigt. All die Strapazen, sie auf der Arbeit zu besuchen und um dieses Date zu kämpfen, waren umsonst gewesen. Nun, am Ende des Tages, stand ich mit leeren Händen da. Das ärgerte mich; wie hatte ich ihr bloß so blind vertrauen können? Wenn man Interesse an seinem Gegenüber hat, dann tauscht man doch erst Kontaktdaten aus und vereinbart nicht sofort ein Date! In welcher Zeit leben wir denn? Ich wagte den ersten Schritt in Richtung U-Bahn, entschlossen, die Heimreise anzutreten. Doch dann sah ich plötzlich eine Frauengestalt mit eiligen Schritten auf mich zulaufen, in modischen Stiefeletten und eingehüllt in einen schwarzen

Mantel. Diesmal hatte sie sogar kleine Löckchen, die ihrer eleganten Gesamterscheinung fast wortwörtlich die Krone aufsetzten. Außer Puste streckte Lalo mir ihre Hand entgegen und sagte:

»Hey, sorry, ich habe mich verlaufen. Wartest du schon lange?«

»Ja, ich wollte gerade gehen, weil ich dachte, du kommst nicht.«

»Oh, dann hab' ich ja nochmal Glück gehabt.«

Ja, das hatte sie. Und ich auch. Um ein Haar wäre dieses Kapitel für immer geschlossen worden, noch bevor die Geschichte richtig angefangen hatte. Denn sie auf der Arbeit erneut besuchen und mir in der Höhle der Löwin weitere Kratzer holen? Nein, das hätte ich nicht gemacht. Es ist wichtig, zu verstehen, wann man einer Frau hinterherlaufen sollte und wann nicht. Doch meine Hartnäckigkeit sollte sich bei Lalo noch auszahlen, wie Du später lesen wirst. Es passierten noch erstaunliche Dinge, auf die ich heute noch mit verwundertem Kopfschütteln zurückblicke. Was doch alles möglich ist, wenn man als Mann nicht bloß Zaungast seines eigenen Lebens bleibt, sondern beginnt, das heiße Eisen seines persönlichen Glücks zu schmieden!

Herzlich willkommen, liebe Leserin und lieber Leser, in meiner Welt! Es gibt viele tolle Flirt-Ratgeber da draußen, von denen Du vielleicht schon den einen oder anderen gelesen hast. Doch dieses Buch ist anders. Ich werde Dir meinen Weg zeigen, wie ich es geschafft habe, vom schüchternen Kerl zu einem begehrenswerten Mann zu werden, mit dem Frauen die leidenschaftlichen Momente des Lebens genießen wollen. Die Geschichte, die Du hier liest, ist meine eigene. Sie ist also kein erfundener Roman, sondern meine ganz persönliche Autobiografie. Alle Details darin sind wahr, lediglich habe ich ein paar Unkenntlichmachungen vorgenommen, um die Anonymität mancher Personen zu wahren. Mir ist es wichtig, Dich in eine Welt zu entführen, in der Du die Psychologie zwischen den Geschlechtern verstehst. Gleichzeitig wünsche ich mir, dass Du beim Lesen Spaß hast und die Lektüre als Inspiration für Deine eigene Entwicklung nimmst. Genau aus diesem Grund habe ich dieses Buch geschrieben. Ich hoffe, es ist mir gelungen!

Dein Andreas

MEINE ERSTEN GEHVERSUCHE ALS VERFÜHRER

Anfang 2008: Wie alles begann

Das regelmäßige Tuten des Freitons erklang. Ich hatte gerade die Telefonnummer von Thomas gewählt und wartete nun darauf, dass er ranging. Thomas war ein Kumpel, den ich seit meiner Kindheit kannte. Wir lebten in derselben Siedlung in einem kleinen Dorf in Bayern. In dem Kaff konnte man nichts anderes machen, als all die Schweine zu zählen – und auf ihnen zu reiten, wenn man mutig war. Sehr aufregend, ich weiß. Als Familie hier zu leben mochte ganz angenehm sein, für einen Siebzehnjährigen in der Pubertät, der die große Welt entdecken wollte, war es allerdings eine Qual. Thomas und ich beschäftigten uns überwiegend mit sportlichen Aktivitäten, aber waren gleichzeitig auch echte Zocker, die vom Computerspielen nie genug bekamen. Eine eher ungewöhnliche Mischung für unser Alter, doch unsere Eltern waren wahrscheinlich froh, wenn wir zwischendurch auch mal den PC ausschalteten und etwas für unsere Fitness taten. Endlich hob er den Hörer ab.

»Hey Thomas, ich komme heute nicht mit zum Training.«

»Wieso nicht?«

»Erklär ich dir später, okay? Ich bin gerade auf dem Sprung und muss den Zug nach Regensburg erwischen.«

»Okay«, antwortete er demonstrativ unbeeindruckt, ehe ich auflegte.

Thomas und ich machten Tae-Kwon-Do. Es kam so gut wie nie vor, dass wir uns das Training entgehen ließen. Kein Wunder, dass er meine Antwort unbefriedigend fand. Was ich ihm in dem kurzen Telefonat vorenthalten hatte: An diesem Freitag hatte ich etwas Verrücktes vor, eine spontane Aktion, die mein Leben für immer verändern sollte. Über das Internet hatte ich eine Plattform von Männern gefunden. Sie trafen sich regelmäßig, um Frauen anzusprechen und sich über die Geheimnisse der Verführung auszutauschen. Das Ganze hatte mich neugierig gemacht und versprach eine spannende Abwechslung zu meinem dörflichen Alltagstrott. Und welcher Mann wollte das nicht, hübsche und nette Mädels kennenlernen? Ich hatte mir schon immer die Frage gestellt, wieso andere Typen die heißesten Frauen abbekamen, während ich von diesen ignoriert wurde und jedes Mal leer ausging. Mir war einfach klar: Ich musste etwas an meinem Leben ändern.

Also packte ich meine Sachen und stieg an unserem kleinen Bahnhof in den Zug, um das Kuhdorf für ein paar Stunden hinter mir zu lassen. Als der Zug in den Regensburger Hauptbahnhof einfuhr, war ich etwas aufgeregt. Ich wusste einfach nicht, was mich erwarten würde. In der Großstadt schlägt der Puls des Lebens schneller als auf dem Lande, das spürte ich sofort, als ich aus dem Zug stieg. Menschen strömten hektisch durcheinander, Werbetafeln leuchteten bunt und die vielen Geschäfte boten einen verlockenden Konsum bis zum Überdruss. Ich verließ den Bahnhof, durchquerte einen kunstvoll gepflegten Park und bahnte mir den Weg durch die Einkaufsstraße. Kurz darauf erreichte ich einen großen Platz, der mit seinem historischen Flair zahlreiche Touristen anlockte. Hier steuerte ich auf ein Café zu, wo der Treffpunkt dieser mysteriösen Männergruppe sein sollte.

Dieses Lokal war mir wohlbekannt, denn es handelte sich zufällig um jenes Stammcafé, in dem ich mich regelmäßig mit Thomas und drei anderen guten Freunden traf. In der warmen Jahreszeit waren Tische und Stühle vor dem Laden aufgestellt, um die Gäste auch draußen zu verwöhnen. Doch jetzt zeugten nur noch sechs traurig eingeklappte Sonnenschirme von dem sommerlichen Highlight.

Ich öffnete die Eingangstür. Beim Betreten der Räumlichkeiten schlug mir sofort warme Heizungsluft entgegen, die einen wohltuenden Kontrast zu den winterlichen Außentemperaturen boten. Nicht nur meine Nervosität, auch die Wärme des Cafés würde mich ganz bestimmt ins Schwitzen bringen, wenn ich nicht bald meinen dicken Mantel auszog. Ich schaute mich suchend um. Auf der rechten Seite befand sich eine lange Theke, an der allerhand Kaffeespezialitäten, Kuchen, Salate und andere Speisen zubereitet wurden. Vor mir erstreckte sich ein regelrechtes Meer aus lauter kleinen Sitzgruppen, in denen vereinzelt Leute saßen. Ganz hinten, etwas abgeschirmt von neugierigen Blicken, entdeckte ich einen Tisch, an dem sich mehrere Männer versammelt hatten. Das mussten sie sein.

Mit langsamen, zögerlichen Schritten näherte ich mich der geheimnisvollen Bruderschaft und fragte etwas unsicher, ob ich hier richtig sei. Sie bejahten und wiesen mir einen Platz zu. Nun erkannte ich auch den Kerl, mit dem ich im Internet dieses Treffen vereinbart hatte. Er hieß Martin, ein gewöhnlicher Typ. Er hatte kurze gegelte Haare, trug ein weißes Hemd und hatte ein paar Kilos zu viel auf den Rippen. Die Runde war voll: sechs Männer und sogar eine Frau, die alle Mitte zwanzig waren. Nein, Moment ... sieben Männer. In diesem Augenblick stolzierte noch ein Kerl hinzu, der wohl interessanteste in dieser Gruppe. Elias war sein Name; er war extra aus München angereist und trug einen pinken Schal. Damit praktiziere er derzeit Peacocking, wie er uns – seinem Publikum – verkündete. Hier musste ich nochmal nachhaken:

»Peacocking? Was meinst du damit?«

»Naja, es geht darum, auffällige Kleidung zu tragen. Du musst aus der Masse herausstechen und das probiere ich derzeit mit dem pinken Schal aus. Lustigerweise hat mir den meine Oma geschenkt.«

»Und, funktioniert's?«

»Ja, die Frauen schauen einen schon genauer an. Das Geheimnis hierbei ist aber, dass du es nicht übertreiben darfst. Sonst wirkt es albern.«

Interessant. Ob ich mir auch einen pinken Schal zulegen sollte? So recht entschlossen war ich noch nicht. Aber mit seiner Theorie schien er nicht falsch zu liegen. Menschen, die sich extravagant kleiden, wirken viel interessanter; das war mir schon klar. Gewöhnliche Kleidung kommt unscheinbar und langweilig rüber, wohingegen ausgefallene einen ganz besonderen Reiz hat, für den gerade die Damenwelt empfänglich ist.

Mittlerweile kam in mir die Frage auf, was Steffi – die einzige Frau in unserer Gruppe – dazu bewogen hatte, an diesem Treffen teilzunehmen, denn all die Gespräche wirkten so, als wäre hier eine eingeschworene Männergemeinschaft versammelt. Noch bevor ich den Mund aufmachen konnte, ergriff ein forscher Kerl das Wort und kam mir zuvor. Er fragte Steffi, was sie hierher getrieben habe, schließlich sei es als Frau total ungewöhnlich, zu so einem Männertreff zu kommen. Sie antwortete gelassen:

»Ach, ich interessiere mich für die Verführung. Es ist einfach spannend, zu erfahren, welche psychologischen Faktoren dazu führen, dass man jemanden anziehend findet.«

Aha. Eine ziemlich nüchterne und distanzierte Antwort. Irgendwie hatte ich den Eindruck, dass Steffi uns nicht die ganze Wahrheit verriet, sondern abwiegelte. Sie war bloß gekommen, um ihren Wissensdurst zu stillen? Dann hätte sie schließlich auch ein paar kluge Ratgeber lesen können, statt so eine ungewöhnliche Versammlung zu besuchen. Nein, mich beschlich das Gefühl, dass sie vor allem deshalb an dieser Männerrunde teilnahm, weil sie das Flirten in der Praxis lernen wollte – genauso wie wir Jungs auch. Nur schämte sie sich anscheinend dafür, weil sowas ein eher ungewöhnlicher Schritt für eine Frau war. Das fand ich sehr schade. Schließlich sollten sich Frauen genauso einfach Hilfe suchen können, wenn sie ihr Singledasein satt haben und nicht wissen, wie sie den richtigen Partner bekommen. Meine Gedanken wurden unterbrochen, als Elias wieder das Wort ergriff und folgende Frage in den Raum warf:

»Wir haben genug geredet. Lasst uns Action machen! Wer hat Lust, loszuziehen und Frauen auf der Straße anzusprechen?«

Wild entschlossen wie ein angriffslustiger Stier schaute er von einem zum anderen, die Hände auf dem Tisch zu Fäusten geballt. Bleierne Stille. Betretene Blicke. Jetzt wurde es ernst in der versammelten Bruderschaft. Die Spannung stieg immer weiter. Hätte in diesem Moment jemand ein Streichholz entzündet, die Luft hätte wohl zu brennen angefangen.

»Ich, ich bin dabei!«

Alle drehten die Köpfe und blickten auf mich. Hatte ich das gerade wirklich gesagt? Scheiße! Mir rutschte jetzt schon bei dem Gedanken, wildfremde Mädels anzuquatschen, das Herz in die Hose. Aber ich wollte unbedingt die Magie erleben, die in so einem Moment zwischen den Geschlechtern entstehen konnte.

Ich wollte außerdem wissen, ob Elias wirklich so gut darin war, Frauen anzusprechen und sie mit seinen Worten zu verzaubern – oder ob er nur ein Hochstapler war, der uns alle mit seinem Bluff hereinlegte. Martin hatte ihn anfangs zumindest als einen Typen beschrieben, der es mit den Frauen drauf haben sollte. Diese Behauptung musste jetzt auf den Prüfstand. Also zahlten wir alle unsere Getränke, verließen das gemütliche Café und setzten uns wieder der kühlen Luft dieses Winterabends aus. Angesichts dessen, was mich gleich hier draußen erwarten sollte, erschien mir der Schritt über die Türschwelle fast wie ein Sprung ins kalte Wasser.

Es war bereits dunkel, aber die Geschäfte hatten noch geöffnet und tauchten die Einkaufsstraße in ein angenehmes Licht. Ein paar Leute waren noch unterwegs und die Chancen, hübschen Frauen zu begegnen, standen relativ gut. Alle aus unserer Gruppe blickten erwartungsvoll auf Elias … und er tat es wirklich! Ich konnte kaum fassen, was ich aus der Ferne sah: Er ging auf ein süßes Mädel zu, stoppte sie mit einer kurzen Handgeste und sagte etwas zu ihr. Sie lachte und schon war er in ein Gespräch mit ihr vertieft. Die anderen Männer schienen ebenso viel Respekt vor diesem mutigen Kerl zu haben, kannten das ganze Schauspiel aber schon von unzähligen Treffen zuvor und verfolgten das Geschehen weniger interessiert als ich. Martin ermahnte mich unauffällig, nicht so offensichtlich hinzustarren. Wenn die Lady mitbekommen würde, dass wir zu Elias gehörten, konnte das jede weitere Annäherung an sie gefährden. Sie würde das Gefühl bekommen, es ginge hier nur um eine Wette und das Gespräch würde wahrscheinlich ein schnelles Ende finden.

Trotzdem konnte ich meinen Blick nicht abwenden. Was gerade geschah, war unfassbar. Es sah so einfach aus, als wäre es das

Normalste der Welt. Und das sollte es auch eigentlich sein! Schließlich gehören Mann und Frau von Natur aus zusammen und müssen sich irgendwo kennenlernen. Elias kam grinsend zurück und meinte, sie habe einen Freund. Er fügte achselzuckend hinzu:

»Aber hey, das ist okay. Gibt ja schließlich genug Mütter, die hübsche Töchter haben!«

Seine Gelassenheit war bewundernswert. Manch anderer Mann wäre hier schon am Boden zerstört gewesen und wäre in Selbstzweifel versunken. Nicht so Elias; er wirkte immer noch hoch motiviert, als hätte er eben gar keinen Korb bekommen, sondern einfach nur ein tolles Gespräch mit einer schönen Frau gehabt. Diese Sichtweise muss ich mir zu eigen machen, dachte ich in diesem Moment.

Wir standen in der Einkaufsstraße, als Elias ein Klamottengeschäft erblickte. In dem Laden herrschte absolute Leere; keine Menschenseele war zu sehen. Nur eine heiße Verkäuferin saß ihre Zeit am Tresen ab. Elias schaute auffordernd in die Runde und fragte:

»Martin, du oder ich?«

»Ich überlasse dir den Vortritt, Elias, schließlich bist du nicht so oft in Regensburg«, antwortete Martin.

Elias grinste und wirkte so, als wäre es eine große Ehre für ihn, diese schöne Verkäuferin ansprechen zu dürfen. Offenbar hatte ich es hier mit einem richtigen Teufelskerl zu tun, der keine Furcht kannte. Schnurstracks ging er in den Laden und steuerte auf das Objekt seiner Begierde am Tresen zu. Irgendwie war ich heilfroh, dass Elias nicht mich gefragt hatte, diese Mutprobe anzugehen. Das wäre ganz schön peinlich geworden, denn ich hätte mich niemals dazu überwinden können. Auch im Bekleidungsgeschäft schien es zu laufen wie am Schnürchen. Beide lachten und ich konnte durch die Scheibe sehen, dass die Verkäuferin Elias mehr als nur sympathisch fand. Dieser Typ schien wahrlich den richtigen Zauberstab zu haben, um die Mädels in seinen Bann zu ziehen! Kurze Zeit später kam er aus dem Laden heraus und sagte überraschend, er müsse Richtung Hauptbahnhof gehen. Sein Zug zurück nach München komme bald. Elias war wirklich ein verrückter Vogel. Auf dem Weg zum Bahnhof ließ er sich keine Gelegenheit zum Flirten entgehen. War die Ampel rot? Saß dort irgendwo ein Mädel auf der Bank? Oder stand herum und schien zu warten?

»Perfekt, die zwei da drüben spreche ich an«, erklärte er in solchen Situationen grinsend.

Man konnte fast schon meinen, er wäre süchtig nach Glücksgefühlen. Ich persönlich hielt ja nichts von Drogen, aber dieses Rauschmittel, welches Elias da hatte, wollte ich auch genießen. Koste es, was es wolle! Es wurde Zeit, dass ich, der schüchterne und unerfahrene Junge aus der Oberpfalz, mich in einen selbstbewussten Kerl verwandelte, der gut gekleidet durch die Großstadt lief und die Frauen zum Lächeln brachte. So wie Elias. Für seine Eskapaden ging natürlich jede Menge Zeit drauf. So brauchten wir für eine Strecke von circa fünf Minuten locker fünfzehn, weil er ständig nach links und rechts ausscherte und Frauen mit seinen originellen Sprüchen anquatschte. Trotz des langsamen Tempos, das wir hinlegten, war es das reinste Feuerwerk für mich. Er sprengte alle Grenzen, die ich mir je hatte vorstellen können. Frauen auf der Straße ansprechen? Pah, sowas klappt doch nie! Ja, so hatte ich bis vor fast einer Stunde auch gedacht. Doch dieser Kerl hatte mich eines Besseren belehrt mit seinen wilden Aktionen. Endlich am

Bahnhof angekommen, hatten wir noch ein bisschen Zeit, ehe Elias Richtung München abdampfen würde. Jetzt stellte er eine Frage, die meine Augen zum Leuchten bringen ließ:

»Bisschen Zeit ist noch, wer hat Lust, mit mir gemeinsam Frauen anzusprechen?«

»Ich, Elias!«, antwortete ich ohne zu zögern.

»Okay Andy, komm mit!«

»Ich bin aber nicht so gut darin; ich schaue dir nur zu.«

»Kein Problem, schaue zu und lerne!«

Die anderen warteten, während wir zwei in den Burger-Imbiss im Hauptbahnhof hineinspazierten. Elias zeigte auf eine junge Frau, die in einer Ecke am Tisch saß und telefonierte. Ich bekam Herzrasen. Komisch, obwohl doch Elias das Ruder in der Hand hielt und das Reden übernehmen würde. Wir gingen gemeinsam auf das Mädel zu und er eröffnete das Gespräch:

»Hey, ich weiß, du telefonierst gerade, aber es soll hier in Regensburg einen Flughafen geben. Weißt du, wo der ist?«

Was zum Teufel ist denn das für eine Frage, dachte ich mir. In Regensburg lebten zu der Zeit circa hundertdreißigtausend Einwohner und der nächste Flughafen befand sich in Nürnberg oder München. Sie zögerte kurz, dann antwortete sie irritiert:

»Flughafen, hier in Regensburg? Also, ich habe davon noch nie etwas gehört.«

»Ach, typisch Frau! Ihr wisst einfach nie über eure eigene Stadt Bescheid«, neckte Elias sie.

Ich konnte es nicht fassen. Mir verschlug es die Sprache und ich stand nur stumm daneben. Für die Frau sah ich bestimmt aus wie ein Kerl, dem gerade die Kinnlade zu Boden gefallen war. Elias machte noch ein paar Witze und wir verabschiedeten uns. Immerhin bekam ich ein Tschüss aus mir heraus. Mein Mitstreiter klopfte mir anerkennend – und wohl auch ein wenig aufmunternd – auf die Schulter, als wir aus dem Burger-Laden wieder raus waren. Wenigstens eine einsilbige Verabschiedung hatte ich hinbekommen. Auf dem Weg zurück zu den anderen Jungs fragte ich ihn bestürzt:

»Flughafen in Regensburg? Wie kommst du denn auf sowas?«

»Ach, ist mir spontan eingefallen. Du musst einfach nur ins Gespräch kommen.«

Und hiermit hatte er mir eine wichtige Lektion offenbart:

„Es kommt nicht darauf an, was du sagst, sondern es geht in erster Linie darum, mit der Frau ins Gespräch zu kommen."

Einleuchtend, fand ich. Wir trafen wieder auf unsere Gruppe und Elias verabschiedete sich, denn sein Zug würde in ein paar Minuten eintreffen. Sehr schade, schließlich hatte ich ihm eine Menge zu verdanken. Ich beschloss, ebenfalls den nächsten Zug zu nehmen, musste allerdings noch dreißig Minuten warten. Auch die anderen setzten sich in Richtung ihrer Heimat in Bewegung, genauso schwer beeindruckt von dem heutigen Tag wie ich. Martin und ich warteten noch zu zweit im Bahnhof, als er auf einmal das Wort ergriff:

»Lass uns rausgehen, eventuell können wir auch ein paar Mädels ansprechen.«

Nichts lieber als das! Als wir draußen auf dem Platz vor dem Hauptbahnhof standen, sah Martin ein Mädchen in meinem Alter.

»Wie wäre es mit der da?«

»Du meinst die Große?«

»Ja! Geh doch einfach zu ihr rüber.«

»Und was soll ich sagen?«

»Was dir gerade in den Sinn kommt.«

Na super, dachte ich mutlos. Ob das gutgehen würde? Ich zögerte etwas und versuchte mir einzureden, so schwer könne das doch nicht sein. Bei Elias sah das schließlich alles so leicht aus. Also: drei … zwei … eins … los! Verdammt, meine Beine zitterten. Ich stand wie angewurzelt da, mein Herz schlug mir bis zum Hals. Okay, neuer Anlauf: drei … zwei … schubs! Martin stieß mich mit der Hand leicht nach vorne. Das hatte ich wohl bitter nötig. Wenigstens bewegte ich mich jetzt langsam auf das Mädel zu. Als ich vor ihr stand, schaute sie mich fragend an, während sie lässig Kaugummi kaute.

»Hey, hast du Lust, mit mir mal einen Kaffee trinken zu gehen?«

»Ne!«, antwortete sie genervt.

»Musst wohl Kaugummi kauen, hmmm?«, versuchte ich verzweifelt, lustig zu sein.

Sie zog eine Augenbraue hoch und ich merkte, was für einen Scheiß ich hier gerade fabriziert hatte. Ich sollte lieber gehen, ehe sie mir den Kaugummi auf die Stirn klebt, dachte ich verschreckt. Also kehrte ich zurück. Martin konnte kaum meine Antwort abwarten und fragte:

»Und, wie lief's?«

»Nicht so gut, hab's verbockt.«

»Halb so wild, klappt nicht bei jeder Frau«, munterte Martin mich auf.

Durch den Misserfolg fühlte ich mich trotzdem etwas niedergeschlagen. Da kam es mir gerade recht, den nächsten Zug zu nehmen und diesen Tag mit der Heimfahrt in mein Dorf abzuschließen. Ich verabschiedete mich von Martin, holte mir ein Ticket und wartete die restlichen zehn Minuten am Gleis auf das Eintreffen des Zuges. Ein idealer Moment, um all die Geschehnisse des Tages zu verarbeiten. Besonders mein letztes Erlebnis mit dem Kaugummi kauenden Mädel wirkte noch nach. Wie hatte ich mich nur so dämlich anstellen können? Doch zumindest hatte ich es versucht. Allerdings auch nur, weil ich gedrängt wurde: Hätte Martin mich nicht geschubst, wäre ich sicher am Boden festgewachsen wie ein Baum, statt auf sie zuzugehen.

Durch den Countdown „drei ... zwei ... eins" und seinen Schubser hatte ich jedoch keine Zeit gehabt, Wurzeln zu schlagen und mir Ausreden fürs Ansprechen einfallen zu lassen. Jeder kennt vergleichbare Situationen von früher aus dem Schwimmbad: Man stand ängstlich zitternd am Beckenrand, aber plötzlich hat der große Bruder oder der Kumpel einen gepackt und ins kalte Wasser geschmissen. Man drehte dann ein paar Runden durch das Becken und merkte, wie die Temperaturen nach dem ersten Kälteschock schnell erträglich wurden. Das Schwimmen fing sogar an, richtig Spaß zu machen. Doch ohne die Hilfe des anderen würde man immer noch am Beckenrand stehen und höchstens die Zehenspitzen ins Wasser tunken. Die Erkenntnis, die ich daraus ziehen konnte:

„Wenn man eine Frau sieht, die einem gefällt, sollte man niemals zögern, sondern sie innerhalb von drei Sekunden ansprechen."

Durch zu langes Zögern beginnt man, die Situation mit dem Verstand zu analysieren und findet tausend Vorwände, warum man die Frau angeblich nicht ansprechen kann. Hierdurch gerät man in eine analytische Lähmung, die für jeden Flirtversuch tödlich ist.

Als ich das niederschmetternde Erlebnis mit dem Kaugummi kauenden Mädel nach ein paar Minuten überwunden hatte, musste ich wieder an Elias denken. Die düsteren Gewitterwolken in meinem Kopf wichen dem Sonnenschein; ich war motivierter denn je. Elias, dieser verrückte Paradiesvogel, hatte mir eine völlig neue Welt gezeigt, die ich bis dahin nicht kannte. Das weckte den Ehrgeiz und die Hoffnung in mir, das Flirten genauso zu meistern wie er. Kurz überlegte ich, ob ich meinen Kumpel Thomas anrufen sollte, um ihm von meinen außergewöhnlichen Erlebnissen zu berichten. Ich kam aber zu dem Schluss, dass es besser wäre, ihm alles am nächsten Tag bei einem kleinen Spaziergang zu erzählen. Ich war mir ziemlich sicher, er würde all das mindestens genauso cool finden wie ich.

Stehen Frauen auf Geld?

Wenn Thomas und ich uns nicht mit anderen Gamern zum Kräftemessen in „Warcraft 3" trafen oder uns beim Sport auspowerten, verabredeten wir uns abends auf einen Spaziergang durch unser Dorf und sprachen über Gott und die Welt. Diesmal widmeten wir uns einem ganz besonderen Thema: Frauen. Dies ergab sich ganz zwangsläufig, denn ich war Thomas immer noch eine Erklärung schuldig, warum ich das Tae-Kwon-Do-Training beim letzten Mal hatte sausen lassen. Während wir an den Einfamilienhäusern mit den gepflegten Vorgärten entlang schlenderten, platzte es irgendwann voller Neugier aus ihm heraus:

»Also erzähl, wo bist du gestern gewesen, dass du nicht zum Training kommen konntest?«

»Du wirst es nicht glauben! Ich habe gestern eine Gruppe von Aufreißern getroffen, die sich damit beschäftigen, Frauen anzusprechen und zu verführen.«

»Hmm.«

Neugier? Eher weniger. Ich erzählte ihm die ganze Geschichte von meinem Trip nach Regensburg, doch so wirklich aufregend fand er sie nicht. Ich hingegen sah es als die einzige Möglichkeit, zu erfahren, wie man die schönsten Frauen kennenlernt und in seinen Bann zieht. Seit Beginn meiner Pubertät hatte mir diese Frage keine Ruhe mehr gelassen. Und vielleicht, wenn ich ebenfalls auf dem Pfad der erfolgreichen Casanovas wandelte, würde ich die Antwort finden, nach der ich schon so lange dürstete. Skeptisch warf Thomas ein:

»Das funktioniert doch nicht! Jeder weiß doch, dass Frauen sich einen hübschen und wohlhabenden Mann wünschen.«

Seine Stimme klang leicht gereizt, als hätte ich ihm gerade einen riesigen Bären über Ufos oder das Ungeheuer von Loch Ness aufbinden wollen. Manch anderen Mann hätte seine harsche Kritik vielleicht an dieser Casanova-Nummer zweifeln lassen, aber ich glaubte nicht daran, was Thomas sagte. Intuitiv spürte ich, dass jeder Mann eine Frau erobern kann, wenn er an seiner Persönlichkeit arbeitet und die Kunst der Verführung mit dem nötigen Ehrgeiz erlernt. Aussehen und Geld konnten doch nicht entscheidend sein! Und ich sollte recht behalten, wie sich Jahre später herausstellte. Doch irgendwie kam ich in diesem Augenblick nicht gegen die Argumente von Thomas an. Er war so felsenfest überzeugt von seinem Frauenbild, dass es eine Stange Dynamit gebraucht hätte, um sein Gedankengebäude zum Einsturz zu bringen. Kein Wunder: Er hatte einfach nicht gesehen, was ich gesehen hatte und hielt die Verführungskunst für einen Mythos, den eine absonderliche Bruderschaft von Männern verbreitet, um sich selbst nicht ihr trauriges Scheitern eingestehen zu müssen. Ich konnte es ihm nicht verübeln. Bis vor Kurzem hätte ich jedem anderen Kerl auch den Vogel gezeigt, wenn er mir solch eine Story aufgetischt hätte.

Mir wurde schlagartig klar, dass nicht jeder Mann offen war für dieses Wissen und dass jede Diskussion darüber, was Frauen wirklich wollen, sinnlos war. Also wechselte ich das Thema und fragte ihn, ob er am Wochenende dabei sein würde. Am Samstag wollten meine Kumpels Patrick und Michi mit mir etwas trinken gehen. Ein bisschen die Sau rauslassen, so wie es sich unter jungen Männern gehörte. Thomas willigte ein und ich nahm mir vor, ihm dann Elias' Magie zu zeigen. Er würde Augen machen – da war ich mir sicher!

Samstag. Wir trafen uns am Bahnhof in unserem Dorf. Thomas und ich waren die ersten am Treffpunkt, kurze Zeit später stieß Patrick – ein metrosexuell angehauchter Typ – hinzu. Und irgendwann kam auch noch Michi. Er war völlig außer Atem und hatte schon Angst gehabt, den Zug zu verpassen. Pünktlichkeit war noch nie seine Stärke gewesen, aber zum Glück war der Zug noch in weiter Ferne. Ich kannte Patrick und Michi aus Schulzeiten. Während Patrick sich seine teuren Designerklamotten von seinen Eltern finanzieren ließ, war Michi ein ziemlich bodenständiger Typ, der etwas introvertiert wirkte, aber immer einen lustigen Spruch auf den Lippen hatte. Auch den beiden hatte ich schon von meinem außergewöhnlichen Erlebnis erzählt. Patrick ließ die Story völlig kalt; er hoffte, durch seine High-Society-Kleidung aufzufallen und den Damen damit zu imponieren. Michi hingegen fand es ziemlich cool. Wenigstens einer, der auf meiner Seite steht, dachte ich. Dann fuhr der Zug ein. Wir stiegen ein und fuhren los. Auf nach Regensburg! Ich hatte die Jungs überredet, etwas früher in die Stadt zu fahren, und zwar eine Stunde vor Ladenschluss. Natürlich hatte ich mir etwas dabei gedacht: Ich wollte sie Blut lecken lassen durch den Anblick eines erfolgreichen Flirts, so wie es mir kürzlich ergangen war bei Elias. Mit den eigenen Jungs auf Jagd gehen – das war das Coolste, was ich mir vorstellen konnte.

Am Hauptbahnhof angekommen, gingen wir in ein nahegelegenes Einkaufszentrum. Es war eines dieser modernen Shopping-Paradiese, wo sich samstags jede Menge Leute tummelten, um die Schaufenster entlang zu bummeln und sich dem fröhlichen Kaufrausch hinzugeben. Das Center erstreckte sich über zwei Etagen und gipfelte in einem großen Glasdach, das für eine helle und freundliche Atmosphäre mit viel Tageslicht sorgte. Dies sollte vermutlich jeden Besucher in gute Stimmung versetzen und so manchen Geldbeutel öffnen, um den einen oder anderen Euroschein über die Tresen der zahlreichen Boutiquen und Imbisse wandern zu lassen. Wir hatten allerdings keinen Blick für die Angebote in den Schaufenstern, sondern waren in anderer Mission unterwegs. Um diese Uhrzeit würden noch ein paar hübsche Frauen hier herumstreifen – hoffentlich. Ich bereitete die Jungs auf das Szenario vor. Sie sollten nicht gaffen, sondern d rekt weitergehen und die ganze Show aus der Ferne genießen. Diesmal würde ich allerdings keinen Freestyle hinlegen, sondern Elias' Masche kopieren.

Es ging los: Ich an vorderster Front, die drei Jungs dicht hinter mir. Ich sah zwei junge Hip-Hop-Girls auf mich zukommen. Beide sahen sehr künstlich aus, hatten viel Schminke im Gesicht und eine der beiden trug ein Cap. Sie waren nicht unbedingt meine erste Wahl, aber es waren kaum noch Leute unterwegs, denn die Geschäftszeit neigte sich bedrohlich dem Ende. Also gut, raff dich auf, redete ich auf mich selbst ein. Die Jungs sollten eine geniale Show sehen und ebenfalls von dem süßen Honig der Verführung kosten. Alles, was ich tun musste, war, die genialen Sprüche von Elias, meinem großen Vorbild, zu verwenden.

»Hey Mädels, könnt ihr mir helfen?«, begann ich das Gespräch mit einem Herzrasen, das Hammerschlägen gleichkam.

»Um was geht's?« Misstrauisch blieben sie stehen.

»Ich suche den Flughafen hier in Regensburg. Wisst ihr, wo der ist?«

Beide schauten sich verdutzt an.

»Es gibt in Regensburg keinen Flughafen«, erwiderte die eine im unfreundlichen Tonfall.

»Willst du uns verarschen?«, fragte die andere gereizt.

Kurs halten, Seemann, dachte ich mir. Irgendwie musste ich das Ruder herumreißen, sonst würde es super peinlich werden – sowohl vor den Mädels als auch vor meinen Jungs. Ein Scheitern konnte ich mir nicht erlauben. Also tischte ich ihnen eine Lüge auf, um glaubwürdiger zu erscheinen:

»Nein, ich will euch nicht verarschen. Die Sache ist die: Ich habe einem Kumpel erzählt, dass es einen Flughafen hier gibt. Er glaubt mir nicht. Wenn ihr bestätigen könnt, dass es ihn doch gibt, dann würde ich die Wette gewinnen.«

»Aha. Und was haben wir davon?«, antwortete die eine gelangweilt.

»Naja, ich könnte euch dafür bezahlen.«

Oh je, ich spürte förmlich die Blicke der neugierigen Kumpels in meinem Rücken und konnte schon erahnen, wie sie gerade Witze über mich machten. Hörte ich da ein leises Kichern im Hintergrund oder spielte mein Kopf einfach nur verrückt? Ich hatte die Klappe eindeutig zu weit aufgerissen und das war jetzt die Quittung. Die Mädels lehnten dieses unmoralische Angebot ab und schüttelten den Kopf, als sie weiterzogen. Gedemütigt und mit hängendem Kopf ging ich zu den Jungs zurück, die einige Meter entfernt auf mich warteten.

»Lief wohl nicht so gut, hmm?«, rief Patrick mir mit einem frechen Grinsen entgegen.

»Ich hab es dir ja gesagt, das funktioniert nicht«, belehrte Thomas mich altklug.

»Wenigstens hast du dich getraut«, tröstete Michi mich und klopfte mir anerkennend auf die Schulter.

Warum hatte ich versagt? Wenn ich Elias und mich verglich, dann wirkte ich neben ihm, dem lebhaften Papagei, wie ein sozialer Roboter. Ich bewegte mich zittrig auf Frauen zu, sprach sie völlig verkrampft an und hatte nie eine passende Antwort parat, um das Gespräch in die richtige Bahn zu lenken. Ich bin noch verdammt weit davon entfernt, mit Frauen zu flirten, stellte ich ernüchtert fest. Selbst was eine erfolgreiche Verführung ausmachte, wusste ich noch nicht. Ich hatte immer gedacht, Hallo zu sagen wäre schon flirten. Dabei braucht es wesentlich mehr als nur eine einfache Begrüßung, um eine wildfremde Frau in seinen Bann zu ziehen. Ach Gott, wie unerfahren ich doch war! Während ich all die Bemerkungen der Jungs über mich ergehen lassen musste, verließen wir das Shopping-Center und gingen zur Abkühlung der erregten Gemüter in unser fünfzehn Gehminuten entferntes Lieblingscafé, wo ich ein paar Tage zuvor bereits all die Aufreißer getroffen hatte. Würde hier der Geist von Elias auf mich übergehen und mich zumindest für heute doch noch in einen erfolgreichen Verführer verwandeln? Wohl kaum. In dem Lokal war auch nicht viel los und so zogen wir nach einigen Drinks ein paar Meter weiter in unsere Stammbar. Hier waren wir so oft, dass selbst der Ladenbesitzer Frank uns persönlich begrüßte.

»Hey Jungs, schön dass ihr da seid!«, rief er uns zu, während er ein leeres Bierglas unter den Zapfhahn hielt, um es mit dem schäumenden Gerstensaft zu füllen.

Frank war ein klassischer Geschäftsmann, der hinter seinem Tresen aus dunklem Edelholz leckere Getränke mixte und sich um jene Gäste besonders fürsorglich kümmerte, die mit Fuffies nur so um sich warfen. Patrick war immer sein Liebling gewesen. Kein Wunder, denn Patrick trug immer einen Designergürtel mit klobiger Bling-Bling-Schnalle, die vor Auffälligkeit nur so strotzte.

»Wo wollt ihr sitzen?«, fragte uns Frank.

In Wirklichkeit fragte er nur Patrick. Wir drei armseligen Kreaturen, die sich maximal zwei Cocktails leisten konnten, genossen keine Privilegien. Wären wir ohne Patrick in den Laden gekommen, wäre uns sicher die Besenkammer angeboten worden. Intuitiv ließ ich, genau wie meine Begleiter, den Blick durch den bereits gut gefüllten Laden mit den stilvollen Designermöbeln schweifen. Das Ambiente wirkte wie eine eigenartige Mischung aus schick und rustikal. Wären nicht die stilvollen Beleuchtungen und das junge Publikum gewesen, hätte man diese Bar mit ihren Holzvertäfelungen und alten Hockern am Tresen auch für eine Altherrenkneipe halten können. Patrick entschied sich für einen runden hohen Tisch mit einer höhergestellten Couch und Barhockern. Genug Platz für sechs Leute. Das hatte auch seinen Grund: Immer, wenn wir in dieser Bar waren, versuchte Frank, uns weibliche Gesellschaft zu organisieren.

Da saßen wir nun und überlegten uns, welche Cocktails wir heute ausprobieren sollten. Touchdown oder Zombie? Beides klang lecker. Ich entschied mich für den Touchdown. Ein kleiner Anteil Wodka schadet nie, dachte ich. Nach einigen Minuten kam auch schon das Tablett mit den fertig gemixten Drinks für mich und meine Mitstreiter. Frank stellte das Glas vor mir ab, in dem sich der rot-gelbe Cocktail befand, garniert mit einer Orangenscheibe. Während ich an meinem Strohhalm schlürfte, lauschte ich den Gesprächen meiner Kumpels, die darüber diskutierten, welche Frau in der Bar nun die heißeste sei. So etwas Absurdes! Anstatt wie kleine Jungs zu reden, sollten sie sich wie echte Männer verhalten und die Frauen ihrer Begierde ansprechen. Und da verstand ich die nächste Regel:

„Wer nicht aktiv wird, wird niemals in der Lage sein, eine Frau für sich zu gewinnen."

Wahre Worte, die man sich auf der Zunge zergehen lassen sollte. Während ich über die Mutlosigkeit meiner Kumpels nachdachte, fiel mir ein Zitat von Rocco aus dem Film „Der blutige Pfad Gottes 2" ein. Treffender konnte man das wohl nicht beschreiben:

„Und unterm Strich gibt es auf dieser Welt nur zwei Arten von Menschen. Du hast die Schwätzer und die Macher. Die meisten sind bloß Schwätzer, die können nichts als labern. Aber wenn alles gesagt ist, dann sind es die Macher, die diese Welt verändern. Und wenn sie das tun, verändern sie auch uns, weswegen wir sie nie vergessen. Zu welchen gehörst du? Schwätzt du nur rum? Oder stehst du auf und tust was? Denn eines kannst du mir glauben: Alles andere ist gequirlte Scheiße!"

Eine meiner Lieblingsszenen. Allein der Gedanke an dieses Zitat ging mir unter die Haut. Okay, genug! Zurück zum Geschehen, dachte ich mir. Flirtgelegenheiten gab es ohne Ende: Überall in der Bar verstreut saßen Frauen in kleinen Gruppen und besprachen mit zusammengesteckten Köpfen die Neuigkeiten des Tages. Vereinzelt konnte ich ein paar Gesprächsfetzen der Mädels aufschnappen; es ging um den Stress im Job, den Streit mit dem Freund oder auch nur die Planung des noch jungen Partyabends. Ich hätte mich aufrappeln und einen erneuten Flirtversuch starten können. Allerdings war ich nach der niederschmetternden Erfahrung im Einkaufszentrum nicht sonderlich in Stimmung. Plötzlich kam Frank zu unserem Platz:

»Jungs, schaut mal unauffällig Richtung Eingang. Da sind zwei Mädels, gefallen die euch? Dann schicke ich sie zu euch an den Tisch.«

Zwei Brünetten hatten das Lokal betreten und schauten sich suchend nach einer Sitzgelegenheit um. Die eine war etwas mollig, die andere superschlank. Beide sahen wesentlich sympathischer aus als die beiden Hip-Hop-Girls aus dem Shopping-Center. Und so winkte Frank die beiden zu uns, als wäre er der größte Puffdaddy. Sie folgten seiner Aufforderung und setzten sich in Bewegung, wirkten aber nicht sonderlich erfreut. Wahrscheinlich wollten sie lieber einen eigenen Tisch haben, um sich ungestört unterhalten zu können, aber Frank hatte da so seine Tricks. „Sorry, ist reserviert", war seine Standardaussage, wenn er uns verkuppeln wollte. Diese Masche brachte er auch jetzt, als die beiden Frauen doch noch auf einen Einzeltisch zuzusteuern drohten. Also blieb den Brünetten keine andere Wahl, als auf den freien Barhockern an unserem Tisch Platz zu nehmen.

Nach einer widerwilligen Begrüßung kam uns verklemmten Jungs sofort der Gesprächsfaden abhanden und die Mädels unterhielten sich vorerst untereinander. Moment mal, so sollte das aber nicht ablaufen, dachte ich enttäuscht. Von einem Puffdaddy darf man schon erwarten, dass er die Männer vorstellt und ein gutes Wort für sie einlegt, indem er sagt: „Die Jungs sind echt cool, ihr habt Glück, bei denen zu sitzen!"

Die Frauen würden einem damit sofort um den Hals fallen, wenn sie an den Tisch beordert wurden – hoffte ich jedenfalls. Warum musste das alles immer so schwer sein? Ich konnte die Zeiger auf meiner Uhr wandern sehen und spürte, wie mir die Felle davonschwammen. Je mehr Zeit vergehen würde, desto komischer würde es wirken, doch noch ein Gespräch mit den beiden Mädels anzufangen. Es erinnerte mich an einen typischen Indiana-Jones-Film, wo die Schatzsucher durch einen mit Fallen gespickten Tempel irren. In diesen Blockbustern kommt irgendwann immer die Szene, in der sich ein steinernes Tor von der Decke herabsenkt, das den Ausgang immer schmaler macht und den Weg in die Freiheit schließlich für alle Ewigkeiten zu versperren droht. Der Held schafft es natürlich im allerletzten Moment, durch den verbliebenen Spalt am Boden hindurchzukriechen und seinem Gefängnis doch noch zu entgehen. Diesen Wettlauf gegen die Zeit musste auch ich jetzt gewinnen. Also ergriff ich das Wort und fragte die Mädels:

»Seid ihr auch von hier?«

»Ja«, antwortete die Schlanke.

Patrick übernahm meinen Gesprächsanfang und verwickelte beide in eine Konversation. Thomas und Michi hingegen antworteten nur, wenn sie dazu aufgefordert wurden. Ich war zwar nicht ganz so apathisch, aber mit meinen Gesprächskünsten konnte ich Patrick nicht das Wasser reichen. Irgendwann wollten beide Mädels kurz an die frische Luft, um eine Zigarette zu qualmen. Dem schloss sich Patrick sofort an, da er selbst ein passionierter Raucher war. Verlassen saßen wir drei Übriggebliebenen nun da und unterhielten uns gelangweilt. Die Lust war uns allen vergangen und so warteten wir auf die Rückkehr unseres Mitstreiters, um dann gemeinsam den ersten Schritt Richtung Heimat anzutreten. Es dauerte ganz schön lange, bis Patrick endlich wieder auf der Bildfläche erschien. Allerdings war er alleine, von seinen Begleiterinnen keine Spur. Bestimmt hatten die beiden Brünetten kein Interesse und waren weitergezogen, um irgendwo in der Disco aufregendere Männer kennenzulernen.

»Wo sind die zwei Mädels hin?«, fragte ich ihn.

»Die sind noch aufs Klo.«

»Wieso hat das denn so lange gedauert, über was habt ihr denn geredet?«

Und hier kam der Schock:

»Naja, ich habe noch mit beiden rumgeknutscht, ehe sie auf die Toilette gegangen sind.«

Ich konnte es nicht fassen! Trotz meines Mutes hatte ich mich heute im Einkaufszentrum bis auf die Knochen blamiert und einen heftigen Korb kassiert. Er hingegen hatte das Vergnügen, ohne Anstrengung mit zwei hübschen Mädels knutschen zu dürfen. Vielleicht hatte Thomas ja doch recht und Frauen wollen einen wohlhabenden Mann mit schnellen Sportwagen und einer Villa mit Pool. Ist es nicht so, dass diese Kerle mit Geld den anspruchsvollen Damen ein spannenderes Leben bieten können als die armen Kirchenmäuse? Ich war frustriert. Als die Mädels zurückkamen, bezahlte jede Gruppe ihre Rechnung und wir verabschiedeten uns. Es war schon kurz vor Mitternacht, als wir zurück zum Bahnhof liefen. Straßenlaternen, Autoscheinwerfer und Leuchtreklamen der Geschäfte tauchten das nächtliche Regensburg in ein helles Licht. Vereinzelt kamen uns ausgelassene Partygänger entgegen, die sich auf den Weg in die Clubs und Bars machten. Patricks Erfolg ließ mir keine Ruhe. Ich musste ihn unbedingt nach seinem Geheimnis fragen.

»Jetzt erzähl, wie hast du das so einfach hinbekommen?«

»Weiß nicht, die beiden haben angefangen, mich zu berühren, und dann ist es passiert.«

»Ja, aber du musst doch irgendwas gesagt haben. Das passiert doch nicht einfach so!«

»Mir schon.«

Alles klar. Patrick, der tolle Hecht in unserer Gruppe, hatte den Kuss mit beiden Mädels wie ein Zauberer aus dem Ärmel geschüttelt. Einfach so. Seine Antwort ließ mich unbefriedigt zurück und heizte meine fieberhaften Überlegungen umso mehr an. Schon vorher hatte ich mich oft gefragt, was erfolgreiche Männer zu Frauen sagen. Es musste doch einen Spruch geben, der immer funktioniert. Ich konnte das nicht auf sich beruhen lassen und wurde immer penetranter, bis Patrick sich geschlagen gab und mir sein wahres Geheimnis verriet:

»Man, okay! Ich habe nicht mit denen rumgeknutscht, wir haben uns nur unterhalten.«

Wie bitte? So ein Lügner! Aber wenig verwunderlich. Patrick hatte schon immer versucht, ein Bild abzugeben, dem er in Wirklichkeit nicht mal ansatzweise entsprach. Sein Glaube, jede Frau stände auf ihn, war auch nur eine Selbsttäuschung. Und wo wäre er ohne die finanzielle Unterstützung seiner Eltern? Sein Fünfhundert-Euro-Outfit hätte er sich niemals aus eigener Tasche leisten können. Er bekam alles in den Hintern geschoben, während ich mir vieles hart erarbeiten musste. Als Jugendlicher hatte ich mir mein Taschengeld durch Zeitung austragen selbst verdienen müssen, weshalb ich einen ganz anderen Bezug zum Leben entwickelt hatte. Für mich hieß es immer: Wenn du etwas willst, musst du dafür kämpfen. Ich war etwas sauer auf Patrick und fand seine Lügengeschichte mit den Brünetten gar nicht witzig. Am Ticketautomaten im Bahnhof angekommen, kaufte sich jeder seine Rückfahrkarte, und wir fuhren mit dem Zug durch die mitternächtliche Dunkelheit nach

Hause. Für mich war der Tag abgeschlossen, aber mein Kämpferherz loderte in Flammen. Ich war fest entschlossen, herauszufinden, wie das mit dem Flirten wirklich funktioniert.

Ein Wundermittel gegen Ansprechangst

Eine neue Woche brach an. Ich suchte im Internet nach Ratschlägen. Antworten. Alles eben, was mich auf das nächste Flirt-Level katapultieren könnte. Ich ging zu dieser Zeit in die elfte Klasse einer privaten Wirtschaftsschule in Straubing. Der Lernstoff wurde ganz nach dem Motto „Friss oder stirb" von unseren Lehrern durchgedrückt. Fast täglich wurde jemand im BWL- oder im Englischunterricht mündlich abgefragt. Das juckte mich aber nicht so wirklich, im Gegensatz zu so manchen strebsamen und pflichtbewussten Mitschülern. In weniger als einem Jahr standen zwar die Prüfungen für die Mittlere Reife an, doch mich reizte das Selbststudium der Geschlechterpsychologie viel mehr. Würde mir das zum Verhängnis werden?

Schließlich war ich ein Wackelkandidat und hätte einiges an Nachhilfe in den wirklich wichtigen Fächern dringend nötig gehabt. In der Schule war ich schon immer eine Niete gewesen. Außer den Noten Drei und Vier kannte ich nichts. Auch mit den Frauen lief es hier nicht besonders gut, ich wurde nämlich fast immer von den hübschen Mitschülerinnen ignoriert. Und warum hätten sie mich auch begehren sollen? Ich war nun mal nicht so stylisch gekleidet wie ein Patrick, kam aus keinem reichen Elternhaus und der beste Fußballspieler im Sportunterricht war ich auch nie gewesen. Kein Typ, für den die Frauen sich näher interessierten, geschweige denn, mit dem sie sich auf ein Date nach der Schule verabreden würden.

Egal, ich studierte jetzt mein eigenes Fach, die „Psychologie der Frau", und wollte mir nach Unterrichtsschluss in einem großen Buchladen die entsprechende Literatur besorgen, ehe ich mich nach Hause begab. Als ich dort eintrat, sprangen mir sofort die knalligen Bestseller ins Auge: Thriller, Krimis und Liebesromane waren auf den Tischen ausgelegt. Ein freudiges Lesepublikum von jung bis alt stand an den Auslagen und Regalen, um in der Unterhaltungsliteratur und den leicht verdaulichen Gesundheitsratgebern zu schmökern. Das alles interessierte mich aber nicht; meine Bücher standen in der hinteren Ecke. Also beeilte ich mich, einmal quer durch den Raum zu den Regalen mit den Fachbüchern zu gelangen. Ich kam an einem Lesebereich vorbei, wo ein kleines Café eingerichtet war. Hier saßen die Leseratten in roten Sesseln und ließen sich Kaffee und Latte macchiato mit Gebäck zu ihrer Lektüre schmecken. Für so etwas hatte ich allerdings keine Zeit. Zielgerichtet eilte ich weiter und steuerte direkt auf die Abteilung mit den Ratgebern zu. Mit langsamen Schritten lief ich die Regalreihen ab und las die Titel, die auf den Buchrücken standen. Wenn mir einer vielversprechend vorkam, zog ich ihn heraus und packte ihn auf den Stapel, der sich bereits in meinen Händen türmte:

Flirt-Ratgeber? Check!

Körpersprache? Check!

Sex-Ratgeber? Warum nicht, falls es sehr gut lief, musste ich auch darauf vorbereitet sein!

Man, eine Menge zu lesen, dachte ich, als ich den Buchladen verließ und wieder draußen stand. Dabei war ich gar keine Leseratte. Ich hatte das Lesen immer gehasst. Vielleicht lag es aber auch nur daran, dass man mich vorher immer dazu gezwungen hatte.

Normalerweise war ich bei meinen Hausaufgaben sehr pflichtbewusst und erledigte sie immer nach dem Mittagessen. Diesmal war es aber anders. Hausaufgaben? Egal, mache ich morgen im Zug auf dem Weg zur Schule, sagte ich mir. Die

Ratgeber über den Umgang mit Frauen genossen von nun an höchste Priorität. Schon beim Aufschlagen und Überfliegen der ersten Seiten merkte ich, wie spannend die Informationen darin waren. Sie fesselten mich so sehr, dass ich alles andere stehen und liegen ließ und die Bücher verschlang. So nützlich diese Hilfestellungen aber auch sein mochten – sie verloren schnell an Bedeutung, wenn man sie nicht in die Tat umsetzte. Es war ein bisschen wie in der Fahrschule: Wer kann schon vernünftig Auto fahren, wenn er bisher nur Fragebögen in den Theoriestunden ausgefüllt hat, ohne jemals am Steuer eines Wagens zu sitzen? Ein Mitstreiter für Praxiserfahrung musste also her, und zwar schleunigst.

Doch wer von meinen Jungs kam hierfür infrage?

Thomas? Nein, der glaubte nicht an die Erfolgschance beim Flirten, und das wirkte ziemlich demotivierend.

Patrick? Frauen anzusprechen hielt er für sinnlos. Er setzte lieber darauf, dass der Geruch seines Geldes die Damen magisch anlocken würde.

Michi? Schwer einzuschätzen.

Im Endeffekt brauchte ich bloß jemanden, der hinter mir stand und mich nach Abfuhren wieder aufbaute. Schon als diese beiden Hip-Hop-Girls im Einkaufszentrum mir einen Korb gegeben hatten, hatte Michi bewiesen, dass er ein wahrer Freund in der Not war. Ich ging zum Telefon und wählte seine Nummer, die ich auswendig kannte. Als ich schon fast wieder den Hörer auflegen wollte, ging Michi doch noch ran.

»Hey Michi, hast du Lust, mit mir am kommenden Samstag gegen Mittag in die Stadt zu fahren?«

»Ja, warum nicht. Was willst du denn in Regensburg machen?«

»Ach, ein bisschen rumschlendern. Und wenn sich die Situation ergibt, Frauen ansprechen.«

»Okay, warum nicht. Wollte eh in die Stadt.«

Perfekt. Ich hatte also meinen Verbündeten gefunden. Inwieweit Michi sich als nützlich erweisen sollte, würde ich noch sehen. Dabei hoffte ich, dass er nicht nur als Tröster bei Abfuhren dienen würde, sondern sich vom Flirten genauso begeistern ließ wie ich, als ich Elias bei seiner Aufreißertour begleitet hatte.

Der Samstag war endlich da; ich hatte ihn schon sehnsüchtig erwartet, während ich die letzten Tage die Schulbank gedrückt hatte. Im Zug nach Regensburg machten wir eine Lagebesprechung, um auf das vorbereitet zu sein, was uns erwarten würde.

»Also, wie stellst du dir das vor?«, fragte mich Michi und sah mich gespannt an.

»Naja, ich will fünf Frauen ansprechen.«

»Okay, und willst du wieder die Frage mit dem Flughafen stellen?«

»Exakt.«

»Alles klar, ich beobachte dich dann aus der Ferne.«

Schade, dachte ich etwas enttäuscht. Ich hatte gehofft, Michi würde mir zur Seite stehen und mit mir in den Ring steigen, statt nur auf der Zuschauertribüne Platz zu nehmen. Wahrscheinlich war ihm die Frage mit dem Flughafen so peinlich, dass er befürchtete, in Mitleidenschaft gezogen zu werden und sich selbst ein blaues Auge zu holen. Ganz nach dem Motto: „Hey, das ist der Trottel, der glaubt, es gibt hier einen Flughafen in

Regensburg". Nun gut, wenigstens konnte Michi mich seelisch stabilisieren, sollte ich einen Nervenzusammenbruch erleiden.

Wieder im Einkaufszentrum – meinem Jagdrevier – angekommen, strömten uns jede Menge Leute entgegen: Familien mit Kindern, Paare, Rentner, aber auch hübsche Ladys in unserer Altersklasse. Kein Wunder. Diesmal kreuzten wir nicht kurz vor Ladenschluss auf wie beim letzten Mal, sondern mitten am Tag zur besten Uhrzeit. Ich war fest entschlossen, mein Ziel heute zu erreichen und mehrere Frauen anzusprechen. Doch irgendeine bleierne Schwere machte sich in mir breit; es fühlte sich so an, als wären meine Füße in den Boden einbetoniert, wie in einem Mafia-Film. Michi wurde schon ganz ungeduldig:

»Was ist mit dem Mädel da drüben?«, fragte er mich.

»Ne, die sieht so aus, als würde die mich direkt umboxen.«

»Na gut, und was ist mit der? Die boxt dich bestimmt nicht um.«

Er zeigte auf eine – sagen wir mal – ältere Dame. Um die sechzig. Sehr witzig Michi, sehr witzig, dachte ich. Natürlich lehnte ich dankend ab. Bekam es aber heute einfach nicht hin, eine der jungen Damen anzuquatschen. Selbst wenn ich eine hübsche Frau ins Auge gefasst hatte und auf sie zusteuerte, drehte ich im letzten Moment bei. Wie ein Kapitän, der verhindern wollte, dass sein Schiff an den schroffen Klippen zerschellte. Was war denn nur los mit mir? Ich hatte panische Angst davor, eine erneute Blamage zu erleiden. Zudem war hier so viel geschäftiges Treiben, dass es bestimmt hundert Passanten im Radius von zehn Metern mitbekommen würden, wie ich die Frauen anbaggerte.

Vor meinem geistigen Auge tat sich schon die Horrorvision auf: Zunächst nur empörte Rentner mit Zivilcourage, die mich wütend vom Objekt meiner Begierde wegzerrten. Dann würden muskelbepackte, eifersüchtige Machos mit finsterer Miene auf mich zukommen und mir drohen, ich solle die Finger von ihren Frauen lassen. Vielleicht bekäme ich sogar ihre Fäuste zu spüren. Verkäufer würden aus den Ladengeschäften herbeieilen und erschrocken fragen, was hier los sei und die Polizei rufen, während die Menschenmasse einen Kreis um mich bilden würde, um mich zu lynchen … Ich machte mir einfach viel zu viele Gedanken. Eine Stunde waren wir schon hier, liefen die ganze Zeit im Kreis, immer vorbei an denselben Schaufensterscheiben. Ich bekam es immer noch nicht gebacken. Drastischere Methoden mussten her. Ich hielt Michi an und stellte mich mit ihm in eine Nische abseits der Menschenmassen, um die neue Lage mit ihm zu besprechen.

»Okay Michi, wir machen jetzt folgenden Deal: Wenn ich nicht in der nächsten Stunde fünf Frauen anspreche, bekommst du je Frau zehn Euro von mir. Deal?«

»Da fragst du noch? Noch nie war Geld verdienen so einfach!«

Ja, da hatte er Recht. Ich war mir ziemlich sicher, er malte sich schon aus, was er sich von den fünfzig Euro kaufen würde. Schweren Herzens öffnete ich meine Geldbörse und zog zwei Zwanzig- und einen Zehn-Euro-Schein heraus, um sie Michi auszuhändigen. Jetzt lastete ein noch stärkerer Druck auf mir. Wir drehten wieder Runde für Runde und ich blickte auf mein Handy: Schon dreißig Minuten um. Ach herrje, die Hälfte der Zeit war schon verstrichen und ich hatte bis jetzt noch nichts geschafft. Michi hingegen hatte gar kein Interesse daran, mich zu motivieren, sondern genoss es sichtlich, wie die Zeit verrann. Verdammt, das war in meinem Kopf alles anders geplant gewesen. Nur noch zwanzig Minuten. Es fühlte sich so an, als würde ich ständig versuchen, den Motor zu starten, ihn aber jedes Mal abwürgen. Ich wusste nicht, was in mir für Zündstoff sorgte, aber plötzlich fühlte ich einen Schub Nitro und legte los: »Die zwei da drüben spreche ich an«, sagte ich mit aufgeregter Stimme und zeigte auf zwei unscheinbare Frauen, die ich auf Mitte zwanzig schätzte.

Sie wirkten durchschnittlich attraktiv und wahrscheinlich konnte ich auch wegen ihrer Normalität meine Schüchternheit ablegen. Das war sicherlich nichts Ungewöhnliches, denn wie oft hört man, dass sich Männer besonders vor schönen Frauen fürchten?

»Okay, aber die gelten nur als eine«, erwiderte Michi.

»Von mir aus.«

Den Worten folgten Taten und so fragte ich sie nach dem Flughafen. Beide konnten mir nicht weiterhelfen, waren auch nicht von hier, aber wünschten mir noch viel Erfolg. Sie hatten dabei freundlich gelächelt und waren nicht so garstig wie vor Kurzem die Hip-Hop-Girls. Hey, das war das erste Mal, dass Frauen positiv auf mich reagiert haben, freute ich mich innerlich. Zwar hatte das Gespräch keine Minute gedauert, aber dennoch fühlte es sich gut an. Weiter ging es, noch vier. So langsam kam ich in Fahrt und Michi war darüber nicht sonderlich erfreut. Die blinkenden Eurozeichen in seinen Augen verblassten allmählich.

Es war, als hätte sich ein Schalter in meinem Kopf umgelegt, der den Turbo freisetzte. Ich rannte wie ein Irrer von einer Frau zur anderen, immer mit dem adrenalingeladenen Ticktack des Countdowns in meinem Kopf. So mussten sich Astronauten im Cape Canaveral kurz vor dem Raketenstart fühlen. Die Reaktionen der Frauen waren meist gleich: Entweder konnten sie mir nicht weiterhelfen oder waren irritiert über meine unsinnige Frage. Deshalb waren die Gespräche auch nur von kurzer Dauer, was mir perfekt entgegenkam. Circa drei Minuten bevor die Wette zu Ende ging, kam ich auf Michi zu und war glücklich. Ich hatte mein Tagesziel erreicht! Er freute sich mit mir, auch wenn er nur ungern auf die fünfzig Euro verzichtete. Widerwillig übergab er mir die Geldscheine, die wieder zurück ins Portemonnaie ihres rechtmäßigen Besitzers wanderten. Ich war mir sicher, dass die Scheine hier wesentlich besser aufgehoben waren als bei Michi.

Am Ende des Tages war ich stolz auf mich und zuversichtlich, dass ich die hohe Kunst des Flirtens in kleinen, aber sicheren Schritten erlernen würde. Und so ging das Woche für Woche. Michi und ich waren samstags in der Stadt; ich sprach Frauen an, er schaute mir dabei zu. Was er sich davon erhoffte? Ich wusste es nicht. Einmal fragte ich ihn, ob er es auch mal probieren wollte. Seine Antwort:

»Ich bin noch nicht soweit. Ich übe derzeit noch den Augenkontakt.«

Typisch für ihn. Er mogelte sich gerne aus unangenehmen Situationen heraus und brachte dafür meist absurde, aber dennoch lustige Argumente.

Wie ich ihre Anzeichen für Interesse erkannte

Es vergingen einige Monate, in denen ich wöchentlich das Flirten übte. Ich wurde auch langsam besser und hatte mir in diversen Internetforen Tipps von anderen Aufreißern geben lassen. Handynummern von Frauen hatte ich bisher allerdings keine bekommen, sodass eine Verabredung für ein Date vorerst ein Traum blieb. Also war ich weiterhin ausschließlich damit beschäftigt, Frauen anzusprechen und sie in ein Gespräch zu verwickeln. An nichts anderes konnte ich mehr denken. Über meine schulischen Leistungen sollten wir lieber nicht sprechen, denn dabei würden sich Abgründe auftun, die Eltern und Lehrer normalerweise in tiefste Sorge versetzen. In meinem Selbststudium, Fach „Verführung", lernte ich dafür umso fleißiger. Mittlerweile hatte ich die Erfahrung gemacht, dass man nach Eröffnung des Gesprächs schnell auf eine persönliche Ebene überschwenken sollte, um der Frau näherzukommen. Dabei kam mir folgende Erkenntnis in den Sinn:

„Keine Frau auf der Welt wird beim Small Talk übers Wetter verführt."

Ebenso wenig beim Fachgespräch über Elektronenmikroskope oder Halbleiterplatten, davon war ich überzeugt. Es geht immer nur darum, Emotionen in der Frau zu wecken. Deshalb fragte ich natürlich nach Sachen wie ihre Hobbys oder ihre letzte Urlaubsreise, wenn ich ein Mädel auf der Straße ansprach. Solche Themen weckten positive Erinnerungen in ihr und brachten sie ins Schwärmen. So fand ich zugleich Gemeinsamkeiten zwischen der Frau und mir heraus und baute eine tiefere emotionale Verbindung zu ihr auf. Das klappte natürlich nicht immer, denn manche Menschen haben einfach keinen natürlichen Draht zueinander. Doch wenn wir halbwegs zueinander passten, fand ich mit dieser Art der Gesprächsführung umso schneller den Schlüssel zu ihrem Herzen.

Ich hoffte immer noch, meine Kumpels genauso mit dem Flirtfieber infizieren zu können. Nicht nur, um Mitstreiter zu gewinnen, sondern auch, weil ich ihnen ebenso wie mir eine Freundin wünschte. Vielleicht würden sie heute endlich Blut lecken? Es war Freitag und heute Abend stand für uns vier Jungs – Michi, Thomas, Patrick und mich – das Weggehen auf dem Programm. Diesmal nicht in eine Bar, sondern einen Club. Gemäß unserer Tradition begaben wir uns aber erst einmal in unser Lieblingscafé, wo ich vor einigen Monaten das denkwürdige Treffen mit Elias und den anderen Männern von dieser eigenwilligen Bruderschaft gehabt hatte. Wie so oft leiteten wir dort den Abend mit ein paar gepflegten Drinks ein, ehe wir uns später ins nächtliche Getümmel stürzen würden. Ich hatte mit Michi eine absurde Wette laufen. Sollte er sie gewinnen, dürfte er sich aussuchen, welche Lady ich im Club ansprechen musste. Zeit, die Aktion zu starten. Die Kellnerin kam zu unserem Tisch und nahm unsere Bestellung auf.

»Ich hätte gerne ein Pils, aber das milde«, sagte Patrick.

»Für mich auch«, schloss Thomas sich an.

»Ich würde auch gerne eins nehmen«, stimmte ich ein. Wie hätte ich da Nein sagen können?

»Also ich hätte gerne eine große warme Milch mit Honig. Lauwarm wäre super«, bat Michi im ernsten Tonfall.

Die Kellnerin guckte Michi an, als wäre er von allen guten Geistern verlassen worden. Als sie weg war, mussten wir laut loslachen. Der Anblick der verdutzten Kellnerin, einfach göttlich!

Ich hätte nicht gedacht, dass er das durchziehen würde. Aber damit war der Fall klar: Michi hatte die Mutprobe für sich entschieden und ich würde später meinen Wetteinsatz einlösen müssen. Es gab keinen Ausweg, Wettschulden sind schließlich Ehrenschulden. Michis lauwarme Milch schien der Auftakt für eine super Stimmung an unserem Männertisch zu sein. Wir hatten eine Menge Spaß und irgendetwas in mir sagte, dass heute ein grandioser Abend bevorstand. Manchmal, so kam es mir vor, kann man das große Ereignis schon vorausfühlen. Als hätte man eine Glaskugel, die einem die Zukunft vorhersagt. Oder wird so etwas erst dadurch Realität, dass man ganz fest daran glaubt und dann entsprechend handelt? Wie ein guter Vorsatz, wonach es auf der Party unbedingt krachen muss? Ich wusste es nicht. Frisch gestärkt vom Pils – Michi von seiner Milch – ließen wir uns die Rechnung bringen und jeder bezahlte seinen Anteil.

Dann begaben wir uns in Richtung Club. Es war kurz vor Neun – für eine Männergruppe unter achtzehn Jahren genau die richtige Uhrzeit. Die Stadt war bereits zur Ruhe gekommen, abgesehen von den lauten Gesprächen vereinzelter Passanten und ihrem freudigen Gelächter. Es waren allem Anschein nach junge Leute, die in Grüppchen zu den Bars zogen, um feuchtfröhlich ins Wochenende zu starten. Oder in den Club wollten, so wie wir. Nach circa zehn Minuten erreichten wir den Laden, aus dem dumpfe Bässe hinaus auf die Straße dröhnten. Ein Vorgeschmack, der unsere Lust auf die School's-out-Party steigerte. Am Eingang des Clubs mussten wir nicht nur unsere Personalausweise vorzeigen, sondern uns auch einem Facecheck unterziehen. Vermutlich sollten damit Schlägereien zu später Stunde vermieden werden, indem die Rowdys von vornherein draußen blieben. Der muskulöse Türsteher kniff die Augen zusammen und musterte uns mit kritischem Blick.

Allerdings sah er in unseren vier zarten Milchbubi-Gesichtern offenbar keine Bedrohung und gewährte uns Einlass. Da ich erst siebzehn Jahre alt war, würden wir die Party ohnehin schon um zwölf Uhr wieder verlassen müssen. Das war ein Ansporn für mich, die Zeit umso intensiver zu nutzen, um hübsche Frauen kennenzulernen. Wir gaben unsere Jacken an der Garderobe ab und folgten dem Lockruf der Musik in den Raum mit der Tanzfläche.

Der Club war keine typische Großraumdisco, sondern eher klein und gemütlich. Genau das richtige Ambiente, um den Mädels näherzukommen, dachte ich mir. Als wir die Hauptarea mit der Bar betraten, verwandelten sich die dumpfen Bässe in einen klaren und vielschichtigen Sound. Hier strömte uns erst einmal eine Ladung Mainstream-Musik entgegen. Der DJ spielte einen Rihanna-Mix, und passend zum Rhythmus blitzten die grellbunten Scheinwerfer von der Decke auf die Tanzfläche. Der Rest des Raumes war in ein magentarotes Licht getaucht; über die Wände und den Boden huschten hellrote Punkte, die von einer Discokugel reflektiert wurden. Wir begaben uns nicht sofort auf die Tanzfläche, sondern gingen erst einmal zur Bar. Ich blickte mich um und sah, dass der Club sich allmählich füllte.

»Wollt ihr etwas trinken?«, fragte uns Patrick.

Die anderen zwei überlegten noch, während sie sich die Getränkekarte anschauten. Ich gab Patrick zu verstehen, dass ich mir später etwas zu trinken holen würde. Viel wichtiger für mich war es, die Leute zu beobachten. Wenn man Frauen im Club ansprechen will, muss man schließlich wissen, in welches Wespennest man da sticht. Wie oft passiert es Männern, dass sie nichtsahnend eine Partymaus antanzen und drei Sekunden später ihr Freund oder ihre beste Freundin einschreitet? Ein unfreundliches „Ey, lass meine Freundin in Ruhe!" ist noch das

Höflichste, was übereifrige Casanovas in solch brenzligen Momenten zu hören bekommen. Sowas kann auch in eine handfeste Schlägerei ausarten, dachte ich, und mir fiel wieder der Türsteher mit seinem grimmigen Blick ein. Blindlings in so eine Falle zu tappen, das sollte mir erspart bleiben. Ich schaute mir deshalb ganz genau an, wer zu wem gehörte und erarbeitete so einen Schlachtplan. Da kam Michi auf mich zu:

»Zeit, die Wette einzulösen. Bist du bereit?«

»Ja. Wen soll ich ansprechen?«

»Siehst du die Korpulente da drüben? Die musst du jetzt ansprechen!«

»Okay, ich spreche die an … aber angeln werde ich mir die hübsche Blondine daneben.«

Wohin Michi gedeutet hatte: Rechts neben der Bar am Ende des Raumes, nur wenige Schritte entfernt, hielt sich eine unheimlich große Gruppe abseits der Tanzfläche auf. Fünf Mädels und zwei Typen. Letztere trugen Hemden, wie es sich fürs Nachtleben gehörte, und auch ihre Begleiterinnen waren elegant gekleidet. Mir hätten schon zwei Frauen zum Flirten gereicht, aber nein, Michi musste das Ganze natürlich auf die Spitze treiben. Doch mit seiner Forderung, die korpulente Dame anzusprechen, spielte er mir − ohne es zu wissen − in die Karten. Denn eine eiserne Regel für die Kontaktaufnahme mit solchen Cliquen lautete:

„Sprich immer zuerst die unattraktivste Frau in der Gruppe an.“

Warum? Ganz einfach: Die meisten Männer gehen auf Partys immer direkt auf die hübschesten Frauen zu, sodass die weniger attraktiven Clubbesucherinnen an so einem Abend kaum beachtet werden. Vor lauter Neid und Eifersucht zerrt so manch eine verschmähte Frau dann ihre umworbene Freundin von dem Mann weg, so als hätte er die Pest. Und wer kann ihr diese harsche Reaktion schon verübeln? Im Schatten der attraktiveren Freundinnen zu stehen und ignoriert zu werden, das ist auf Dauer sehr frustrierend für eine Frau. Doch wenn man stattdessen diese kaum beachtete Frau zuerst anspricht und dabei sympathisch wirkt, sieht die Sache schon ganz anders aus. Über so einen kleinen Flirt freut sich nämlich nicht nur die angesprochene Frau selbst, sondern auch ihre gesamte Gruppe, die es der Frau von Herzen gönnt. Das wiederum führt im nächsten Schritt dazu, dass man schnell in der Gruppe akzeptiert wird und mit allen anderen Frauen in Kontakt kommt – auch mit der, die einem am besten gefällt. So war zumindest mein Plan.

Ich legte diesen Gedanken beiseite und richtete meine Aufmerksamkeit wieder voll und ganz auf die Gruppe. Alle fünf Mädels hockten eng zusammen. Das heißt, vier von ihnen standen an der Wand, nur die fünfte – die süße Blondine, die mich brennend interessierte – hatte den letzten Barhocker am Ende der Theke erwischt. Die Damen wirkten, als harrten sie der Dinge, die an diesem Abend noch kommen würden und wechselten nur hin und wieder ein paar Worte miteinander. Ihre beiden männlichen Begleiter hingegen hatten die Köpfe zusammengesteckt und schienen in ein angeregtes Gespräch vertieft zu sein. An sich war die Situation perfekt. Ich ging also direkt auf die von Michi ausgewählte Frau zu und eröffnete das Gespräch:

»Hey, meine Kumpels und ich haben uns vorhin die Frage gestellt, wer öfter lügt: Männer oder Frauen. Was meinst du?«

Den Spruch hatte ich bei Mystery gelesen, dem weltweit bekanntesten und erfolgreichsten Verführer unserer Zeit. In einem seiner Bücher hatte er empfohlen, genau diese Frage zu stellen. Der Guru aus Kanada meinte, man solle beim Ansprechen im Club mit Themen beginnen, die auch bei Frauen ein gewisses Interesse wecken. Dazu gehören zweifelsohne die Geschlechterklischees und die sich daraus ergebenden scherzhaften Diskussionen. Ich hatte das mal ausprobieren wollen, und so kam eins zum anderen.

»Männer natürlich«, grinste sie mich an.

Das hat ja eingeschlagen wie eine Bombe, dachte ich überrascht. Sie schien sich unheimlich darüber zu freuen, von mir angesprochen zu werden.

»Findest du? Aber ihr Frauen jubelt uns doch oft gerne mal ein Kind unter und sagt dann: ›Das ist von dir, Schatz‹.«

Meine Aussage war nicht sonderlich lustig, aber trotzdem lachte sie und legte den Kopf schief. In der Verführerszene spricht man von Interessensindikatoren. Wenn eine Frau trotz seiner schlechten Witze lachen muss, fühlt sie sich zum Mann hingezogen. Sie gibt ihm damit unbewusst ein Zeichen, dass sie ihn mag. An sich keine schlechte Sache, denn jetzt hatte ich ihre Sympathie. Und sie auch ein bisschen meine. Denn mir fiel auf, dass sie eine Lebensfreude ausstrahlte, die sie attraktiv machte, obwohl sie eigentlich nicht mein Typ war. Dennoch war es weiterhin mein Ziel, die Blondine auf dem Hocker für mich zu gewinnen.

Das zu erreichen, schien mir allerdings noch in weiter Ferne. Plötzlich sah ich aus dem Augenwinkel, wie sich die drei anderen Mädels, die dabeistanden, mit voller Aufmerksamkeit mir zuwandten. Sie unterbrachen unsere Konversation und fragten, worüber wir lachten und woher wir uns kennen würden. Für Außenstehende musste unsere scherzhafte Unterhaltung so ausgesehen haben, als wären meine Gesprächspartnerin und ich miteinander bekannt. Das habe ich ja perfekt eingefädelt, dachte ich mir und wurde irgendwie das Gefühl nicht los, dass diese Ladys ebenfalls ein gewisses Interesse an mir hatten. Sie fragten mich nach meinem Namen, was ich so machte und zogen mich schon fast auf die Tanzfläche. So etwas war ich nicht gewohnt. Ich fühlte mich wie ein Popstar mit seinen neu gewonnenen Groupies.

Doch es gab ja noch eine Fünfte im Bunde: die Blondine. Sie schien allerdings gänzlich unbeeindruckt. Ein paar Armlängen entfernt saß sie noch immer auf dem Barhocker, den sie ergattert hatte. Sie trug High Heels mit zehn Zentimeter hohen Absätzen und hatte eine enge Jeans zu einem hellen T-Shirt an. Kein besonders auffälliges Outfit für einen Club, denn viele Mädels liefen hier so herum. Aber dafür reizten mich ihr hübsches Gesicht und die langen blonden Haare umso mehr. Man, wie komme ich bloß an sie ran? Ich muss mir was einfallen lassen, überlegte ich fieberhaft. Während meine Groupies einen zweiten Versuch starteten, mich zum Tanzen zu motivieren, wimmelte ich sie ab:

»Keine Sorge, später bin ich dabei.«

Etwas enttäuscht drehten sich die Mädels weg und so stand ich alleine da. Ob das ein Fehler gewesen war, sie abzuweisen? Nein. Noch ehe ich mir eine Taktik zur Annäherung an die Blondine überlegen konnte, stand diese schon auf, weil sie nun freie Bahn gewittert hatte, und kam auf mich zu:

»Wer bist du?«, fragte sie mich.

»Andy und du?«

»Sandra.«

Wir unterhielten uns und ich erinnerte mich an eine Aussage, die ich gelesen hatte. Ich glaubte, es war ebenfalls Mystery, der folgende Behauptung aufgestellt hatte:

„Zeigt dir die Frau mindestens drei Interessensindikatoren? Dann kannst du sie küssen."

Also ging ich das durch und musterte Sandra genau:

Sie lächelte mich an und ihre Augen funkelten nahezu.

Sie stellte mir Fragen und interessierte sich für mich.

Sie warf ihr Haar zurück, was Offenheit demonstrieren sollte.

Sie berührte mich an der Schulter, um körperliche Nähe aufzubauen.

Ihre Beine waren überkreuzt, was bedeutete, dass sie nicht weglaufen wollte und sich in meiner Nähe wohlfühlte.

Wow, ich hatte fünf Interessensindikatoren nach ein paar Minuten Gespräch gezählt! Da konnte der Kuss ja nicht mehr schiefgehen, oder? Also blickte ich ihr tief in die Augen, grinste und näherte mich langsam ihren Lippen. Mein Herz klopfte dabei lauter als die Bässe der Musik, so fühlte es sich zumindest in meiner Brust an. Würde sie ihren Kopf im letzten Moment zurückziehen oder mir gar eine Ohrfeige verpassen? Aber nein, es klappte! Ich konnte es kaum fassen. Mein erstes großes Erfolgserlebnis nach vielen Monaten harter Arbeit. Wir knutschten wild herum und ich konnte die stechenden Blicke meiner Kumpels spüren. Ach ja, die Jungs, die hatte ich bis hierhin ganz vergessen. Als sich meine Lippen von Sandras gelöst hatten, blickte ich in Richtung Bar. Meine drei Kumpels saßen dort und schlürften an ihren Drinks – betont desinteressiert. Ich war mir ziemlich sicher, sie hatten die ganze

Show von Anfang an beobachtet und würden jetzt unbedingt erfahren wollen, wie ich die Blondine so schnell rumgekriegt hatte. Also sagte ich Sandra, dass ich mal eben kurz zu meinen Freunden müsste und gleich zurück sei. Total euphorisch ging ich auf sie zu:

»Na Jungs, habt ihr das gesehen?« Während ich das sagte, grinste ich wie ein Honigkuchenpferd.

»Ja. Wie wäre es, wenn du die Mädels jetzt zu uns holst?«, fragte Patrick.

»Also ich fand's geil. Respekt!«, antwortete Michi.

Thomas schwieg. Ob er das gut fand, was ich getan hatte? Ich wusste es nicht. Vielleicht war er eifersüchtig, weil es bei mir geklappt hatte. Oder er war einfach nur baff. Patrick hingegen war wieder einmal auf seinen eigenen Vorteil aus. Seine Frage, die eigentlich eine Forderung war, hatte das gezeigt. Das nervte mich tierisch. Riskieren wollte er nichts, aber sobald etwas bei anderen funktionierte, tat er alles, um ebenfalls davon zu profitieren. Sollte ich ihm dieses Geschenk machen und die Frauengruppe herbitten? Ich entschied mich dagegen und antwortete:

»Geh doch selbst rüber!«

Meine Ansage gefiel ihm gar nicht. Genervt ging ich zu Sandra zurück. Die anderen Mädels hatten sich inzwischen auch wieder dazugesellt und so verbrachte ich meine Zeit in weiblicher Gesellschaft. Ich unterhielt mich mit der Frauengruppe angeregt, natürlich ohne Sandra und unsere Lust auf feurige Küsse zu vernachlässigen.

Es dauerte keine halbe Stunde, bis meine männliche Crew ankam und sich von mir verabschiedete. Michi und Thomas wirkten ganz gelassen, bei Patrick konnte ich allerdings spüren, wie die Wut in ihm brodelte. Er packte das gar nicht, wenn etwas nicht nach seiner Nase lief. Die Jungs wollten in die Bar, wo wir sonst auch immer waren. Vielleicht hofften sie, dass Frank sie wieder mit ein paar Damen verkuppeln konnte, damit sie diesen Abend doch nicht leer ausgehen und mit mir gleichziehen würden. Ich sagte ihnen, ich würde bald nachkommen.

Es musste etwas mehr als eine halbe Stunde später gewesen sein, da wollten die Mädels heim und verabschiedeten sich von ihren beiden männlichen Begleitern. Anscheinend waren das Kerle, die sie aus früheren Zeiten kannten und zufällig im Club getroffen hatten. Es war jetzt kurz vor Mitternacht, als wir unsere Jacken an der Garderobe abholten und auf den Bürgersteig zurück ins Freie traten. Ich war froh, endlich aus diesen stickigen Katakomben herauszukommen und die frische, kühle Nachtluft zu atmen. So brachte ich, der Hahn im Korb, alle Mädels zum Bus. Bevor sie auf Nimmerwiedersehen verschwinden würden, wollte ich noch mit Sandra Handynummern austauschen, um das nächste Treffen zu vereinbaren. Ihre Nummer zu bekommen war gar nicht schwer, vor allem deshalb nicht, weil wir schon ausgiebig geküsst hatten. Es brauchte nur einen guten Grund. Also sagte ich zu ihr, als wir die Bushaltestelle erreicht hatten:

»Lass mich wissen, dass du gut nach Hause gekommen bist. Am besten tauschen wir unsere Handynummern aus, dann können wir schreiben.«

Damit hatte ich nicht nur eine gute Begründung für den Nummerntausch, sondern konnte auch meine Qualitäten als männlicher Beschützer unter Beweis stellen. Mittlerweile wusste ich, dass Frauen sich magisch zu Männern hingezogen fühlen, die einen ausgeprägten Beschützerinstinkt besitzen.

Klar, die meisten Vertreterinnen des sogenannten „schwachen Geschlechts" sind heutzutage ziemlich stark – und selbstbewusst genug, um für das eigene Wohl zu sorgen. Egal ob es ums Geld verdienen im Job geht oder um so alltägliche Dinge wie den nächtlichen Heimweg durch die Stadt. Dennoch wünschen sich die meisten Mädels weiterhin eine starke Schulter zum Anlehnen und wissen die fürsorgliche Art eines Gentlemans zu schätzen. Da reichen oftmals schon kleine Gesten der Aufmerksamkeit, so wie jetzt in meinem Fall mit dem Nummerntausch.

Als ich ihre Handynummer abgespeichert hatte, kam auch schon der Bus. Ein letzter Abschiedskuss, und dann fuhr Sandra mit ihren Freundinnen davon. Ich rief meine drei Jungs an, denen mittlerweile ebenfalls die Lust vergangen war, und so trafen wir uns am Bahnhof, um gemeinsam die Heimfahrt in unser Dorf anzutreten. Offenbar hatte Frank ihnen in seiner Bar keine Frauen mehr vermitteln können. Patrick war immer noch etwas angefressen, aber mir war das egal. Ich fühlte mich unheimlich gut; für mich war dieser Abend ein einschneidendes Erlebnis gewesen. Und meine Kumpels Blut lecken lassen, sodass sie sich genauso wie ich mit der Verführung beschäftigen würden? Ich sah ein, das war eine Mission impossible. Vielleicht sollte ich den Versuch aufgeben, sie zu bekehren. Das war mein letzter Gedanke, als ich um kurz nach Eins zu Hause angekommen war und eine Weile später einschlief.

Kleine Liebe mit großen Hindernissen

Am Tag darauf, als ich aufgestanden war und mich von dem Partyabend erholt hatte, schrieb ich folgende SMS:

»Hey Sandra, war ein cooler Abend gestern. Bist du noch gut heimgekommen? LG, Andy.«

Hoffnungsvoll saß ich zu Hause in meinem Zimmer und blickte jede freie Sekunde auf mein Handy. Wann würde Sandra endlich antworten? Es verging einiges an Zeit, und jede Minute kam mir wie eine Stunde vor. Ich hasste es, untätig herumsitzen zu müssen und nichts tun zu können. Viele Frauen lassen beim Schreiben gerne auf sich warten und stellen die Geduld von uns Männern auf eine harte Probe. Okay, ich musste zugeben, meine Ungeduld war in manchen Dingen ziemlich unerträglich. Aber so war ich eben. Während ich immer wieder auf mein Mobiltelefon schaute, tippte ich mit den Fingern aus lauter Langeweile auf meine Schreibtischplatte. Würde bald ein Lebenszeichen von ihr kommen? Zehn Minuten, nachdem ich die SMS verschickt hatte, gab mein Handy einen Ton von sich. „Sie haben eine neue Nachricht", sagte eine imaginäre Computerstimme in meinem Kopf. Na geht doch! Sofort griff ich nach dem Handy und öffnete die Kurznachricht, um zu schauen, was drin stand:

»Hey :-) Ja, hat alles super geklappt. Schon eine Idee, wann wir uns treffen wollen? Sandra.«

Wir verabredeten uns für den nächsten Tag direkt bei ihr. Sie war Einzelkind und lebte noch bei ihrer Mutter. Zu ihrem Vater schien sie keinen Kontakt mehr zu haben. Nichts Ungewöhnliches in unserer heutigen Zeit, aber dennoch sehr schade, wie ich fand. Ohne Vaterfigur aufzuwachsen, hinterließ sicher die eine oder andere Narbe. Nachdem ich mich am frühen Nachmittag auf den Weg nach Regensburg gemacht hatte und dort vom Bus durch die ganze Stadt bis in ihren Vorort kutschiert wurde, erreichte ich irgendwann endlich das Ziel. An der Haltestelle wartete Sandra schon auf mich und winkte mir freudestrahlend zu, als ich aus dem Bus stieg. Wir begrüßten uns mit einem Kuss und machten uns auf den Weg zu ihrer Wohnung. Der Stadtteil mit seiner Mischung aus alten und neuen Wohnhäusern schien die Geschichte der vergangenen fünf Jahrzehnte zu erzählen. Während wir an den traditionellen Arbeiter- und den stylischen Neubauwohnungen vorbeiliefen, führten wir ganz alltägliche Gespräche: Wir redeten über die Anfahrt und anderes belangloses Zeug. War ich gerade wieder dabei, mich mit oberflächlichem Small Talk ins Aus zu katapultieren? Ich hatte einfach keine Ahnung, über was ich bei einem Date mit Frauen reden sollte und befürchtete immer, dass meine Themen langweilig waren. Egal, solange sie mich toll findet, spricht ja auch nichts gegen Langeweile, redete ich mir selbst gut zu. Wir standen mittlerweile vor der Tür ihrer Wohnung, die sich im zweiten Stock befand. Sandra schloss auf und ich hörte, wie aus einem Zimmer eine weibliche Stimme ertönte:

»Super, da freue ich mich.«

Als könnte Sandra meine fragenden Gedanken lesen, erklärte sie mir beim Eintreten, dass ihre Mutter noch zu Hause sei. Plötzlich bekam ich Herzrasen. Auf so eine Situation war ich nicht vorbereitet. Ich hatte bisher noch keine Anleitung im Internet oder in Büchern gelesen, wie man sich seiner Schwiegermutter in spe vorstellt.

Es wäre doch besser gewesen, mit Sandra in der Stadt etwas trinken zu gehen, dachte ich mir. Aber nein, ich hatte die Chance gewittert, mit ihr eine aufregende Nacht zu verbringen. Zu diesem Zweck hatte ich das Date in ihrer Wohnung arrangiert, denn nirgendwo sonst würden wir ihrem Bett so nah sein. Natürlich nur räumlich, das wurde mir jetzt – angesichts des unerwarteten Hindernisses – schlagartig klar. Es ertönte ein Klacken, als hätte jemand einen Telefonhörer aufgelegt. Und schon ging die Wohnzimmertür auf, und die ältere Dame kam lächelnd im Wohnungsflur auf mich zugeschossen.

»Du musst also Andy sein«, empfing sie mich freundlich.

»Ja«, erwiderte ich mit etwas zögerlicher Stimme.

»Schön, ich werde euch zwei jetzt alleine lassen. Ich bin mit einer Freundin verabredet und wünsche euch viel Spaß!«

Das war irgendwie zu einfach. Ich war mir ziemlich sicher, dass Mutter und Tochter das abgesprochen hatten. Es dauerte nicht lange, bis sich die Dame ihren Mantel überstreifte und aus dem Staub machte. Als endlich die Wohnungstür hinter ihr zufiel, plumpsten mir ganze Ziegelsteine vom Herzen. Ein gutes Gefühl, zu wissen, dass wir jetzt ungestört waren! Sandra zeigte mir die Räume, eine ganz normale Drei-Zimmer-Neubauwohnung. Ihr Schlafzimmer war das kleinste; ein Bett, ein Tisch und ein Kleiderschrank befanden sich auf rund sechzehn Quadratmetern. Ich setzte mich aufs Bett, in der Hoffnung, sie würde sich zu mir gesellen. Tat sie aber nicht. Stattdessen blieb sie vor mir stehen und sagte:

»Ich habe dir noch gar nicht erzählt, was ich mache.«

»Was machst du denn?«

»Ich singe und war letztens auch im Fernsehen bei einer Castingshow, die du kennen dürftest.«

»Echt? Wie lief's?«

Jetzt wurde ich neugierig. Ich hatte mittlerweile, seit wir uns im Club kennengelernt hatten, schon einige Stunden mit ihr gequatscht und diesen Hammer verriet sie mir erst jetzt. Manchmal kommen die spannendsten Geschichten erst später raus, dachte ich und war gespannt, was ich sonst noch so alles über diese talentierte Frau erfahren würde. Sie erzählte mir, bei welcher Castingshow sie sich beworben hatte und wie sie bis in die zweite Runde gekommen, dann aber rausgeflogen war. Die kritische Jury schien ihre Stimme nicht sonderlich gewürdigt und Sandra für zu untalentiert gehalten zu haben. Aber sie gab den Traum nicht auf, sondern nahm professionellen Gesangsunterricht, um doch noch eine erfolgreiche Sängerin zu werden.

»Soll ich dir etwas vorsingen?«, fragte sie mich.

»Klar, sehr gerne.«

Sie sang „Beautiful" von Christina Aguilera. Was für eine klangvolle Stimme! Ich ließ mich mit dem Rücken aufs Bett sinken und schloss die Augen. Gänsehaut machte sich auf meinem Körper breit. Ich liebte Menschen, die eine Leidenschaft hatten und einen außergewöhnlichen Weg beschritten. Das entfachte immer eine Neugier in mir. Als sie mit ihrem Gesang zum Ende kam, forderte ich sie auf, sich an meiner Seite niederzulassen. Ich wollte mit ihr Zärtlichkeiten austauschen, um ihr dann langsam und vorsichtig die Klamotten vom Leib zu streifen.

Natürlich war ich hypernervös dabei. Eine komplett nackte Frau, das kannte ich nur aus nicht jugendfreien Filmen. Internet sei Dank! Sie kam meiner Bitte nach und legte sich neben mich. Ich strich ihr die blonden Haare aus dem Gesicht und küsste sie.

Zuerst auf die Wange, dann auf die Lippen. Mir war bewusst, dass ich den nächsten Schritt wagen musste. Bloß wie sollte ich das anstellen? Sollte ich ihr ins Ohr flüstern, dass ich jetzt mit ihr schlafen wollte oder wäre es klüger, ihre Erregung durch Berührungen zu steigern? Was zu tun war, wusste ich nicht so wirklich. Während wir nebeneinander lagen, versuchte ich, mit meiner Hand ihr T-Shirt nach oben zu schieben, in der Hoffnung, sie würde es von selbst ausziehen. Pustekuchen! Sie nahm meine Hand und schob sie zur Seite. War das etwa eine Zurückweisung? Ich startete sofort einen erneuten Versuch und die Szene wiederholte sich, nur zog sie diesmal sogar noch ihr T-Shirt demonstrativ nach unten, sodass der Stoff sich spannte. Es war eine energische Handbewegung, die mir sagen sollte: „Hier kommst du nicht ran!" Jetzt war ich ratlos; was sollte ich tun? Sandra kannte die Antwort auf diese Frage und sprang vom Bett auf.

»Das Wetter ist so schön. Wollen wir einen kleinen Spaziergang machen?«, fragte sie mich.

»Ähhmm, okay«, stimmte ich etwas irritiert zu.

Warum wollte sie sich mir nicht hingeben? Verstehe einer die Frauen, dachte ich zerknirscht. Erst laden sie dich zu sich nach Hause ein, bringen ihre Mutter dazu, die Wohnung zu verlassen, und dann machen sie im letzten Moment doch noch einen Rückzieher. Wahrscheinlich wollte Sandra mir bloß etwas vorsingen und der Gedanke an Sex existiert in ihrem Kopf gar nicht. Oder bin ich die Sache falsch angegangen und habe sie mit meinen unbeholfenen Annäherungsversuchen verschreckt? Auch gut möglich. Während ich im Flur die Schnürsenkel meiner Sneaker zuband, verschwand Sandra aufs Klo. Nach einer kurzen Weile kam sie zurück, schlüpfte ebenfalls in bequeme Schuhe und machte sich vor dem Spiegel zurecht. Dann ging die

Wohnungstür hinter uns zu und wir verließen den einzigen Ort, an dem ich meine Jungfräulichkeit hätte verlieren können.

Hand in Hand gingen wir die Straße entlang durch ihr Viertel. Ich wusste wieder nicht, worüber ich mit ihr reden sollte. Schminke? Haarstyling? Den neuesten Tratsch aus der Cosmopolitan? Egal, sie schien die Ruhe zu genießen, aber ich langweilte mich. Das mit den Mädels hatte ich mir anders vorgestellt. In vielen Büchern stand geschrieben, dass die richtige Frau diejenige war, mit der man viel Spaß haben konnte. Aber irgendwie hatte ich das nicht, weder vorhin auf ihrem Bett noch in unseren Gesprächen auf dem Fußmarsch. Das einzige, wofür ich sie bewunderte, war ihre Schönheit und ihr mutiger Schritt, Sängerin werden zu wollen. Aber sollte das reichen? Nein, ich wollte mehr! Also beendete ich das Schweigen und suchte nach Gemeinsamkeiten: Hobbys, Leidenschaften, einfach alles. Doch so sehr ich auch grub, ich konnte keine tiefere Verbindung zwischen uns finden. Unser erstes Date schien wohl ein Reinfall zu sein. Die Stichflamme, die ich noch in meiner Brust gespürt hatte, als ich auf dem Hinweg zu ihr im Bus saß, verkümmerte so langsam zu einem kleinen Glimmen. Mit dieser Ernüchterung entschloss ich mich, die Heimreise anzutreten.

»Sandra, ich werde mich jetzt langsam auf den Weg nach Hause machen.«

»Jetzt schon? Du bist doch erst seit drei Stunden hier!«

»Ja, ich weiß, aber ich muss noch was erledigen.«

»Na gut, ich bringe dich aber noch zum Bus. Okay?«

»Okay.«

Mit einem unbehaglichen Schweigen liefen wir zur Haltestelle. Als der Bus ankam, war ich irgendwie froh. Ich hatte das Gefühl, wir passten nicht zusammen und jede weitere gemeinsame Stunde würde nur noch mehr falsche Hoffnungen auf eine Beziehung in ihr wecken. Andererseits war es auch ziemlich dämlich, kurz vor dem Ziel, mit einer Frau zu schlafen, Schluss zu machen. Schließlich wollte ich endlich meine Jungfräulichkeit verlieren. Aber wäre es fair, ihr die große Liebe vorzuspielen, nur um sie ins Bett zu bekommen? Ich wusste es nicht; mein Kopf spielte irgendwie Karussell mit mir. Also gut, ich würde der ganzen Sache noch eine zweite Chance geben. Vielleicht würde es ja doch noch ganz cool mit ihr werden. Schließlich war Sex nicht alles. Und so verabschiedete ich mich von ihr, in dem Wissen, dass es kein Abschied für immer sein würde.

Beim zweiten Mal trafen wir uns nicht bei Sandra zu Hause, sondern auf neutralem Boden bei einem Spaziergang durch ihr Viertel. Ihre Freundinnen, die ich schon aus dem Club kannte, stießen auch noch dazu. Erneut langweilte ich mich in Sandras Gegenwart, auch wenn der Rest der Mädelstruppe für Unterhaltung sorgte. Meine hoffnungslose Kandidatin für die große Liebe machte eine umso blassere Figur in der heiteren Runde. Keine spannenden Gespräche, keine lustigen Kommentare. Nicht mal herumalbern wollte sie. Mein Interesse an ihr erreichte so langsam den Nullpunkt. Wieder einmal ging ich nach dem Date enttäuscht nach Hause. Und so vergingen nach dieser zweiten Begegnung ein paar Tage, in denen wir kaum miteinander schrieben. An Telefonate war erst recht nicht zu denken. Unser Kontakt war eher sporadisch. Das machte sie ganz schön verrückt, schließlich wollte sie Gewissheit darüber bekommen, wie es mit uns weitergehen würde. Also schrieb sie mir einmal zur frühen Morgenstunde:

»Irgendwie meldest du dich kaum noch. Was ist denn los mit dir?«

»Ich weiß es nicht. Ich melde mich, wenn es wieder passt, okay?«

Keine Antwort von ihr. Sie wusste schon, was los war. Ich hatte das Interesse an ihr verloren und Tatsache ist, ich habe mich nie wieder bei ihr gemeldet. Damit war das Kapitel abgeschlossen.

Meine ersten Verbündeten

»Und du gehst einfach so auf die Frauen zu und sprichst sie an?«, fragte mich Chris.

»Ja, mulmig ist mir schon etwas dabei, aber da muss man halt durch«, antwortete ich.

»Nicht schlecht, auf der Straße finde ich das noch schwieriger als im Club«, staunte Aleksej.

Ich hatte im Forum, wo sich angehende Verführer tummelten, zu einem Treffen aufgerufen. Es war dieselbe Internetplattform, über die ich bereits Elias und seine Truppe kennengelernt hatte. Meinem Aufruf waren exakt zwei Personen gefolgt: Chris und Aleksej. Chris war ziemlich groß, ich schätzte ihn auf fast einen Meter neunzig. Er hatte recht breite Schultern, eine selbstbewusste männliche Ausstrahlung und wirkte auf den ersten Blick wie ein cooler und lässiger Typ. Aleksej war etwas kleiner, hatte eine schlanke Statur und stammte aus Russland. Im Gegensatz zu Chris machte er im ersten Moment einen etwas zurückhaltenden und verschlossenen Eindruck auf mich.

Zu dritt saßen wir an einem Vierertisch – wieder einmal in meinem Stammcafé in Regensburg, wo ich seinerzeit mit Elias' Bruderschaft getagt hatte. Wir hatten gerade Platz genommen und unterhielten uns sofort über Gott und die Welt. Chris war der Älteste von uns und hatte mit seinen neunundzwanzig Jahren eine Menge zu berichten. Als früherer Barkeeper, Türsteher und jetziger DJ in einer der coolsten Bars Regensburgs wusste er exakt, wie das Nachtleben funktionierte. Frauen tagsüber im Alltag anzusprechen schien allerdings ein Mysterium für ihn zu sein. Umso mehr erstaunte es ihn, als ich von meinen Fehlschlägen damals im Einkaufszentrum und an anderen Orten berichtete. Das Resultat war ihm irgendwie egal, schon allein der Gedanke, dass ich das Flirten auf der Straße in die Tat umgesetzt hatte, ließ seine Augen vor Neugier aufleuchten. Aleksej war auch interessiert, aber bei Weitem nicht so brennend wie Chris.

Da wir tief in unser Gespräch versunken waren, musste die Kellnerin zweimal zu uns an den Tisch kommen, um nach der Bestellung zu fragen. Es war schon verrückt: Da saß ich mit zwei fremden Menschen zum ersten Mal an einem Tisch beim Kaffee und spürte vom ersten Moment an eine so starke Verbundenheit. Als wären es gute Kumpels von mir, die ich Jahre nicht gesehen hatte. Da war aber noch was anderes. Irgendwie kam ich mir gerade vor, als wäre ich in Elias' Rolle geschlüpft und wäre nun selbst der Vorsitzende einer Bruderschaft, der versucht, seinen Jüngern den Kopf zu waschen. Also stellte ich dieselbe Frage, die auch mein Leben vor einem halben Jahr verändert hatte:

»Wir haben genug geredet. Lasst uns Action machen! Habt ihr Lust, dass wir losziehen und Frauen auf der Straße ansprechen?«

Chris und Aleksej bejahten. Also gingen wir raus auf den großen Platz vor dem Café und weiter in die Einkaufsstraße. Hier herrschte reges Treiben, denn die Temperaturen wurden langsam milder und die ersten Sonnenstrahlen des Frühlings lockten die Menschen in die Stadt. Ich war fest entschlossen, den Jungs zu zeigen, wie der Hase lief. Trotz meiner vielen Bemühungen hatte ich bis jetzt noch keine Telefonnummer ergattern können. Auch die Gespräche mit den Frauen waren noch immer sehr kurz. An sich kein gutes Zeichen. Aber ich war mir sicher, dass das Teil eines Prozesses war und ich irgendwann den Durchbruch erleben würde. Dazu brauchte ich aber tatkräftige Unterstützung. Kerle, die so wie ich Gas geben wollten. Auf meine Kumpels konnte ich nicht zählen; Thomas, Patrick und selbst Michi hatten kein Blut geleckt bei unseren Unternehmungen. Also musste ich Gleichgesinnte über das Internetforum finden – und hier waren sie. Dicht an meine Fersen geheftet, erwarteten sie, das zu erleben, wovon ich ihnen beim Kaffee die ganze Zeit vorgeschwärmt hatte: wildfremde Frauen auf der Straße erfolgreich anzusprechen. Als ich meine ersten Gehversuche vor knapp einem halben Jahr gestartet hatte, war ich keineswegs wählerisch vorgegangen. Ich hatte einfach alle Mädels angequatscht, auch jene, die nicht meinem Typ entsprachen. Trotz meiner ausbleibenden Erfolge waren meine Ansprüche jedoch in die Höhe geklettert. So sprach ich jetzt nur noch Frauen an, die mir wirklich gefielen. Alles andere würde auch keinen Sinn ergeben, davon war ich überzeugt.

So dauerte es eine Weile, bis ich eine Frau entdeckte, die mir zusagte. Genauer gesagt, waren es zwei Frauen, beide schätzungsweise Mitte zwanzig: links eine Blondine, rechts ihre schwarzhaarige Begleiterin. Beide schlenderten gemeinsam die Geschäfte entlang. Da sie nun mal im Doppelpack unterwegs waren, würde ich direkt auf beide zugehen müssen. Die Frage nach dem Flughafen stellte ich schon lange nicht mehr. Ich brauchte keinen albernen Vorwand mehr, um ein Gespräch zu beginnen, sondern versuchte im Alltag, mein Interesse klar zu bekunden, indem ich direkt mit einem Kompliment anfing. So verstanden die Frauen sofort, was Sache war und man vergeudete keine Zeit mit endlosem Small Talk. Besonders dann, wenn sie einen Freund hatten, war das direkte Anflirten eine willkommene Abkürzung. Denn falls die Frau vergeben war, konnte sie mir dies sofort sagen, anstatt mit mir erstmal minutenlang über Flughäfen, Sehenswürdigkeiten der Stadt und anderes belangloses Zeug zu reden. Das ersparte uns beiden wertvolle Zeit. Die beiden Mädels waren schon ein Stück weitergezogen und warfen ab und zu einen Blick zur Seite in die Schaufenster. Also überholte ich sie von hinten und drehte mich dann zu ihnen um, sodass ich nun direkt vor ihnen stand, von Angesicht zu Angesicht. Während meine beiden Mitstreiter in sicherer Entfernung Stellung bezogen, sagte ich:

»Hey Mädels, ich muss euch beiden ein Kompliment machen. Ihr seht beide echt sympathisch aus. Wie heißt ihr?«

Die beiden blieben erschrocken stehen und sahen mich verdutzt an.

»Das ist nett. Aber erstens sind wir vergeben und zweitens bist du viel zu jung«, entgegnete mir die Blondine patzig.

Das konnte ich nicht auf mir sitzen lassen; Aleksej und Chris sahen gerade zu. Erst groß angeben und dann wie ein geprügelter Hund zu ihnen zurückkehren? Nein, ich durfte es jetzt nicht vergeigen! Im Forum hatte ich gelesen, dass man in so einem Fall Humor einsetzen sollte, um den Korb zu überspielen. Zum Glück war dort auch ein Paradebeispiel beschrieben, welches ich sofort verinnerlicht hatte. Also entgegnete ich ihnen:

»Naja, ihr wisst doch: Junges Gemüse ist am knackigsten.«

»Ne ne, lass mal gut sein. Tschüss!«, verabschiedete sich die Blondine, ohne den Mund zu einem Lächeln zu verziehen, und beide Freundinnen zogen weiter.

Irgendwie hatte der Satz nicht gefruchtet. Was für eine Blamage! Ich ging mit gesenktem Kopf zu den beiden Jungs zurück, doch Chris schien komischerweise beeindruckt:

»Also, ich dachte am Anfang, du laberst nur. Aber du hast es echt gemacht, du hast die zwei Mädels angesprochen. Du bist echt ein krasser Typ!«

»Danke. Aber leider war keine Handynummer drin«, erwiderte ich.

»Egal. Wie viele Männer würden sich so etwas trauen? Ich kenne niemanden. Du solltest stolz auf dich sein«, baute Chris mich auf.

Aleksej nickte nur zustimmend und auch ihm konnte man ansehen, dass meine Aktion eben ganz großes Kino für ihn war. Ich selbst war aber nicht zufrieden mit mir. Weder hatte ich den beiden Ladys ein Lächeln entlocken können, noch hatte ich eine Handynummer bekommen. Vielleicht erwartete ich aber auch einfach nur zu viel von mir. Schließlich waren beide nach Aussage der Blondine liiert gewesen. Ich kam zu dem Schluss, dass es besser wäre, die Abfuhr innerlich zu akzeptieren. So rappelte ich mich wieder auf und war sogar ein wenig stolz auf mich. Stolz darauf, es wenigstens versucht zu haben.

Aleksej verabschiedete sich, denn er wollte sich noch mit Freunden treffen. So blieben nur noch Chris und ich zurück. Gemeinsam gingen wir zum Hauptbahnhof, um uns zum Abschluss des Tages eine Mahlzeit im Fastfood-Restaurant zu gönnen. Chris war so begeistert von mir, dass er mir ein Burger-Menü spendierte. Während ich mir eine in Mayonnaise getränkte Pommes in den Mund schob, blickte ich kurz auf mein Handy. Wow, schon so spät, stellte ich überrascht fest. Die Zeit war wie im Fluge vergangen, und so kündigte ich an, den nächsten Zug nach Hause zu nehmen. Chris nutzte noch die restliche halbe Stunde und fragte mich über alles aus: was ich zu den Frauen sagte, wenn ich sie auf der Straße oder im Club ansprach, was man besser nicht tun sollte und vieles mehr. Er fragte einfach alles, was ihm in den Sinn kam. Als wir uns verabschiedeten, sagte er, dass er beim nächsten Mal ebenfalls Frauen ansprechen würde. Das freute mich. Endlich schien ich zwei Jungs gefunden zu haben, die in der Verführungskunst meine Weggefährten sein wollten.

Am darauffolgenden Montag trafen wir uns im Einkaufszentrum in Regensburg: Aleksej, Chris und ich. Jeder von uns war wild entschlossen, an diesem Nachmittag Frauen anzusprechen. Mittlerweile hatte ich schon knapp einhundert Versuche hinter mir. Für mich war das Ansprechen also keine so große Überwindung mehr. Chris und ich überließen Aleksej den Vortritt. Ob das eine Ehre für ihn war? Wohl kaum. In ihm erkannte ich mich selbst wieder, als ich in meiner Anfangszeit mit Michi durchs Einkaufszentrum gestreift war.

Aleksej wirkte so zögerlich und ängstlich wie ich damals. Die ersten Frauen wollte er nicht ansprechen, egal, welche der unzähligen Passantinnen wir ihm vorschlugen. Wir drehten Runde für Runde durch den Shopping-Palast, immer wieder vorbei an denselben Geschäften. Doch keine der Ladys, die an uns vorbeiliefen, schien ihm zu passen – oder waren das nur Ausreden? Ich wusste nicht, wie ihm zu helfen war. Man kann nicht in der Champions League spielen, ohne jemals Tore in der Kreisliga geschossen zu haben, dachte ich mir in diesem Moment. Ich hatte schließlich am Anfang auch Frauen angesprochen, die nicht meinem Beuteschema entsprachen. Wir ließen es gut sein und wollten einfach nur schauen, was er tun würde. Chris schien aber so langsam die Geduld zu verlieren und forderte Aleksej zum Handeln auf:

»Los jetzt, Aleksej! Die in dem Laden, die Blonde mit der braunen Handtasche, die sieht doch hübsch aus. Geh hin und sprich sie an!«

Aleksej erklärte sich nun doch einverstanden. Er hatte sicher nur einen kleinen Tritt in den Hintern gebraucht und Chris hatte das Temperament dazu. Also trottete er in das Klamottengeschäft, während wir zwei anderen draußen warteten und die Szenerie neugierig beobachteten. Es war ein komisches Schauspiel: Wie eine Hyäne umkreiste Aleksej sein Opfer, schlich immer wieder um dieselben Kleiderständer herum und schielte „auffällig unauffällig" auf seine Beute. Oh Gott, langsam wird es peinlich, dachte ich beschämt.

»Was macht er denn da?«, raunte Chris mir zu.

»Keine Ahnung. Wartet er auf den perfekten Zeitpunkt?«

»Vielleicht. Weiß er überhaupt, dass der Klamottenladen nur für Frauen ist?«

Stimmt. Das hatte ich total vergessen. Hier gab es nur modische Kleider, Reizunterwäsche, Schmuck und alles, was das Frauenherz sonst noch so begehrt. Aleksej steckte jetzt schon geschlagene zehn Minuten in dem Laden und tat so, als würde er etwas Bestimmtes suchen.

»Wonach guckt der denn? Einem String-Tanga? Der soll gefälligst die Blonde ansprechen«, sagte Chris genervt.

Ich musste lachen. Es sah wahrlich so aus, als würde er inmitten der spitzenbesetzten, roten und schwarzen Frauenslips nach geeigneter Unterwäsche suchen. Bei näherer Betrachtung merkte man allerdings, dass er immer wieder versuchte, Blickkontakt zu der Blondine aufzunehmen. Und hiermit wurde mir eine weitere wichtige Regel mehr als deutlich vor Augen geführt:

„Warte nicht auf ein einladendes Flirtsignal von der Frau, sondern gehe sofort auf sie zu!"

Jetzt kam Aleksej aus dem Laden heraus. Offenbar hatte er es aufgegeben, mit dem Mädel auf Tuchfühlung zu gehen. Und Chris sprach ihn sofort darauf an:

»Was war denn los, Aleksej?«

»Ich habe darauf gewartet, dass sie zu mir schaut«, antwortete er.

Tja. Da kannst du lange warten, dachte ich mir. Die meisten Frauen rechnen im Alltag gar nicht damit, von einem Mann angesprochen zu werden. Statt auf eine Flirtgelegenheit zu achten, sind die Mädels abgelenkt von anderen Dingen. So wie im Fall von Aleksej, als die Blondine nur Augen für die Modekollektion hatte. Zurückhaltende Kerle, die sich nicht bemerkbar machen, werden da schlichtweg übersehen. Daher dürfen ängstliche Männer auch nicht abwarten und darauf hoffen, einladende Blicke von den Frauen zu ernten, die das Risiko einer Abfuhr minimieren könnten.

Aber was soll man tun gegen die Angst, hübsche Frauen anzusprechen? Für uns Männer ist es wichtig, sofort die Initiative zu ergreifen, um nicht in einen Zustand zu verfallen, den ich „analytische Lähmung" nenne. Wenn wir zögern, schaltet sich der kritische Verstand ein. Er liefert uns tausend Einwände, warum wir besser die Finger von der Frau lassen und ihr fernbleiben sollten. Solche nutzlosen Gedanken machen uns komplett handlungsunfähig, versetzen uns in eine Schockstarre. Und genau das war auch Aleksej passiert: Er hatte im

Bekleidungsgeschäft Sekunde für Sekunde neu überlegt, wie er die Blondine ansprechen und was er als Nächstes zu ihr sagen sollte. Durch das ständige Analysieren waren immer mehr Befürchtungen in seinem Kopf entstanden. Natürlich malt man sich dann nicht das beste Resultat aus, sondern das Worst-Case-Szenario: Was passiert, wenn ich sie anspreche und sie kein Interesse an mir hat? Was, wenn sie sich von mir belästigt fühlt? Was, wenn sie mich auslacht oder mir eine schallende Ohrfeige verpasst? Was, wenn das all die anderen Leute um uns herum mitbekommen? Unser Kopf will uns vor solchen vermeintlichen Gefahrensituationen bewahren. Also schreit unser Gehirn ganz laut: GEFAHR, GEFAHR! Wir bekommen Herzklopfen, zittern am Körper und trauen uns schlussendlich nicht, unser Vorhaben durchzuziehen. Ich hatte das selbst oft genug erlebt, um genau zu wissen, wie sich so etwas anfühlt. In der Psychologie ist oft die Rede vom „Drei-Zonen-Modell". Demnach werden unsere Handlungsmöglichkeiten in drei Zonen eingeteilt:

Komfortzone

Lernzone

Panikzone

Wenn wir Frauen nur aus der Ferne beobachten und passiv bleiben, bewegen wir Männer uns in der sogenannten Komfortzone. Hier ist der vertraute Bereich unseres Alltags, in dem wir uns in Sicherheit fühlen, weil uns nichts passieren kann. Alles, was wir in unserem Leben gewohnheitsmäßig und ohne Angst tun, geschieht grundsätzlich in der Komfortzone. Das Ansprechen von Frauen gehört bei den allermeisten Männern nicht dazu.

Durch Mut und Überwindung können wir allerdings das Schneckenhaus unserer gewohnten Komfortzone verlassen –

und uns in die Lernzone bewegen, um neue Erfahrungen zu sammeln. Das bedeutet: Neue Dinge wagen, die wir sonst nie tun würden, zum Beispiel eine hübsche Frau nach dem Weg oder nach der Uhrzeit fragen. Nur hier, in der Lernzone, steckt unser gesamtes Entwicklungspotenzial. Die Gefahr, vor der unser Gehirn uns schützen will, wird dank positiver Erfahrungen als nichtig erkannt. So können wir Männer erleben, dass die meisten Frauen freundlich auf einen Flirtversuch reagieren und uns im schlimmsten Fall höflich abweisen, wenn sie kein Interesse haben. Oft reagieren sie aber auch sehr positiv und geben uns sogar ihre Handynummer, oder zumindest ein Kompliment. Uns Männern wird durch diese Erlebnisse langsam klar: Flirten ist nichts Gefährliches; keine Frau reißt uns den Kopf ab oder prügelt uns mit ihrer Tasche krankenhausreif. Wir finden allmählich sogar Spaß daran, regelmäßig mit Frauen in Kontakt zu treten. Dadurch können wir dann unsere Komfortzone nachhaltig erweitern, und was anfangs ein unüberwindbares Hindernis für uns war, wird zur neuen Normalität. Ob man in der Lernzone agiert, erkennt man daran, dass man zögert und beim Ansprechen eine gewisse Nervosität verspürt – aber nicht in große Panik verfällt. Es ist das gesunde Mittelmaß zwischen entspannter Gelassenheit und Nervenzusammenbruch.

In der Panikzone ist ein Lerneffekt ausgeschlossen. Hier befinden wir uns in einer akuten Ausnahmesituation, in der wir vor Angst erstarren, Herzrasen bekommen und jegliche Kontrolle verlieren. Männer, die unter einer stark ausgeprägten soziale Phobie leiden, würden zum Beispiel beim Versuch, eine hübsche Frau anzusprechen, sofort in der Panikzone landen. Der Schritt wäre einfach zu groß für sie. Diese Männer können nicht sofort ins kalte Wasser springen, sondern müssen ihre persönliche Lernzone finden, in der sie am besten agieren können, um ihre Angst vor Menschen schrittweise zu überwinden. So ist es für sie zum Beispiel eine gute Möglichkeit, zunächst x-beliebige Passanten auf der Straße nach dem Weg zu fragen, bevor sie sich den attraktiven Frauen annähern.

Damit ist klar: Bei jedem Menschen sind die drei Zonen anders ausgeprägt. Was dem einen schwerfällt, ist für den nächsten eine Leichtigkeit. Wichtig ist, zu erkennen, wo man selbst in seiner Entwicklung steht und welche Handlungen in welcher Zone angesiedelt sind, um in der Lernzone mit langsamen Schritten ans Ziel zu gelangen. Aleksej hatte sich bei seinem fehlgeschlagenen Flirtversuch im Bekleidungsgeschäft definitiv in der Lernzone befunden, hatte aber leider nicht den Mut aufbringen können, die hübsche Blondine anzusprechen. Das war auch nicht schlimm, denn jeder hat irgendwann einmal so angefangen. Entscheidend war bloß, ob er seinen Entschluss beim nächsten Versuch durchziehen oder wieder aufgeben würde.

Aleksej musste sich etwas sammeln, dann zogen wir weiter Richtung Ausgang. Wir verließen das Einkaufszentrum und erreichten schon bald die Fußgängerzone, wo wir auf ebenso attraktive Passantinnen hofften. Einen kurzen Augenblick später erblickte Chris eine Frau, die ihm gefiel, und lief zu ihr hinüber. Ihm schien das Flirten nicht so schwer zu fallen. Aus der Ferne konnte ich beobachten, wie er die Frau ganz locker mit einem Dauergrinsen im Gesicht ansprach. Sie reagierte positiv und belohnte seinen Mut mit einem netten Lächeln. Allerdings erklärte sie, zu Hause warte ihr Freund. Und so musste Chris sich geschlagen geben und kehrte zu uns zurück. Als wir weiter durch die Einkaufsstraße liefen, schlossen bereits die ersten Läden, denn die Geschäftszeit neigte sich dem Ende zu. Auch der Publikumsverkehr wurde weniger und interessante Frauen in unserem Alter waren mittlerweile kaum noch unterwegs. Somit beschlossen wir, unsere Jagd für heute zu beenden und sie am übernächsten Tag fortzusetzen.

Von Frauengruppen und Alphatieren

»Wo ist Aleksej?«, fragte mich Chris, als wir uns zwei Tage später wieder im Einkaufszentrum trafen.

»Ach, der hat abgesagt. Ich glaube, ihm wurde das zu heiß. Aber hey, ich habe einen Kumpel mitgebracht. Das ist Michi«, stellte ich meinen Freund vor, der eingewilligt hatte, uns heute zu begleiten.

Beide gaben sich die Hand und machten sich miteinander bekannt. Dann begannen wir wieder, unsere Runden durch den Shopping-Tempel zu drehen und nach attraktiven Mädels Ausschau zu halten. Ich war mir ziemlich sicher, die zwei Jungs würden sich gut verstehen. Immerhin war Chris ein sympathischer Kerl und Michi hatte immer einen lustigen Spruch auf den Lippen. Was meinem neuen Mitstreiter jedoch missfiel, war Michis mangelnde Bereitschaft, Frauen anzusprechen. Die lag nämlich bei null. Für mich war das ja nichts Neues, Chris jedoch hatte die Hoffnung noch nicht aufgegeben, den stoisch-zurückhaltenden Zeitgenossen zum Flirten zu animieren. Und so musste ich mir ständig denselben Dialog zwischen beiden anhören, der sich wie eine gesprungene Schallplatte wiederholte:

»Michi, jetzt geh doch mal rüber und quatsch die an!«

»Ne. Die würde sich bloß erschrecken«, antwortete Michi lachend.

Nachdem Chris und ich ein paar Frauen angesprochen hatten, standen wir drei vor einer Drogerie. Ihm dämmerte langsam, dass Michi sich nicht zum Flirten bewegen ließ. Trotzdem wollte er den Drückeberger nicht so einfach davonkommen lassen.

»Also Michi, wenn du keine Frauen anlabern möchtest, dann musst du etwas anderes machen«, verlangte Chris.

»Okay, und was?«, fragte Michi neugierig.

»Du gehst jetzt in den Laden und fragst eine Verkäuferin nach XXL-Kondomen. Sie muss dir aber zeigen, wo die sind«, erklärte Chris die Mutprobe.

Es kostete uns einiges an Überzeugungsarbeit, aber Michi erklärte sich schließlich doch bereit. Wenn es um Bullshit ging, war er leichter zu mobilisieren als zum Flirten. Irgendwie komisch, aber so gab es wenigstens einen in unserer Truppe, der für die Lacher sorgte. Chris und ich versteckten uns unauffällig hinter einem Regal, ehe Michi nach kurzem Zögern eine Verkäuferin ansprach, die gerade Waren einräumte:

»Entschuldigung. Ich suche ... ähm ... XXL-Kondome«, stammelte Michi leicht aufgeregt.

»Bitte was?«, fragte die Verkäuferin und war sichtlich irritiert.

»XXL-Kondome, wo finde ich die?«

»Achso, ganz hinten links im Regal.«

»Können Sie mir das zeigen? Ich habe meine Brille vergessen und sehe etwas schlecht.«

Chris und ich kicherten heimlich vor uns hin, während Michi eiskalt sein Ding durchzog. Die Verkäuferin ging voran und zeigte ihm tatsächlich, wo die Kondome lagen. Und dann setzte er noch einen drauf:

»Okay, und sind die mit Geschmack?«

»Manche schon, ja.«

»Und welchen Geschmack bevorzugen Sie privat?«, bohrte Michi weiter nach.

Sie lachte und antwortete:

»Du findest schon das richtige Kondom.«

Was für eine verrückte Show. Einfach nur herrlich! Nachdem wir alle unseren Lachkrampf überwunden hatten, verließen wir die Drogerie und drehten eine weitere Runde durch unser Jagdrevier. Plötzlich erspähten wir in einem Schuhladen eine junge Frau. Sie war Anfang zwanzig, elegant gekleidet und überdurchschnittlich groß. Ein Meter achtzig sicherlich. Ich selbst maß allerdings nur einen Meter achtundsiebzig und Frauen, die größer waren als ich, reizten mich nicht. Ein Fall für den großen Chris also. Jedoch gab es hierbei eine Schwierigkeit: Sie war nicht alleine, sondern begutachtete zusammen mit ihrer Mutter die Schuhkollektion. Das bereitete Chris ganz schöne Magenschmerzen. Die Tochter anzuflirten, während Mutti daneben steht, das war doch verrückt! Sollte er sich gleich als zukünftiger Schwiegersohn vorstellen? Schwierig. Chris zögerte, lief vor dem Schuhgeschäft nervös auf und ab wie ein Tiger im Käfig. War dieser Schritt doch zu gewagt?

»Scheiß drauf!«, sagte er und ging in den Laden.

Michi und ich beobachteten das Spektakel aus sicherem Abstand. Chris sprach die Tochter an und machte ihr höchstwahrscheinlich ein Kompliment, so wie wir Jungs es jetzt immer taten. Die blasse Gesichtsfarbe des völlig verdutzten Mädels verwandelte sich sofort in ein sattes Rot. Dass sie peinlich berührt war von dieser Aktion, war sogar noch aus zehn Metern Entfernung zu sehen. Die Frage war eigentlich nur noch, welche von beiden den forschen Schürzenjäger zuerst davonjagen würde. Doch jetzt gab Chris der Mutter die Hand! Es schien zu funktionieren, auch wenn die Tochter irgendwie ziemlich schüchtern wirkte. Ob das an der Anwesenheit der Mutter lag oder am Kompliment? Das wusste niemand so genau. Kurze Zeit später, als Chris zurückkam, rekonstruierte er einen kleinen Teil des Dialogs, um uns daran teilhaben zu lassen:

»Wenn du magst, kannst du mir ja deine Handynummer geben«, hatte Chris vorgeschlagen.

»Mama, darf ich?«, hatte die Tochter daraufhin ihre Mutter um Erlaubnis gefragt.

Die Mutter hatte geschwiegen. Also hatte die Tochter eine Idee in die Runde geworfen:

»Wir können es ja so machen: Wie wäre es, wenn du mir deine Nummer gibst?«

»Also, es gibt zwei Dinge, die die Welt nie erfahren wird. Erstens, die Atombaupläne vom Irak und zweitens meine Handynummer«, erwiderte Chris grinsend.

Woher er den Spruch hatte? Ich wusste es nicht. Aber selbst eingefallen war es ihm sicher nicht. So schlagfertig war er dann doch nicht. Blöderweise hatte es mit der Handynummer nicht geklappt. Wahrscheinlich hatte es der Mutter nicht gefallen, und so waren ihre Blicke ausreichend gewesen, um dem Töchterchen klar zu verstehen zu geben, dass diese Sache keine Zukunft hatte. Ihren Schwiegersohn hatte sie sich wohl etwas anders vorgestellt. Chris war es egal; er war strahlend zurückgekommen und fühlte sich jetzt wie ein Gott. Er strotzte nur so vor Selbstbewusstsein und Energie, als wir uns wieder in Bewegung setzten. Ich war echt stolz auf ihn; seine Mutter-Tochter-Aktion war große Klasse gewesen. Nach der ganzen Geschichte wollte Chris etwas trinken gehen. Meine Kehle war ebenfalls trocken von der warmen Luft im Einkaufszentrum, außerdem brach mittlerweile der Abend an und wir hatten genug vom Herumlaufen.

So machten wir uns auf den Weg durch die Innenstadt in Richtung Bar, wo Chris am Wochenende immer als DJ auflegte. Das Lokal befand sich an einem kleinen, einladend wirkenden Platz, in dessen Mitte ein mit Bäumen umsäumter Brunnen stand. Die gepflegte weiße Fassade des Gebäudes mit ihren großen Fenstern sollte den Gästen einen besonders freundlichen Empfang bereiten. Beim Eintreten fielen mir zudem die großen Kreidetafeln neben dem Eingang auf, die eine appetitanregende Wochenkarte ankündigten. Da wir unter der Woche in die Bar kamen, war nicht viel los; die Atmosphäre an diesem Tag war ruhig und gemütlich. Vereinzelte Gruppen, darunter offenbar auch Studenten, saßen an den Tischen und ließen den Arbeitstag mit ein paar Snacks und Drinks ausklingen. Das Mobiliar war schlicht, aber dennoch sehr ansehnlich und genau nach meinem Geschmack – vermutlich auch deshalb, weil ich mich nach unserem heutigen Marathon nun dringend setzen musste. Über eine Wendeltreppe gelangten wir in den zweiten Stock und nahmen dort an einem Tisch Platz. Ein Mitte vierzigjähriger Mann mit Glatze und schlanker Statur kam auf uns zu, um uns zu begrüßen:

»Chris, schön dass du hier bist!«

»Ja, ich dachte, ich komme mal vorbei. Das ist übrigens mein Cousin Andy und sein Kumpel«, sagte Chris und deutete auf Michi und mich.

»Ach. Chris hat mir schon eine Menge von dir erzählt. Toll, dass ihr beide hier seid. Bestellt ruhig, was ihr wollt, das geht auf's Haus.«

Wie bitte, Cousin? Ich kannte Chris kaum und schon erzählte er, ich sei sein Cousin? Welche Drogen hat der denn genommen? Oh Gott, wenn das mal nicht auffliegt, dachte ich bestürzt. Als der Barkeeper die Bestellung aufgenommen hatte und zurück zur Theke gelaufen war, stellte ich Chris zur Rede. Der klärte die Situation auf: Dieser nette Herr eben war sein Chef und ihm gehörte der Laden. Er hatte uns ein paar Tage zuvor zusammen gesehen und Chris gefragt, wer ich war. Diesem war daraufhin nichts Besseres eingefallen, als zu antworten, ich sei sein Cousin. Kumpel hätte unglaubwürdig gewirkt, da ein Altersunterschied von über zehn Jahren zwischen uns lag.

Was hätte er auch sonst sagen sollen? Dass er sich mit anderen, wildfremden Aufreißern trifft, die er über ein Forum im Internet kennengelernt hat? Trotzdem behagte es mir nicht, den Kontakt zu diesem freundlichen Mann mit einer Unwahrheit zu starten. Na gut, beruhigte ich mich schließlich. Immerhin gab es eine Entschädigung für diese Lüge: kostenlose Drinks. Während wir den Abend genossen und über die Abenteuer dieses Nachmittages sprachen, betrat plötzlich eine Gruppe von fünf Frauen die Bar und nahm am Nachbartisch Platz. Wir waren in so guter Laune, dass Chris zur Krönung des Abends die Ladys ansprechen wollte. Doch wie sollte er den Kontakt am geschicktesten anbahnen? Zuerst beobachteten wir die Mädelstruppe und dann wurde uns allen klar, welche Regel er befolgen musste:

„Versuche, alle Personen einer Gruppe für dich zu gewinnen, um dadurch Teil von ihr zu werden."

Alle fünf Freundinnen waren Mitte zwanzig und schienen bereits in Partystimmung zu sein. Ob blond, brünett oder schwarzhaarig, Auswahl gab es genug. Doch Chris hat keine Favoritin, vielmehr sah er diese Aufgabe als soziales Experiment an und wollte sich einen Weg ebnen, um mit den Frauen in Kontakt zu kommen. Sein Plan war, diese Kontaktaufnahme in ein längeres und anregendes Gespräch münden zu lassen. Also tauschten wir Männer mit gedämpften Stimmen unsere Ideen aus und schmiedeten eine Strategie an unserem Tisch. Uns allen war bewusst, dass Chris eine Frage stellen musste, mit der er sofort das Interesse aller Mädels wecken konnte. Chris wollte etwas Verrücktes wagen und entschied sich, nach dem Flughafen in Regensburg zu fragen. Dieser Gesprächsöffner war irgendwie schon Kult geworden.

Das Muffensausen merkte man Chris etwas an, aber es galt nun mal das Motto: Ein Mann, ein Wort. Als er aufstand und sich an den mit Cocktails übersäten Tisch der Gruppe stellte, blickten alle Frauen erwartungsvoll zu ihm hoch. Mein Herz blieb kurz stehen, da ich nicht wusste, ob das Ganze gut gehen würde. Chris legte los und fragte, ob es einen Flughafen hier in Regensburg gebe. Die Ladys schauten sich irritiert an und verneinten seine Frage. Irgendwie schaffte es Chris trotzdem, aus dieser misslichen Lage ein Gespräch herbeizuzaubern, nahm einen Stuhl und setzte sich zu den Mädels an den Tisch. Gelangweilt wirkten diese keineswegs, aber auch nicht übermäßig interessiert. Chris versuchte ein paar Storys zu erzählen und Witze zu reißen, aber so richtig in Fahrt kam die Gruppe dabei nicht. Nach schätzungsweise fünfzehn Minuten verabschiedete er sich von den Frauen und kehrte zu Michi und mir zurück.

»Puh. Das war gar nicht so einfach!«, sagt Chris.

»Warum, was war denn los?«, erkundigte ich mich.

»Naja, jede Gruppe hat einen Anführer. Den sogenannten Alpha. Die Brünette, die in der Mitte sitzt, hat mich immer kritisch angeschaut. Das hat mich etwas irritiert, aber nach kurzer Zeit hat sie mich dann doch akzeptiert. Ich glaube, wenn sie mich nicht akzeptiert hätte, wäre ich viel früher zu euch zurückgekommen.«

Er hatte recht. In jeder Gemeinschaft gibt es ein Alphatier. Sowohl in Frauen- als auch in Männergruppen. Der Alpha ist derjenige, der die ranghöchste Position in der Gruppe hat und die Richtung vorgibt. Dieser Anführer übernimmt die komplette Verantwortung für das Wohl seiner Schützlinge und zeigt stets Stärke. Er beschützt die schwächeren Herdentiere dabei auch vor Bedrohungen von außen, etwa durch Fremde. Um also in einer Gruppe akzeptiert zu werden, ist es von riesigem Vorteil, zuerst den Leitwolf des Rudels zu identifizieren und ihn für sich zu gewinnen. Meistens erkennt man ihn daran, dass er im Mittelpunkt des Geschehens steht und den Ton angibt. Doch wie soll man von der Alphafrau grünes Licht bekommen, um mit ihren Freundinnen flirten zu dürfen? Das klappt am leichtesten, indem man ihr zeigt, dass man keine Bedrohung für die Gruppe darstellt. Dazu sollte man sich – so wie Chris es getan hatte – nach der Gesprächseröffnung zunächst der Alphafrau widmen, um ihr Vertrauen zu gewinnen. Sobald sie den neu Hinzugekommenen nicht mehr als Bedrohung wahrnimmt und ein kumpelhaftes Verhältnis aufgebaut ist, kann man sich ihren Begleiterinnen zuwenden. Wenn die gesamte Gruppe einen sympathisch findet und man sich zugehörig fühlt, ist es nahezu unmöglich, einen Korb zu bekommen. Michi und ich waren von Chris' Heldentat jedenfalls schwer beeindruckt. Eine Horde Frauen anzusprechen ging mit ganz anderen sozialen Dynamiken einher, wie wir selbst feststellen mussten.

Die aus der Reihe tanzten

Die Regensburger Community wuchs. Über das Internet organisierte ich Treffen, die jeden Samstag stattfanden. Es war jede Woche dasselbe Highlight: Zuerst trafen wir uns in unserem Stammcafé, unterhielten uns und begaben uns dann – gestärkt von den Getränken – in unser Jagdgebiet. Mittlerweile bestand unsere Truppe aus zehn Männern, wobei wir natürlich nicht immer vollzählig waren. Die meisten dieser Jungs waren sympathisch und wollten einfach nur eine Freundin finden. Immer wenn sich ein Neuling unserer Gruppe anschloss, versuchte ich als erster, Frauen anzusprechen, um zu demonstrieren, dass es machbar war. Es war einfach schön zu sehen, wie manch einer von den Jungs nicht mehr aus dem Staunen herauskam und seine Denkweise sich dadurch zum Positiven änderte.

Was viele aber nicht wussten: Ich bekam sehr selten Handynummern von Mädels. Nur alle zwei oder drei Monate sprang eine für mich heraus. Meistens war es sogar die falsche, und so rief ich einmal versehentlich einen gewissen Doktor Herbert an. Als ich nach Jessica fragte, verstand er nicht, was ich wollte und legte wütend auf. Wenn ich ausnahmsweise mal die richtige Handynummer ergatterte, antworteten mir die Frauen nie auf SMS oder beendeten das Telefongespräch sofort. Doch ich erzählte den Jungs immer, dass diese Frauen eh nicht zu mir gepasst hätten, und dass es mit der richtigen Frau schon klappen würde. Das war allerdings nur eine Ausrede, um mich selbst zu schützen. Ich rechtfertigte damit meine äußerst schlechten Ergebnisse und tat so, als ob ich nur darauf wartete, die absolute Traumpartnerin zu treffen. Würde Mrs. Right erst einmal vor mir stehen, würde alles glatt laufen wie in einem Hollywood-

Liebesfilm. Schließlich übte ich ja schon lange genug und war bestens für diesen Moment vorbereitet, dachte ich. Es war ungefähr so, als würde man im Fußballtraining vergeblich versuchen, Tore zu schießen. Und wenn der Trainer einen fragen würde, warum man nie trifft, würde man antworten, dass man im Endspiel der Meisterschaft das Siegestor erzielen wird, da man schließlich dafür geübt hat. Was für ein Blödsinn!

Doch nicht nur ich hatte meine Fehler. Während unserer Treffen lernte ich auch ein paar Typen kennen, die gehörig aus der Reihe tanzten. Rainer war einer von ihnen. Schon seine Erscheinung war auffällig: Er war Mitte dreißig und hatte nach hinten geschleckte Haare, die am Hinterkopf zu einem Pferdeschwanz zusammengebunden waren. Dazu trug er meistens ein weißes, oben aufgeknöpftes Hemd, aus dem einem seine wildwachsenden Brusthaare entgegen quollen. Schwarze, spitz zulaufende Lederschuhe rundeten sein Outfit ab, in dem er insgesamt wie ein Zuhälter wirkte. Trotz seiner extravaganten Erscheinung konnte ich Rainer gut leiden. Aus dem Grund ließ ich mich darauf ein, mit ihm hin und wieder eine Spritztour ins tschechische Pilsen zu unternehmen. Die Stadt lag nur zwei Autostunden von Regensburg entfernt, sodass die Hinreise mit seinem komfortablen Audi-Viertürer ein Leichtes war. In Tschechien blieben wir oft bis drei oder vier Uhr morgens. Rainer hatte dort eine Freundin mit gewissen Vorzügen. Sie war aus seiner Sicht nicht sonderlich hübsch, aber immerhin hatte er dadurch ab und zu ein heißes Abenteuer. In seiner Freizeit lernte er Tschechisch und konnte so ein paar Worte mit den Einheimischen wechseln, was ihm mir gegenüber einen Vorteil beim Flirten verschaffte. Sein wahres Erfolgsgeheimnis war aber ein ganz anderes, wie er mir eines Abends erzählte. Wir fuhren gerade im Auto durch das malerische Pilsen und waren kurz vor dem Club, als er die Mittelkonsole seines Wagens öffnete. Darin lagen ein paar kleine Fläschchen, auf den ersten Blick eine Sammlung von Parfüm.

»Sammelst du Parfüm, Rainer?«, fragte ich verwundert.

»Nein. Das sind Pheromone. Duftlockstoffe, die Frauen anmachen sollen. Ich habe die extra aus den USA bestellt. Schweineteuer, aber es funktioniert.«

Jetzt war ich neugierig. Rainer nahm jeden einzelnen Flakon heraus und sprühte sich das Zeug um den Hals. Das eine sollte die sexuelle Erregung der Frauen steigern. Ein anderes sollte ihn wie einen Alphamann wirken lassen. Ich wusste nicht so recht, was ich davon halten sollte. Er hingegen schien davon überzeugt zu sein und erzählte mir, dass er damit schon seit Jahren herumexperimentiere.

»Die richtige Dosis macht's«, verriet er, so als wollte er mich in seine Geheimwissenschaft einweihen.

Er fuhr fort:

»Im Club müssen wir uns ganz nah zu den Frauen stellen, dann riechen sie das ... und du wirst sehen, sie werden mich sofort anspringen!«

Rainer sagte das mit voller Überzeugung. Doch irgendwie schien das zu einfach, um wahr zu sein. Man sprüht sich ein paar Spritzer dieser angeblichen Lockstoffe auf den Hals und schon verfallen einem alle Frauen? Wenn das wirklich funktioniert, wieso tun das dann nicht alle Männer? Und was ist, wenn der Duft plötzlich seine Wirkung verliert? Ich unterbrach meine kritischen Gedanken und versuchte, der Sache eine Chance zu geben. Vielleicht tue ich ja Rainer unrecht und es ist wahrlich ein Wundermittel, gab ich mir selbst zu bedenken. Also, ab in den Club damit! Als wir einen Parkplatz gefunden hatten, stiegen wir aus dem Auto und begaben uns erwartungsvoll zu dem Laden. Rainer hatte sein Zauberparfüm sicherheitshalber in die Hosentasche gesteckt, um notfalls nochmal nachlegen zu können. Als wir drin waren, hörte ich nur tschechische Clubmusik. Ich hatte keine Ahnung, worüber gesungen wurde, aber es klang halbwegs in Ordnung. Der Club war sehr klein, weshalb Rainers Pheromone ihre Wirkung optimal entfalten würden – so zumindest die Erwartung. Eine aus Holz gebaute Bar schmückte die Räumlichkeit etwas aus, aber ansonsten wirkte alles kahl. Sehr ausgefallen schien der Club nicht zu sein, musste er aber auch nicht. Für Rainer war es wie geschaffen. Er schaute in die Menschenmenge auf der Tanzfläche, packte mich und verfrachtete uns neben zwei Frauen, die gut gelaunt durch diese Nacht tanzten.

»Lass uns neben denen bleiben! In wenigen Minuten sollte es wirken und dann quatsche ich sie an. Dürfte ein Kinderspiel werden«, brüllte Rainer mir durch die laute Musik hindurch ins Ohr, während wir uns im Takt der Bässe bewegten.

Gesagt, getan! Wir tanzten zuerst fünf Minuten und dann sprach Rainer beide Mädels an. Sichtlich desinteressiert entfernten sie sich von ihm und stellten sich ans andere Ende der Tanzfläche. Das war der sogenannte Vorführeffekt. Rainer jedoch schien die Reaktion der Frauen nicht zu stören, denn er kannte die Ursache: Es musste an der Menge des Duftes liegen. Was auch sonst? Die Spritzer am Hals waren einfach zu wenig gewesen. Rainer zog das rettende Fläschchen aus der Hosentasche und sprühte sich noch einmal mit den künstlichen Pheromonen ein. Dann wieder das gleiche Spiel: Wir tanzten neben ein paar Frauen, ehe der in seiner Duftwolke eingehüllte Rainer den nächsten Flirtversuch startete. Ob es diesmal klappte? Keineswegs. Die Ladys nahmen wieder Reißaus.

»Andy, ich sag es echt ungerne, aber wir sind overdosed«, klagte Rainer.

Overdosed? Vor ein paar Minuten war die Dosis noch zu schwach gewesen und jetzt war sie auf einmal zu stark? Er bog sich aber auch alles so zurecht, wie es ihm gerade passte. Ich war schon immer der Überzeugung gewesen, man sollte Frauen mit seiner Persönlichkeit gewinnen statt mit faulen Tricks. Diese Pheromone sind nur für Männer, die nicht an sich arbeiten wollen und stattdessen ihre ganze Hoffnung in eine chemische Substanz als Zaubermittel setzen. Der Hexenmeister Rainer war trotz dieses Misserfolgs aber weiterhin so überzeugt davon, dass er mir einen Flakon mitgab. Ich sollte es in der Schule ausprobieren. Ob ich das getan habe? Natürlich. Ob ich daran geglaubt habe? Eher weniger. Als mich Rainer einmal anrief, um zu erfahren, ob es funktioniert hatte, musste ich ihm leider mitteilen, dass der gewünschte Effekt bei meiner Sitznachbarin ausgeblieben war. Sie hatte sich mir gegenüber so wie immer verhalten. Das war der Beweis für mich, dass nur eine Sorte Mensch von diesen Lockstoffen in den Bann gezogen wird: leichtgläubige Kerle, die in irgendwelchen Online-Shops viel Geld für ein vermeintliches Wundermittel ausgeben.

Ein anderer Typ, der aus der Reihe tanzte, war Joe. Er war Anfang zwanzig, hatte schwarzes, kurzes Haar und kam aus Israel. Sein Ziel war es, Zahnmedizin in Deutschland zu studieren. Auch er hatte von unseren wöchentlichen Treffen Wind bekommen und schloss sich unserer Männergruppe an. Seit mehreren Monaten befand er sich in Regensburg und sprach schon sehr gut Deutsch. Eine Unterhaltung war also problemlos möglich. Das Einzige, was mir an Joe missfiel, war seine Art des Umgangs mit dem weiblichen Geschlecht. Als ich mit ihm im Einkaufszentrum auf zwei Frauen zuging, rief er frech:

»Du hast Schminke im Gesicht, du bist hässlich.«

Ich war geschockt. Hatte er das wirklich gerade gesagt? Die Mädels liefen verärgert davon, was ich absolut verstehen konnte. Also stellte ich Joe zur Rede, was das eben sollte. Dieser hatte sofort eine Rechtfertigung parat: Er habe bei Mystery gelesen, dass man Frauen necken solle und erklärte mir, man müsse ihnen einen ordentlichen Dämpfer verpassen. Das funktioniere am besten bei sehr hübschen Frauen, die ihren Wert von Anfang an über den des Mannes stellten. Mit diesen neckischen Bemerkungen könne man die Frauen von ihrem hohen Ross herunterholen und zeigen, wer das Sagen hat. Anscheinend fehlte Joe die nötige Empathie, um zu verstehen, dass sein Spruch kein charmantes und spielerisches Necken war, wie es Mystery im Sinn hatte. Was er den beiden Frauen da zugerufen hatte, war schlichtweg eine Beleidigung gewesen. Darum nahm ich ihn ins Gebet und erklärte ihm eine wichtige Regel:

„Beim Flirten geht es immer um positive Gefühle. Gib der Frau deshalb immer deine maximale Liebe und Leidenschaft."

Das verstand sich irgendwie von selbst. Wir Menschen lieben es, uns mit Artgenossen zu umgeben, die uns gute Gefühle bescheren; mit Begleitern, die uns aufbauen, motivieren und zum Lachen bringen. Natürlich darf man beim Flirten auch etwas frech sein und sein Gegenüber mit einem neckischen Spruch herausfordern. Es heißt ja nicht umsonst: „Was sich neckt, das liebt sich". Aber beleidigende Kommentare haben noch nie etwas Positives zum menschlichen Miteinander beigetragen. Nachdem Joe noch zwei weitere solcher Aktionen gebracht und ich ihm jedes Mal den Kopf gewaschen hatte, fragte ich mich ernsthaft, woher diese Unart kam. An mangelnden Sprachkenntnissen konnte es nicht liegen. Er wusste ganz genau, was er da sagte – und so langsam beschlich mich das Gefühl, dass er einen tiefsitzenden Frauenhass hatte. Leider konnte ich nicht mehr darüber herausfinden, da er kurze Zeit später in die Ukraine zog. Er wollte dort sein Studium fortsetzen. Warum? Das wusste keiner so genau.

Von den Großen lernen

Oft fuhr ich mit Rainer und den anderen Jungs von Regensburg aus in umliegende Städte, um dort andere Männergruppen zu treffen. Gleichgesinnte sozusagen. Chris, mein erster und wohl coolster Weggefährte in der Verführungskunst, war mittlerweile in einer festen Beziehung. Als er am Wochenende mal wieder als DJ in der Bar aufgelegt hatte, hatte er Eva kennengelernt. Eva, so erzählte er, habe ihn angesprochen, während er am Mischpult dabei gewesen sei, den nächsten Song vorzubereiten. Das war wohl einer der Vorzüge, die man als DJ genoss. Ein paar Wochen später hatte ich Eva bei einem gemütlichen Drink kennengelernt. Sie war polnischer Abstammung und wahnsinnig lieb. Auch wenn sie mindestens zwei Köpfe kleiner war als er, war sie charakterlich wie für ihn geschaffen. Ich freute mich für Chris. Er hatte einen absoluten Volltreffer gelandet. Damit war mir natürlich auch klar, dass er mir nicht mehr beim Flirten zur Seite stehen würde. Chris war an seinem Ziel angekommen, was unserer Freundschaft aber keinen Abbruch tat. Ich hingegen war noch weit davon entfernt, meine erste Freundin zu finden. Also musste es weitergehen.

An einem Freitag im Frühling fuhren Rainer, ein paar andere Jungs und ich nach Nürnberg. Dort hatte sich ein Dating-Coach angekündigt, der in einem Hotel einen Vortrag halten sollte. Thema: das erste Date mit einer Frau. Als wir das Hotel erreicht hatten, betraten wir ein vornehmes Foyer, in dem wir Jungs uns etwas fehl am Platze fühlten. Unbehaglich war uns aber vor allem deshalb zumute, weil es uns peinlich war, uns öffentlich als Flirtschüler zu erkennen zu geben. Wir wollten die Sache diskret behandeln. Somit schlichen wir verstohlen zur Rezeption und fragten bloß nach dem Namen des Referenten und ob dieser schon eingetroffen sei. Der zuvorkommende Hotelangestellte schien dies alles aber für die normalste Sache der Welt zu halten und wies uns freundlich den Weg zum Seminarraum. Dort angekommen, schüttelte der Coach uns allen zur Begrüßung die Hand. Sergej war sein Name; er war ein Russe, der früher als Polizist gearbeitet, dann jedoch seinen Job an den Nagel gehängt hatte und sich nun ganz der Verführungskunst widmete. Spektakulär sah er nicht aus. Er hatte ein blasses, rundliches Gesicht und schwarze Haare, die zu einer Igelfrisur hochgegelt waren. Dazu trug er ein blaues Hemd, eine Jeans und weiße Sneaker. Irgendwie hatte ich mir einen Meisterverführer anders vorgestellt. Genauso pragmatisch wirkte auch der Seminarraum. Er bestand aus einem Flipchart, einem kleinen Tisch als Ablagefläche und zwanzig bis dreißig Stühlen. Die ganze Einrichtung erinnerte an ein Klassenzimmer in der Schule, nur dass hier wesentlich interessanterer Stoff geboten werden sollte. Natürlich waren wir Regensburger Jungs nicht die einzigen Gäste. Es waren auch eine Menge Nürnberger vor Ort, die ebenfalls das Wissen von Sergej aufsaugen wollten.

Nach einer kurzen Begrüßung ging es los. Sergej erklärte uns allerhand – unter anderem, dass man einer Frau am Anfang des Dates ein Kompliment machen solle, sofern sie hübsch aufgestylt war. Warum, sei ganz einfach: Frauen würden sich vor so einer Verabredung unheimlich viele Gedanken über ihr Äußeres machen. Sie würden eine gefühlte Ewigkeit vor dem Kleiderschrank oder im Badezimmer stehen, um uns Männern beim Kennenlernen zu gefallen. Dementsprechend sollten wir Jungs diese Bemühungen auch beim ersten Date würdigen. Recht hatte er allemal. Sergej sprach langsam und bedächtig, mit ruhiger und samtweicher Stimme, sodass man seinen Inhalten gut folgen konnte. Vermutlich war das die Stimme, mit der er auch Frauen auf Dates in seinen Bann zog.

Zwischendurch beantwortete Sergej alle möglichen Fragen und schien immer die passende Antwort parat zu haben. Außerdem empfahl er uns noch einen passenden Ort für das erste Date: die Shisha-Bar. Hier verbringe er immer Zeit mit den Frauen. Warum? Weil dort eine angenehme und gemütliche Atmosphäre herrsche – das typische Wohnzimmer-Feeling. Man müsse ja keine Shisha rauchen, fügte er lächelnd hinzu. In diesen Bars sei es zudem leicht möglich, der Lady näherzukommen, indem man sich neben sie auf ein Sofa setze. Das sei eine Sache, die viele Männer falsch machten beim Date: Sie würden mit der Frau in ein Café oder Restaurant gehen und sich ihr gegenüber an den Tisch hocken. In dieser Sitzposition sei die Distanz aber so groß, dass man kaum Körperkontakt herstellen könne. Anders sei das in der Shisha-Bar, denn hier könne man die Frau leicht am Arm berühren, wenn man direkt nebeneinander sitze. Vom ersten Moment an Körperkontakt aufzubauen sei beim Date übrigens wichtig, erklärte Sergej. Man müsse die Frau an seine Berührungen gewöhnen und diese im Verlauf des Dates immer weiter steigern, um irgendwann erfolgreich zum Kuss ansetzen zu können.

Nach ungefähr einer Stunde verabschiedete Sergej sich von uns. Am nächsten Tag stehe ein harter Workshop auf dem Programm, für den er noch einige Vorbereitungen treffen müsse. Eine willkommene Gelegenheit, um noch mit den Nürnbergern loszuziehen und ein paar Frauen anzusprechen. Wir liefen in die Innenstadt, die sich gar nicht so sehr von der Regensburger unterschied. Irgendwie sehen die Einkaufsstraßen heutzutage alle gleich aus, dachte ich etwas ernüchtert. Zum Glück waren jetzt am Abend noch ein paar attraktive Mädels unterwegs, wenn auch nicht viele. Ich wollte wissen, wie die Herangehensweise der Nürnberger Jungs war und ob sie mehr Erfolge zu verzeichnen hatten als wir. Auf den ersten Blick schien es aber nicht so. Sie bekamen immer relativ schnell eine Abfuhr, wenn sie das Gespräch mit Passantinnen eröffneten. Das kannte ich doch von irgendwo her! Es gab wohl auch hier niemanden, der wirklich gut im Flirten war.

Nun, zu später Stunde, wurden die Straßen immer leerer, bis irgendwann gar nichts mehr los war. Aus diesem Grund verfielen wir alle in eine angeregte Unterhaltung. Die Nürnberger erzählten uns, dass bald eine Verführer-Convention in Frankfurt am Main stattfinden sollte. Sofort blitzten meine Augen auf. Von den Großen lernen, den Meistern, die es wirklich drauf hatten: Das schien mir die einzige Möglichkeit, meine Entwicklung zu beschleunigen. Zwar hatten sich meine Fähigkeiten im menschlichen Umgang mittlerweile verbessert, sonderlich erfolgreich war ich bei Frauen aber trotzdem nicht. Bis auf das unglückliche Treffen mit Sandra hatte ich bisher kein einziges Date gehabt – und das, obwohl ich wöchentlich auf der Straße oder im Club Frauen ansprach. Das war echt eine bittere Bilanz. Nach dem Versprechen, sich bei der Convention wiederzusehen, verabschiedeten wir uns von den Nürnbergern und traten die Rückfahrt in unsere Heimatstadt an. Die Erkenntnis, dass alle angehenden Verführer vor denselben Herausforderungen standen – egal wohin man kam –, war ein tröstender Gedanke. Gleichzeitig war mir aber auch klar, dass ich mich an die großen Meister halten musste, um in der Verführung wirklich voranzukommen. Tags darauf suchte ich im Internet nach weiteren Einzelheiten bezüglich der Convention, denn das Thema ließ mich nicht mehr los. Als ich die Informationen hatte, rief ich Rainer an.

»Also, an dem Wochenende dürfte es gehen«, sagte ich.

»Perfekt, es werden eventuell noch zwei Kumpels mitkommen. Ich spreche mit denen nochmal, schaue dann nach Hotels und melde mich anschließend bei dir«, versprach Rainer.

Cool, dachte ich begeistert. Ich war voller Vorfreude. Das würde mir sicher einen gewaltigen Schub verpassen. Ich konnte mir nichts Besseres vorstellen, als mit Männern abzuhängen, die ihr Ziel beim Flirten bereits erreicht hatten. Es gab jedoch nur ein Problem, das ich vergessen hatte: Genau an diesem Wochenende im März hatte mein Vater Geburtstag und plante eine große Feier. Ihm zu erzählen, was ich vorhatte, hätte mich in Teufels Küche gebracht. Mein Vater war schon immer ein sehr religiöser Mensch gewesen und hielt von Sachen wie Verführungskunst gar nichts. Geschweige denn, dass er überhaupt von der Existenz eines solchen Männerhobbys wusste. Wenn ich ihn zum Thema Frauen um Rat gefragt hätte, wären die Antworten wohl sehr dürftig ausgefallen. Er hätte so etwas gesagt wie: Wenn es klappt, dann klappt es, wenn nicht, dann nicht. Ein Zufall eben, oder göttliche Bestimmung.

Ich aber war kein Freund von Zufällen und glaubte auch nicht an Schicksal oder göttliche Fügung. Ich wollte mein Leben selbst in die Hand nehmen und die richtigen Entscheidungen treffen. Zum Glück leben wir ja nicht mehr in der Zeit, als man zwangsverheiratet wurde, machte ich mir bewusst. Zumindest in Deutschland haben wir längst die freie Partnerwahl. Trotzdem erlebe ich es oft, dass Männer hierzulande in einer Art Gefängnis leben. Aus Mangel an Auswahlmöglichkeiten kommen sie mit einer Frau zusammen, die gar nicht zu ihnen passt. Eine Zeitlang mag das gutgehen, weil man sich selbst belügt, aber irgendwann – wenn auch erst nach Jahren – wird die Beziehung zur Hölle. Das ist auch einer der Gründe, wieso jede zweite Ehe geschieden wird. Deshalb sollte man aktiv werden, möglichst viele verschiedene Frauen kennenlernen und Erfahrungen sammeln, um herauszufinden, was einem in der Partnerschaft wichtig ist. Dann wird es auch viel leichter, das perfekte Gegenstück in sein Leben zu ziehen und dauerhaft glücklich zu werden. Per Zufall mit seiner Traumfrau zusammenzukommen mag zwar romantisch klingen, scheitert aber oft an der Realität. Dieses Ideal, was ich auch heute noch anstrebe, hatte natürlich eine entscheidende Voraussetzung: Als Mann hatte ich die Pflicht, möglichst viele Gelegenheiten zu schaffen, um überhaupt erst einmal Bekanntschaft mit Frauen zu schließen. Wer nur alle drei Jahre ein Date hat, kann sich nicht beschweren, wenn er später mit seiner Freundin unglücklich ist. Und für mich war diese Convention der nächste Schritt, um so ein Schreckensszenario zu vermeiden und schneller all meine Ziele zu erreichen.

Also gut, meinem Vater das zu erklären, würde auf Widerstand stoßen. Aber irgendwie musste ich es einfädeln, zu dieser Convention fahren zu können. Vielleicht half eine dreiste Lüge? Lieber nicht. Mein Vater sagte gerne, dass früher oder später immer die Wahrheit rauskomme, und im Lügen war ich ohnehin nicht sonderlich talentiert. Ich war auch stets derjenige, der an die Ehrlichkeit appellierte. Und Wasser predigen, aber Wein trinken? Das kam nicht infrage. Also blieb mir nur eines übrig:

»Ich kann an deiner Geburtstagsfeier nicht teilnehmen«, eröffnete ich das Gespräch.

»Wieso nicht?«, fragte mein Vater.

»Ich fahre nach Frankfurt zu einer Convention und die ist nur einmal im Jahr.«

»Kannst du das nicht nächstes Jahr machen? Ist das so wichtig?«

»Ja, ich muss da unbedingt hin. Das ist für mich super wichtig.«

Und der Geburtstag deines Vaters ist dir nicht wichtig? Das dachte er sich bestimmt in diesem Moment. Ziemlich verärgert meinte er, ich solle machen, was ich für richtig halte. Seine Feier sausen zu lassen, das war natürlich nicht die feine Art. Aber was sollte ich sonst tun? Ich musste da hin zu dieser Convention, koste es, was es wolle. Mit leichten Gewissensbissen rief ich Rainer an und gab grünes Licht für die Aktion. Er sagte noch, er würde sich um Hotel und Anfahrt kümmern, ich solle ihm bloß das Geld in bar aushändigen. Der Plan war perfekt.

Ein paar Wochen später holte mich Rainer mit seinem Wagen ab. Es war Freitag und eine angenehme Wärme machte sich im Auto breit. Schön, wenn die Sonne im Frühling schien. Ich konnte gesundes Vitamin D tanken und es kamen Glücksgefühle in mir auf, die sicher auch mit der Vorfreude auf das Event zu tun hatten. Wir holten noch wie angekündigt zwei Kumpels von Rainer ab und dann ging es von Regensburg nach Frankfurt. Da die beiden anderen Jungs in Rainers Alter waren, war ich das Nesthäkchen auf dieser Tour. Sie waren allerdings nicht ganz so auffällige Erscheinungen wie Rainer: Der eine war ziemlich groß, kräftig gebaut und hatte eine Glatze. Demgegenüber wirkte der andere ziemlich schlank und hatte kurzes Haar. Er studierte Chemie und hätte Rainer vermutlich mit der Produktion von Pheromonen weiterhelfen können, wenn er diese Duftstoffe nicht genauso wie ich für völligen Unsinn gehalten hätte.

Mit rasanter Geschwindigkeit erreichten wir unser Ziel in fast drei Stunden. Zum Glück hatte unser Hotel eine Tiefgarage, wo wir parken konnten. Wir stiegen aus und liefen mit schwerem Gepäck über den Schultern zum Gebäude. Als sich die automatische Schiebetür des Hoteleingangs öffnete, wurden wir herzlich von der Empfangsdame begrüßt. Das Hotel war sehr klein. Im Eingangsbereich war ein Teppich ausgelegt, darauf standen ein schwarzes Sofa und ein Couchtisch. Nicht sehr einladend, aber dort würden wir sicher nur kurze Zeit verweilen. Der Check-In erfolgte tatsächlich sehr zügig. Über eine Treppe gelangten wir in den ersten Stock in einen kargen Flur, von wo aus sich jeder in sein Einzelzimmer begab. Ich hatte ein kleines Standardzimmer mit Parkettboden, einem Bett, einem Schrank und einem großen Spiegel. Angeschlossen war ein kleines Bad mit Waschbecken, frischen Handtüchern, Seife und Duschkabine. Das Übliche eben. Nichts Ausgefallenes, aber für ein Wochenende und den kleinen Geldbeutel eines Schülers absolut ausreichend. Das Einzige, was mich störte, waren die dünnen Wände, durch die man jedes einzelne Wort der Zimmernachbarn mitbekam. Hoffentlich würde ich in der Nacht nicht durch gewissen Lärm geweckt werden.

Ich machte mich ausgehfertig, denn wir wollten noch losziehen und etwas von der Stadt sehen. Nachdem wir uns bei einem Italiener mit Pizza gestärkt hatten, taten wir das, was hier abends viele junge Touristen tun: Wir besichtigten einen der berühmten Wolkenkratzer und fuhren mit dem Aufzug fast bis ins oberste Stockwerk, wo sich eine Bar befand. Während wir unsere Drinks genossen, hatten wir einen eindrucksvollen Blick auf die Skyline von Frankfurt. Da die Veranstaltung am nächsten Morgen um Punkt neun Uhr beginnen würde, verließen wir gegen Mitternacht die Bar und begaben uns zurück ins Hotel. Während ich meinen Wecker auf sieben Uhr stellte, fielen mir schon halb die Augen zu und so war ich froh, mich schlafen legen zu können.

Am nächsten Tag machte ich mich fertig für die Convention. Ich hatte mein bestes Outfit dabei: eine blaue Jeans, ein gelbes T-Shirt, das ich in die Hose steckte und ein weißes Sakko. Natürlich hatte ich mir noch einen modischen schwarzen Gürtel umgeschnallt, denn ohne den hätte der Look etwas lächerlich ausgesehen. Ein letzter Blick in den Spiegel bestätigte mir meine dem Anlass würdige Erscheinung. Währenddessen klopfte Rainer an meine Tür und forderte mich auf, langsam fertig zu werden. Wir wollten rechtzeitig losfahren, da wir nicht wussten, wie die Parksituation an der Messehalle sein würde. Draußen holten wir uns zum Frühstück noch jeder ein mit Käse belegtes Brötchen und dann ging es auch schon los. Zur Einstimmung auf das Event gab es laute elektronische Musik im Auto. Nicht unbedingt vorteilhaft, wenn man die Stimme des Navis mitbekommen will. Aber zum Glück gab es ja auch eine visuelle Darstellung der Route auf dem Display. Als wir in der Nähe der Veranstaltungshalle einen Parkplatz erspähten, versuchte Rainer einzuparken. Das war Millimeterarbeit in Perfektion. Beim Aussteigen kam uns ein Typ entgegen, der uns einen hämischen Blick zuwarf.

»Na, wurdest du eingeparkt und kommst nicht mehr raus?«, fragte er schadenfroh.

»Nicht mehr raus? Ich habe da gerade eingeparkt!«, antwortete Rainer.

Der Typ schaute verdutzt und lief schnell weiter, um der peinlichen Situation zu entfliehen. Wir lachten über diesen Triumph. Das Ganze fing schon mal lustig an – ein gutes Vorzeichen für das Event. Als wir uns der Messehalle näherten, tummelten sich bereits jede Menge Leute auf dem Vorplatz und warteten auf den Einlass. Wir kamen mit vielen ins Gespräch; es waren Männer aus ganz Deutschland, die sich neue Erkenntnisse in der Verführungskunst erhofften. Oder einfach nur Kontakte zu Mitstreitern. Frauen gab es hier auch, exakt zwei. Es waren Hostessen, die uns ein Bändchen um das Handgelenk schnürten, sobald uns der Eintritt gewährt wurde.

Wir gingen in einen großen Saal hinein, wo sich schon zwei Kameraleute postiert hatten und alles mitfilmten. Es gab eine große, lange Bühne. Für VIP-Gäste und Coaches stand eine Empore zur Verfügung. Für uns einfache Besucher waren mehrere Stuhlreihen als Sitzgelegenheiten vorbereitet. An sich eine sehr schöne Location, war mein Eindruck, als ich eine Runde durch den Saal drehte. Aus einem Lautsprecher ertönte die Ansage, Platz zu nehmen. Als alle der Bitte gefolgt waren, trat der Veranstalter auf die Bühne und eröffnete die Convention mit einer herzlichen Begrüßung. Anschließend kündigte er den ersten Speaker an.

Stefan, ein Typ mit schwarzem Sakko und rotem Hemd, das in einen Stehkragen mündete, betrat die Bühne. Er erklärte uns etwas über die innere Einstellung und die Hierarchie beim Flirten. Wichtig seien die Glaubenssätze, die wir in uns trügen. Wenn wir Männer die Frau von Anfang an auf ein Podest stellen und sie auf unterwürfige Weise anhimmeln würden, würde sie uns nicht als gleichwertig empfinden. Frauen würden sich nur zu Männern hingezogen fühlen, die mindestens auf Augenhöhe rangieren oder über ihnen stehen. Das sei auch der Grund, wieso beispielsweise Ärztinnen sich als Partner mindestens einen Arzt angeln würden, wenn nicht sogar den Ober- oder den Chefarzt. Frauen wollten nun mal zu einem Mann aufschauen. Das bedeute nicht unbedingt, dass man die Karriereleiter hochklettern müsse. Es gehe eher darum, die Frau nicht als höherstehend anzusehen und ein interessantes Leben zu führen, um für sie einen hohen Wert als potenzieller Partner zu bekommen. Dazu gehöre es auch, eigene Ziele zu haben und diese zu verwirklichen.

Nach Stefan mit dem hochgestellten Kragen kam Markus auf die Bühne, ein kleiner, energischer Typ. Er trug ebenfalls ein Sakko und darunter ein T-Shirt mit coolem Motiv, was er augenscheinlich sorgsam ausgewählt hatte. Von ihm erfuhren wir, wie man Hypnose in der Verführung einsetzen könne. Allerdings verstand ich das meiste davon nicht so ganz, da ich nicht vom Fach war und mich noch nie mit Hypnose auseinandergesetzt hatte. Irgendwie konnte ich mir auch nicht vorstellen, wie ich die Dame bei einem Date hypnotisieren sollte. Plötzlich ein Pendel aus der Tasche ziehen und es vor ihren Augen hin und her baumeln lassen, während man beim Kaffee sitzt? Was sollte eine Hypnose auch bringen? Der Vortrag war ohnehin kein Knüller.

Die Zeit verging wie im Flug und so begann die Mittagspause. Rainer und seine Kumpels blieben vor Ort, doch ich beschloss, mit ein paar Jungs um den Block zu gehen. Kaum erspähten meine Begleiter ein Restaurant, rannten sie wie hungrige Wölfe darauf zu und nahmen Platz. Ich persönlich hätte auf das Essen verzichten können; irgendetwas in mir verlangte brennend danach, Frauen anzusprechen. Die Vorträge hatten mir einen ordentlichen Schub Motivation verpasst. Als wir draußen vor dem Lokal saßen und auf unsere Bestellung warteten, versuchte ich die Zeit zu nutzen, um Frauen anzusprechen, die an uns vorbeiliefen. Alle paar Minuten sprang ich auf und sagte:»Ich bin gleich wieder da!«, ehe ich loshechtete und einen Korb nach dem anderen kassierte. Ich hätte schwören können, dies wäre der Tag meines Durchbruchs. Aber wieder einmal musste ich mich eines Besseren belehren lassen. Die anderen saßen währenddessen ganz entspannt auf ihren Stühlen und wagten es keine Sekunde, Frauen anzusprechen. Dass ich mal wieder der Einzige war, war für mich nicht neu.

Als wir rechtzeitig in den Saal zurückkamen, ergriff ein NLP-Master auf der Bühne das Wort. Er hieß ebenfalls Stefan, so wie der erste Redner des Tages, und hatte einen Dreitagebart sowie eine Man-Bun-Frisur. Er brachte uns die Welt des NLP näher, des Neuro-Linguistischen Programmierens. Es ging um die Umprogrammierung unseres Gehirns durch Sprache. NLP sei ein sehr vielseitiger Werkzeugkasten mit Techniken, die man im Alltag nutzen könne, um sein Gegenüber zu beeinflussen und ein bestimmtes Ziel in der Kommunikation zu erreichen. Nicht nur im Job oder in der Familie, auch beim Flirten lasse sich NLP sehr gut anwenden und sei deshalb bei Verführungskünstlern ein äußert beliebtes Instrument. Der Themenbereich war sehr spannend, wie ich fand. Stefan erklärte uns das sogenannte Ankern. Wenn man eine Frau zum Lachen bringen und sie gleichzeitig berühren würde, zum Beispiel ihren Unterarm mit der Hand mehrmals greife, entstehe ein Anker. Das heiße, im Kopf der Frau würde diese positive Emotion mit der Geste fest verknüpft. Sofern dieser Anker stark genug sei, könne man die Frau berühren und sie müsse lachen, ohne dass sie verstände, warum. Das Ganze funktioniere im Prinzip wie die klassische Konditionierung und habe den Vorteil, dass man die Frau mit einer einfachen Berührung jederzeit in gute Stimmung versetzen könne. Letzten Endes kenne das jeder von uns. Wenn man beispielsweise Kaviar nicht möge und uns jemand erzähle, er habe Kaviar gegessen, dann komme das geankerte Gefühl von Ekel in uns hoch. Wenn man im NLP sehr fortgeschritten sei, könne man beim Gegenüber positive Gefühle mit einem selbst verknüpfen. Eine äußerst hilfreiche Technik, wie ich fand.

Weiter ging es mit Enrico, einem geschickten Zauberer, der uns mit einer Liveshow überraschte. Er kramte kurz in seiner Hosentasche und zückte einen Zehn-Euro-Schein, den er mit nach vorne gestreckten Armen dem gespannten Publikum zeigte. Um uns zu überzeugen, dass es sich um eine ganz gewöhnliche Banknote handelte, drehte er den Geldschein mehrfach in seinen Händen und zerrte an ihm. Als Nächstes nahm er ein Feuerzeug in die linke Hand – und eine Sekunde später ging der Schein in seiner rechten Hand in Flammen auf. Noch während ein Raunen durch den Saal ging, verpuffte die Flamme plötzlich und Enrico hielt grinsend einen Zwanzig-Euro-Schein in den Händen. Scheinbar aus dem Nichts war der gekommen. Wie es sich für einen guten Zauberer gehörte, behielt er den Trick natürlich für sich. Aber das war noch nicht alles. Enrico verriet uns auch seinen Schlachtplan, wie er mit seinen Zauberkünsten Frauen in seinen Bann zog: Wenn er feiern gehe, bekomme er durch seine magischen Tricks in kürzester Zeit die Aufmerksamkeit des ganzen Clubs. Viele der Partygäste würden denken, er wäre vom Clubbesitzer engagiert worden. Mit den verblüffenden Tricks entfache er natürlich auch sofort das Interesse bei den Ladys. Sobald eine richtig angebissen habe, trenne er sie von ihren Freundinnen oder auch männlichen Begleitern, indem er vorgebe, mit dem Mädel nur mal eben kurz zur Bar gehen zu wollen, um einen Drink zu nehmen. Wenn er die Frau in eine ruhige Ecke des Club gelockt habe, baue er entweder Vertrauen auf oder setze direkt zum Kuss an. So wie er das schilderte, musste es wirklich einfach sein. Mensch, dachte ich mir, Zauberer müsste man sein!

Bevor wir uns ins Abendprogramm stürzten, gab es noch einen letzten Vortrag von Nils. Er hatte ein auffälliges, orangefarbenes T-Shirt an und sprach darüber, wie man sich einen Dreier im Club organisierte. Von Vorteil sei es, mit einer guten Freundin auf die Party zu gehen, mit der man ein entspanntes, aber dennoch sexuelles Verhältnis habe. Sie solle in den Plan einbezogen werden und genauso offen für einen Dreier sein. Anschließend müsse sie zuerst eine Frau ansprechen und ihr klar machen, dass sie ein sexuelles Interesse an ihr habe. Das könne sie beispielsweise mit Komplimenten erreichen oder indem sie die Frau einfach küsse. Sobald dies geglückt sei, müsse man sich beiden Frauen annähern und versuchen, das sexuelle Verlangen auf die nächste Stufe zu heben. Der Vortrag von Nils richtete sich definitiv an die Fortgeschrittenen, die hier eine verschwindend kleine Minderheit waren. Wie sollte ich so eine Mitstreiterin zum Flirten finden, die in meine Pläne eingeweiht war und mit mir gemeinsam loszog, um uns einen heißen Dreier klarzumachen? Entweder die Frauen hatten gar kein Interesse an mir oder waren völlig unentspannt und wollten direkt eine feste monogame Beziehung, so wie damals Sandra. Eine Freundin für lockere Bettgeschichten ohne weitere Verpflichtungen erschien mir noch in weiter Ferne.

Nachdem wir alle applaudiert hatten, wurde die Abendshow angekündigt. Es kam eine Stripperin auf die Bühne, die gelenkige Posen machte und sich bis auf die Unterwäsche auszog. Ganz nett anzusehen. Aber die Stripperin auf der Straße anzusprechen und dann zu verführen, hätte ich spannender gefunden. Nach der Aufführung gingen Rainer und ich zum Auto und fuhren zum Hotel zurück. Rainer wollte noch in einen Latinoclub, da dort Frauen nach seinem Geschmack anzutreffen waren. Seine zwei Kumpels hingegen hatten daran kein Interesse und begaben sich auf eine andere Party. Mir war alles recht. Ich wollte bloß Frauen ansprechen und Spaß haben. Nach einer kurzen Verschnaufpause im Hotel machten wir uns zu Fuß auf den Weg ins verheißungsvolle Nachtleben. Als wir vor dem Club standen, hatten wir ein großes Problem: Hier kam man nur rein, wenn man auf der Gästeliste stand.

»Was machen wir Rainer?«, fragte ich, »Wir sind nicht auf der Gästeliste.«

»Der Türsteher braucht ewig, um das mit der Gästeliste zu überprüfen. Wir gehen an der Schlange vorbei, so als wären wir

VIP-Gäste. Verhalte dich einfach so, als wärst du schon im Club gewesen.«

»Okay, lass es uns probieren«, antwortete ich mit einem unguten Gefühl im Magen.

Also würden wir uns gemeinsam in den Club mogeln, ein junger Kerl und ein erwachsener Mann. Das sah schon auf den ersten Blick verdächtig aus. Ich überließ Rainer den Vortritt und dackelte ihm mit Herzrasen hinterher. Ängstlich schielte ich nach links und rechts, während wir uns an der Schlange der wartenden Partygäste vorbeistahlen. Jederzeit erwartete ich, dass mich irgendein bulliger Securitymann an der Schulter herumreißen oder am Kragen packen würde, um mich schnell wieder auf die Straße zu befördern. Der Türsteher wirkte zum Glück etwas überfordert mit der Gästeliste und würdigte uns beim Vorbeigehen keines Blickes. Was für ein Glück. Nun waren wir im Club, wo auf zwei Stockwerken jede Menge Latinos und Latinas feierten. Überall blitzen grün-blaue Lichter auf, die von den Scheinwerfern abgefeuert wurden. Im Erdgeschoss befand sich eine Bühne mit einer Liveband. Meinem Gehör nach war das spanische Musik, welche die Hüften der Gäste zum Wackeln bringen sollte.

Wir begaben uns auf die Tanzfläche, um uns zu den – für meine Ohren – exotischen Klängen zu bewegen. Während ich nicht wusste, welche Frau ich ansprechen sollte, befand sich Rainer im Paradies. Er hatte schon immer eine große Vorliebe für südamerikanische Frauen gehabt. Die Musik war so laut, dass eine strategisches Abstimmung unmöglich war. Somit war jeder auf sich allein gestellt. Rainer hatte sich wieder ausgiebig mit Pheromonen eingenebelt und versuchte immer, die Mädels auf der Tanzfläche von hinten anzutanzen. Oft sah es wie ein Befruchtungstanz aus. Ein sonderliches Geschick hatte er nicht dafür, und so traten die Latinas schnell die Flucht an. Wieder einmal versagten seine Lockstoffe kläglich, doch das schien seinen Glauben an das vermeintliche Zaubermittel auch diesmal nicht zu erschüttern. Frauen anzutanzen war allerdings auch nicht meine Stärke. Ich hatte kein Gefühl für den Takt und wusste nicht, welche Bewegungen ich machen sollte. Außerdem hatte ich in einem Buch eine Regel gelesen, an die ich mich hielt:

„Konzentriere dich bei allem, auch beim Flirten darauf, was du kannst und werde darin richtig gut!"

Es war viel einfacher an seinen Stärken zu arbeiten, als ständig an seinen Schwächen herumzudoktern und doch nicht weiterzukommen. Wie ich in einem der Vorträge an diesem Tag gelernt hatte, nannte man das „Ressourcenförderung". Wenn man ein guter Tänzer sei, solle man seine Fähigkeiten ausbauen und noch besser im Tanzen werden. Könne man sich aber besser mit Frauen unterhalten, sei es fürs Flirten sinnvoller, diese kommunikativen Skills auf ein hohes Level zu bringen. Das stimmt. Eine Stärke noch weiter zu fördern ist viel leichter, als sich eine neue Fähigkeit anzueignen, bei der man bei null anfängt. Und jeder von uns trägt bereits irgendwelche Stärken in sich, er muss sich nur auf die Suche machen und diese bergen wie einen Schatz. Also fing ich an, das zu tun, was ich wenigstens ein bisschen konnte. Zumindest besser als tanzen. Ich ging auf Frauen zu und sprach sie an. Durch den Lärm der Partymusik war dies aber nicht wirklich einfach. Richtige Konversationen kamen nie zustande. Ich hatte ohnehin das Gefühl, der Jüngste hier zu sein. Hier waren überwiegend Gäste um die dreißig. Was will schon eine reife Frau von einem jungen Kerl wie mir?, fragte ich mich. So langsam verlor ich die Lust. Im Club schien nicht das richtige Publikum für mich zu sein. Ich verabschiedete mich von Rainer und gab ihm zu verstehen, dass ich ins Hotel zurückkehren würde. Er wollte noch etwas bleiben, da er fest daran glaubte, noch an diesem Abend eine der südamerikanischen Schönheiten ins Bett zu bekommen.

Der Fisch mit den tausend Namen

Am nächsten Morgen dröhnte mir der Kopf. Die Nacht war einfach zu kurz gewesen. Egal, dachte ich. Um elf Uhr würde schon der erste Vortrag des Tages beginnen. Keine wirklich humane Zeit an einem Sonntag, musste ich feststellen. Aber es nützte ja nichts. Ich richtete mich mühsam auf, setzte meine Füße auf den Teppichboden meines Hotelzimmers und schlüpfte schlaftrunken in meine Schuhe. Dann trottete ich auf den Flur und klopfte an Rainers Zimmertür. Es passierte nichts. Stille. Ob er wohl mit einer Frau im Bett lag? Ich versuchte an der Tür zu lauschen, ob ich Stimmen hören konnte, wenigstens ein Schnarchen oder Atmen. Aber nichts; es war alles still im Zimmer. Kurze Zeit später kam Rainer mit seinen zwei Kumpels um die Ecke.

»Und Rainer, wie lief es gestern? Ging noch was?«, fragte ich ihn.

»Ne. Ich bin eine halbe Stunde später auch ins Hotel gegangen«, antwortete er deprimiert.

Jeder von uns hatte eine anstrengende Nacht mit wenig Schlaf hinter sich. Im Bett liegen zu bleiben wäre sicher schöner gewesen. Aber wir mussten im Hotel auschecken. Also gaben wir die Schlüssel an der Rezeption ab, packten unser Gepäck in den Kofferraum von Rainers Audi und fuhren anschließend zur Convention.

Den ersten Vortrag hielt Ben, ein Typ mit angenehm sanfter, aber dennoch sehr männlicher Stimme. Er erklärte uns, warum es beim Flirten Sinn mache, nach einem ausgearbeiteten System vorzugehen. Die meisten Männer hätten keinen Plan und würden bei der Verführung willkürlich handeln. Als Resultat komme dann auch immer „irgendetwas" heraus. Nur mit einem festen Ablauf sei es möglich, sich beim Flirten nach der Methode des Versuchs und Irrtums stetig zu verbessern und seinen Erfolg zu messen. Es sei dabei wichtig, zunächst Anziehung aufzubauen, indem man die Frau necke oder zum Lachen bringe. Auch interessante Geschichten würden positiv dazu beitragen. Man solle Storys erzählen, welche die eigenen männlichen Qualitäten unterstreichen und einen selbst in ein positives Licht rücken. Zum Beispiel könne man von spannenden Erlebnissen auf Reisen berichten, um der Frau zu vermitteln, was für ein abenteuerlustiger Typ man sei. Auch Storys, wie man schon einmal anderen Menschen in der Not geholfen habe, seien hilfreich. Schließlich würden Frauen einen Partner mit Beschützerinstinkt suchen. Natürlich müsse man diese Geschichten geschickt verpacken und seine männlichen Vorzüge ganz beiläufig in Nebensätzen einstreuen, damit die Frau dies nicht als Angeberei empfinden würde. Nichts sei abtörnender als ein Mann, der versuche, mit einem Sportwagen oder der Villa auf Ibiza zu prahlen.

Wenn genug Anziehung vorhanden sei, so Ben weiter, solle man eine Vertrauensbasis zu der Frau aufbauen. Damit könne man ihr die Angst nehmen, dass der Mann, mit dem sie das Date habe, sich später als Serienkiller herausstelle. Hierzu solle man möglichst viel Persönliches von sich preisgeben, um der Frau ein Gesamtbild von sich und seinem Leben zu vermitteln. Das Vertrauen entstehe, indem man viele gemeinsame Hobbys, Vorlieben, Wertvorstellungen und Weltanschauungen im Gespräch feststelle. Einfach das Gefühl, auf einer Wellenlänge zu liegen. Letztendlich sei es auch eine Frage der Zeit, die man gemeinsam mit der Frau verbringe. Der Mensch brauche insgesamt vier bis zehn Stunden gemeinsame Zeit, um durch persönliche Treffen, aber auch Telefonate ein tiefes Vertrauen für sein Gegenüber zu entwickeln. Dies waren alles sehr schlüssige Informationen, wie ich fand.

Danach kam Marius auf die Bühne. Er war etwas stämmig und hatte einen Cowboyhut auf. Irgendwie sah er damit albern aus, aber vielleicht war das auch genau seine Absicht. Er erklärte uns, dass Frauen beim Flirten Spaß haben wollten und man die Konversation bei einem Date nicht wie ein steifes Vorstellungsgespräch führen solle. Auch geschlossene Fragen, die sich nur mit Ja oder Nein beantworten ließen, würden sehr langweilig wirken und keine Vorlage für ausführliche Antworten liefern. Es komme darauf an, W-Fragen zu stellen, also „Wie findest du …", „Was gefällt dir an …", „Warum bist du damals im Urlaub …" und so weiter. Mit diesen Fragen gebe man der Frau die Chance, sich stärker zu öffnen und könne mehr über ihre Vorlieben und ihre Persönlichkeit erfahren. Irgendwie hatte ich das Gefühl, dass er nichts Neues erzählte; all diese Sachen hatte ich bereits in meinen Büchern gelesen. Aber trotzdem war es sinnvoll, dieses Wissen nochmal aufzufrischen.

Als auch dieser Vortrag sein Ende gefunden hatte, gab es eine Pause und ich nutzte die Zeit, um mich verstärkt mit den anderen Teilnehmern zu unterhalten. Viele hatten noch nie in ihrem Leben eine Frau angesprochen und wollten erst in der Theorie bewandert sein, bevor sie sich praktisch an die Sache heranwagten. Das war ein Problem vieler angehender Verführungskünstler, wie ich schnell bemerkte: Sie lasen haufenweise Ratgeber, schauten stundenlang DVDs mit Lehrvideos und tauschten sich in ausführlichen Fachgesprächen über ihr Wissen aus. Doch diese Männer riskierten nie einen Schritt vor die Tür, um das Gelernte in die Praxis umzusetzen. Mit den Coaches kam ich nicht ins Gespräch. Um ehrlich zu sein, hatte ich etwas Scheu davor, denn sie waren für mich große

Autoritäten der Verführungskunst, vor denen ich mich wie ein Zwerg fühlte. Ich wusste zudem gar nicht, was ich sie hätte fragen sollen, wenn sie tatsächlich einmal vor mir gestanden hätten.

Der vorletzte Vortrag bahnte sich an. Sergej, den ich schon in Nürnberg persönlich getroffen hatte, erklärte, wie die soziale Programmierung funktioniere. Er sprach von der psychologischen Konditionierung durch die Gesellschaft und dass wir von klein auf Glaubenssätze vermittelt bekommen hätten. Eltern brächten ihren Kindern beispielsweise bei, dass man nicht mit fremden Menschen reden dürfe. Jeder kenne solche Szenen im Restaurant, wenn Mutter oder Vater das allzu offenherzige Kind von den anderen Gästen wegzerrten. Diese Erziehung führe dazu, dass wir als Erwachsene sozial gehemmt seien und mit Schüchternheit zu kämpfen hätten. Um mit attraktiven Frauen in Kontakt zu kommen, müssten wir uns von diesen Gefühlen befreien. Wenn man vor etwas Angst habe, solle man die radikale Methode anwenden und sich dieser Angst stellen. Traue man sich nicht, hübsche Frauen anzusprechen, so solle man aktiv werden und genau das tun. Dabei solle man erst einmal klein anfangen und Frauen etwas fragen, zum Beispiel nach dem Weg oder nach der Uhrzeit. Kleine Schritte würden bekanntlich auch zum Ziel führen. Sobald man eine Stufe gemeistert habe, könne man sich den schwierigeren Aufgaben widmen und den Ladys ein Kompliment machen. Da ich selbst diesen steinigen Weg gegangen war, nickte ich, wohl wissend, dass das die einzige Möglichkeit war, seiner Angst ein für alle Mal Lebewohl zu sagen.

Zum Schluss kam Daniel alias BadBoy auf die Bühne. Er war extra aus Kroatien hergeflogen und trug einen schwarzen Hut. Auf den ersten Blick ein ganz gewöhnlicher Typ, jedoch hatte er als

Kind eine Kriegsverletzung erlitten und war dadurch halbseitig gelähmt. Er hatte eine unheimlich männliche und dominante Stimme. Alle anderen Speaker hatten ein Mikrofon benutzt, aber sein Organ war so laut und durchdringend, dass er darauf verzichtete. Daniel erzählte uns außergewöhnliche Geschichten, die uns inspirieren sollten. Eine davon war „Der Fisch mit den tausend Namen":

»Und einmal bin ich beim Date mit einer Frau essen gewesen und anschließend noch in eine Zoohandlung mit ihr gegangen. Da schwammen diese wunderschönen, blau schimmernden Diamant-Regenbogenfische in einem Aquarium. Ich fragte die Frau, ob ich einen davon kaufen solle. Sie sagte begeistert Ja. Obwohl die Fische ziemlich teuer waren, kaufte ich also einen und fragte mein Date als nächstes, ob wir noch ein Stück spazieren gehen sollen. Die Frau war schockiert über den Vorschlag und bestand darauf, dass wir den Fisch zu mir nach Hause ins Aquarium bringen, bevor er an der Luft erstickt. Als wir dann bei mir waren, bemerkte die Frau, dass da noch vier weitere Diamant-Regenbogenfische in meinem Aquarium schwammen. Ich erklärte ihr, dass diese Fischart etwas Besonderes an sich habe: ›Würden alle vier Diamant-Regenbogenfische sterben und wäre nur noch dieser hier übrig, würde auch er elendig zugrunde gehen vor lauter Einsamkeit. Es sind nämlich sehr soziale Tiere, die einander lieben und zum Leben brauchen.‹ Anschließend taufte ich den Fisch auf den Namen der Frau und wir kamen uns immer näher bis zum Kuss. Was dann passiert ist, kann sich wohl jeder denken ... Am nächsten Tag hatte ich wieder ein Date, diesmal mit einer anderen wundervollen Frau. Da das mit dem blauen Diamant-Regenbogenfisch so gut geklappt hatte, habe ich ihn vorher in die Zoohandlung zurückgebracht und dem Verkäufer erklärt, dass ich später wieder vorbeikommen würde, um denselben

Fisch noch einmal zu kaufen. Der Verkäufer war zuerst etwas irritiert, hat aber schnell verstanden, was los war, als ich mit der Frau ins Geschäft kam und den gleichen Diamant-Regenbogenfisch wie am Vortag kaufte. Dann wollte auch sie unbedingt, dass wir den Fisch sofort zu mir in die Wohnung bringen. So gingen wir zu mir nach Hause, und ich kam auch dieser Frau leidenschaftlich näher ...«

Daniel verriet uns, dass er die ganze Sache immer und immer wieder mache, und so habe diese verrückte Geschichte ihre Bezeichnung bekommen: „Der Fisch mit den tausend Namen". Seine Erzählung beeindruckte mich und blieb mir in nachhaltiger Erinnerung. Ein nach Luft schnappender Fisch, der dringend ins Aquarium muss, das ist definitiv der ideale Vorwand beim Date, um mit der Frau gemeinsam zu sich nach Hause zu gehen. Viel besser als die berühmte Frage im Hollywood-Liebesfilm, ob sie noch „kurz auf einen Kaffee mit raufkommen" will.

Denn in Wahrheit bekommt die Frau dadurch meist den Eindruck, dass der Mann nur auf schnellen Sex aus ist und wird das Angebot dankend ablehnen. Grundsätzlich ist es jedoch eine ziemlich gute Sache, ein Date vom Café oder Restaurant zu sich nach Hause zu verlagern, wie ich erkannte. Denn in den eigenen vier Wänden ist man ungestört, sodass beide sich schnell näherkommen und miteinander intim werden können. Auch interessant fand ich das soziale Bedürfnis der Tiere, das Daniel geschildert hatte. Klar, viele Fischarten leben in Schwärmen und sind keine Einzelgänger. Allerdings glaubte ich, dass seine Behauptung, ein Fisch würde allein im Aquarium nicht überleben, etwas übertrieben war. Ich hielt es eher für eine Art Metapher, die er als psychologischen Trick verwendete: So wie der Fisch angeblich seine Artgenossen zum Leben brauchte, sollten sich auch die mitgebrachten Frauen zu Daniel hingezogen fühlen. Dass der Fisch die Frauen symbolisieren sollte, war offensichtlich, denn warum sonst wurde er immer auf ihre Namen getauft? Um eine Frau schnell zum Sex zu verführen, griffen Männer wie Daniel tief in die Trickkiste, und die Story mit den Gruppenfischen war offenbar sein Mittel der Wahl.

Am späten Nachmittag machten wir uns auf die Heimfahrt nach Regensburg. Das war ein äußerst interessantes und lehrreiches, aber auch anstrengendes Wochenende gewesen, resümierte ich. Die Erfolgserlebnisse waren abends im Latinoclub zwar ausgeblieben, dennoch war ich zuversichtlich, im Flirten eines Tages so gut zu werden wie die Coaches auf dieser Convention. Ob ich auch irgendwann einmal beim Date in die Zoohandlung gehen und einen Diamant-Regenbogenfisch kaufen würde, wusste ich nicht. Ich wollte das Gelernte zunächst sacken lassen und freute mich, bald wieder in meiner Heimatstadt zu sein.

Wie Diana meinen Penis auspackte

Eine hübsche Blondine mit schulterlangen Haaren und schlanker Statur. Äußerst lieb und humorvoll. Darf ich vorstellen? Diana! Sie lebte in meinem Nachbardorf. Als ich meinen Geburtstag ein Jahr zuvor gefeiert hatte, war Diana auch gekommen. Bis dato hatte ich sie kaum gekannt, aber meine Cousine und ihre Freundinnen hatten sie mitgebracht. Je mehr Frauen, desto besser, hatte ich damals gedacht. Als nun ihr achtzehnter Geburtstag vor der Tür stand, lud sie mich auch ein. Vermutlich, um sich für meine Geburtstagsfeier im Jahr zuvor zu revanchieren. An sich eine gute Sache. Hauspartys waren mir sowieso lieber als Discotheken. Warum? Nun, in der Regel trifft man hier angenehmere Leute und kaum Alkoholleichen. Auch gibt es hier selten diese übertrieben laut schallende Musik, die im Club jegliche Konversation in einen Schreiwettbewerb verwandelt. Und der größte Vorteil: Wenn einer der eigenen Freunde ebenfalls dabei ist und selbst ein paar Gäste kennt, wird man vielen Leuten vorgestellt. Einfacher geht's nicht, dachte ich voller Vorfreude. Eines musste ich aber noch erledigen, wofür ich Unterstützung gebrauchen konnte. Michi hatte immer gute Ideen, also rief ich ihn an:

»Hey Michi, ich muss in die Stadt. Diana hat mich zu ihrer Geburtstagsparty eingeladen. Ich brauche jetzt noch ein Geschenk, hast du eine Idee?«

»Nicht wirklich, aber wir können ja in die Stadt fahren und dann spontan nach einem passenden Geschenk suchen.«

»Okay.«

Ich kannte Diana einfach zu schlecht, um ihr ein tolles Geschenk zu machen. Andererseits wusste ich, dass sie humorvoll war und nicht alles allzu ernst nahm. Was schenkt man so einem Mädel zum achtzehnten Geburtstag? Ich hatte von meinen Kumpels damals einen Porno mit adipösen, dunkelhäutigen Frauen bekommen. Nicht wirklich reizvoll für mich, aber als Scherzartikel ganz amüsant. Michi lenkte meine Gedanken ebenfalls in diese Richtung, und so begaben wir uns in Regensburg zu einem Sexshop. Ich war noch nie dort drin gewesen, Michi schien sich allerdings auszukennen und steuerte zielsicher auf die richtigen Regale zu. Der ganze Laden war sehr schummrig. Auf einer Ablage befanden sich jede Menge Pornos, während auf der anderen verpackte Dildos, Vibratoren und anderes Spielzeug für Erwachsene standen. Dazwischen posierte eine Schaufensterpuppe in Lack und Leder. Außerdem entdeckte ich Polizeiuniformen und Krankenschwesterkostüme. Für jeden Fetisch war etwas dabei.

Als wir bei den Scherzartikeln ankamen, sprang mir sofort einer ins Auge: ein flauschiges Damensitzkissen in Herzform. Die Besonderheit daran war, dass in der Mitte des Kissens ein deutlich sichtbarer Plüschpenis in die Höhe ragte. Ob Diana das mindestens genauso witzig fand wie ich? Hoffen wir es, dachte ich. Ich kaufte das Prachtexemplar und bekam eine große schwarze Tüte ohne Aufdruck, damit niemand wusste, wo ich gerade einkaufen gewesen war. Aber irgendwie ist das doch trotzdem offensichtlich, oder? Das ging mir zumindest durch den Kopf, während der Verkäufer mir die Plastiktüte über die Ladentheke reichte. Wo sonst bekommt man bitteschön schwarze Tüten ohne Aufdruck? Also fuhr ich etwas peinlich berührt zusammen mit Michi zurück in unser Dorf und hatte dabei das unsinnige Gefühl, die anderen Fahrgäste im Zug würden mich entgeistert anstarren. Zu Hause bei meinen Eltern angekommen, wickelte ich das Herzkissen in Geschenkpapier. Um es platzsparend einzupacken, musste ich den Stoffpenis abknicken und an den Rest des Kissens drücken. Eine echte Herausforderung. Dieser 30-Zentimeter-Kolben wollte einfach nicht unten bleiben und richtete sich immer wieder auf. Auch wenn Potenz beim echten Penis aus Fleisch und Blut ein riesiger Vorteil ist; hier beim Einpacken des Plüschphallus wurde mir die „Standfestigkeit" definitiv zum Verhängnis. Mit der linken Hand drückte ich den Prügel schließlich herunter und mit meiner rechten befestigte ich das Geschenkpapier unter Zuhilfenahme von reichlich Klebeband. Geschafft! Schön eingepackt war etwas anderes, aber das war mir nun egal. Es kam schließlich auf den Inhalt der Verpackung an – und der hatte es wahrhaftig in sich.

Am nächsten Tag war es schon so weit. Es war Samstag und ich stand pünktlich vor dem Haus von Dianas Eltern, wo die Feier stattfinden sollte. Als sie mir geöffnet und wir uns herzlich begrüßt hatten, überreichte ich Diana mein Geschenk.

»Ganz schön groß«, meinte sie und ich musste mir ein Grinsen verkneifen.

Wir liefen hinunter in den Keller, wo schon ein paar vereinzelte Gäste hockten. In dem Raum waren Tische und Bänke aufgestellt, außerdem ein Buffet mit reichlich Frikadellen sowie Nudel- und Kartoffelsalaten. Mein frivoles Päckchen landete auf einem Haufen anderer Gaben, die sicher nicht so explosiv sein würden wie mein Plüschpenis. Diana freute sich sichtlich beim Anblick der vielen, bunt verpackten Geschenke und kündigte an, sie wolle diese zu später Stunde öffnen, wenn die Gäste vollzählig seien – schließlich sollten alle das Auspacken mitbekommen. Ob das eine gute Idee war? Diana würde sich vor versammelter Mannschaft blamieren und ich wäre schuld daran. Obwohl, nein, korrigierte ich meine Gedanken. Michi war schuld; er hatte mich dazu angestiftet, in diesen Sexshop zu gehen, um dort einen Scherzartikel zu kaufen! Schade nur, dass er nicht eingeladen war; ihn hätte es bestimmt in den Fingern gejuckt, den großen Knall beim Aufreißen des Geschenkpapiers mitzubekommen. Nach und nach trudelten viele weitere Gäste ein, bis der Raum voll war. Während Diana jeden einzelnen begrüßte, scannte ich die Gruppierungen und ging nacheinander auf alle Leute zu, zuerst auf die, die am sympathischsten auf mich wirkten. Schließlich wollte ich mich an meine eigene Regel halten, die ich mir zuvor überlegt hatte:

„Auf einer privaten Party mit bis zu 20 Personen sollte man versuchen, sich bei jedem Gast vorzustellen und ein paar Sätze mit ihm zu wechseln!"

Dadurch erhoffte ich mir, später am Abend mit den Leuten erneut ins Plaudern zu kommen und nicht wie ein einsamer Wolf zu wirken. Die Begrüßung zu Beginn dieser Party lief immer nach demselben Schema ab. Ungefähr so:

»Hey, wir kennen uns noch gar nicht. Ich bin Andy. Woher kennst du Diana?«

Das klappte problemlos. Während ich in eine Konversation vertieft war, sah ich plötzlich aus dem Augenwinkel, wie eine weitere Lady den Partykeller betrat. Sie hatte schwarzes, glattes Haar und war eher ein dunkler Hauttyp. Ich sprach sie an und sie stellte sich als Romy vor. Es stellte sich heraus, dass sie spanische Wurzeln hatte und ein sehr lebensfrohes Naturell an den Tag legte. Als wir endlich vollzählig waren, forderte Diana alle Gäste auf, Platz zu nehmen und sich an dem Buffet zu bedienen. Romy setzte sich mir gegenüber an den Tisch. An sich perfekt, da sie mit ihrer fröhlichen Art meine Neugier geweckt hatte. Also unterhielt ich mich angeregt mit ihr, während ich ein paar Frikadellen verschlang. Aus unerklärlichen Gründen verstanden wir uns unheimlich gut, lachten viel und neckten uns gegenseitig. Auch nach dem Essen hingen wir in Dianas Partykeller die ganze Zeit aneinander, als würden wir uns schon ewig kennen. Ich wusste, wenn ich ihr näherkommen wollte, musste ich sie nun berühren. Also entschied ich mich für ein Spiel.

»Romy, kennst du Daumencatchen?«, fragte ich sie.

»Ne. Was soll das sein?«

Ich erklärte ihr, dass sie die Finger ihrer rechten Hand leicht zu einer Faust krümmen solle, um sie dann in meine Finger einzuhaken. Anschließend müsse man versuchen, den Daumen des anderen mit seinem eigenen zu packen und für mindestens drei Sekunden herunterzudrücken. Ein lustiges Spiel, bei dem wir uns berühren konnten und zugleich Spaß hatten. Doch nach ein paar Runden gab Romy genervt auf.

»Das ist unfair, du gewinnst immer!«, protestierte sie.

»Ja, ich wollte es dir anfangs nicht verraten, aber ich bin Weltmeister im Daumencatchen.«

Das war ich gefühlt wirklich. Ich hatte das Spiel schon mit vielen Leuten gespielt und war deshalb immer besser geworden. Ich war so vertieft in unsere Unterhaltung, dass ich die anderen Gäste um uns herum ganz vergaß, und Romy ging es wohl genauso. Plötzlich wurden wir in die Realität zurückgeholt:

»Zeit für die Geschenke!«, hörte ich ein paar Leute Diana zurufen.

Mir rutschte das Herz in die Hose – im wahrsten Sinne des Wortes, wenn ich an mein fragwürdiges Präsent dachte. Bitte nicht jetzt, war mein einziger Gedanke. Hoffentlich dachte Romy nichts Schlimmes über mich, wenn sie das Geschenk sah. Ich hätte mir selbst in den Arsch beißen können! Hätte ich doch lieber etwas Anständiges gekauft, ein paar Blumen oder so. Na gut, beruhigte ich mich schließlich, immerhin sind ihre Eltern nicht da. Das wäre ja doppelt peinlich. Diana nahm einen Stuhl, setzte sich in die Mitte des Kellerraumes und begann mit dem Öffnen ihrer Geschenke. Ich überlegte, ob ich Übelkeit vortäuschen sollte, um mich aus der Affäre zu ziehen. Ein Betrunkener, der auf einer Hausparty plötzlich auf Klo rennt und sich übergeben muss, ist keine Seltenheit. Andererseits wusste ich nicht, wie ich das umsetzen sollte. Ich war kein guter Schauspieler und sicher wäre die Nummer aufgeflogen. Während Diana schon die ersten Geschenke ausgepackt hatte und sich wie ein Kind freute, kam ihre Mutter herunter und begrüßte alle Gäste mit einem freundlichen Hallo. Ach du scheiße, das war ja so klar, dachte ich erschrocken. Wenn einen das Universum bestrafen wollte, dann richtig. Die Katastrophe bahnte sich an: Diana blickte auf mein Geschenk und packte es erwartungsvoll mit den Händen.

»Ah, das ist das Geschenk von Andy!«, sagte sie erwartungsvoll.

Neugierig riss sie das Geschenkpapier auf und der Plüschpenis sprang ihr mitten ins Gesicht. Ganz ehrlich: Ich wusste nicht, ob ich lachen oder weinen sollte. Diana war total schockiert und rief:

»Was ist denn das?!«

Im gesamten Raum war es jetzt still. Man hätte eine Stecknadel fallen hören können – oder ein Plüschkissen in Herzchenform, eines mit dem „gewissen Extra". Ich habe es verkackt, fuhr es mir entsetzt durch den Kopf. Niemand verstand meinen Gag, nicht einmal ich wagte es, zu lachen. Doch dann rettete mich genau das, was ich als größte Bedrohung empfunden hatte: die Anwesenheit von Dianas Mutter. Sie fing an zu lachen und fand das Damensitzkissen großartig. Diana schien mittlerweile auch verstanden zu haben, was da gerade vor ihr lag und musste in das Gelächter ihrer Mutter einstimmen. Das Lachen der beiden schien eine ansteckende Wirkung zu haben, denn mittlerweile fielen auch die Partygäste in den schallenden Chor mit ein. Diana bedankt sich bei mir und machte mit dem nächsten Geschenk weiter. Das war der Moment, in dem ich endlich aufatmen konnte. In die Erleichterung mischte sich aber ein anderer Gedanke: Ob Romy mich jetzt für einen perversen Kerl mit schmutzigen Fantasien hielt? Wohl weniger. Sie gestand mir einen Moment später, dass auch sie etwas irritiert gewesen sei, es aber lustig gefunden habe. Da hatte ich gerade noch einmal Glück gehabt.

Nachdem die Geschenkerunde zu Ende war, fragte ich Romy, ob wir kurz hinauf an die frische Luft gehen sollten. Sie bejahte und so gingen wir ein Stück spazieren. Es war mittlerweile dunkel geworden, und als das Neonlicht der Straßenlaterne auf ihr Gesicht fiel, wurde mir nochmal klar, wie schön sie war. Natürlich schwebte mir noch etwas anderes vor als nur ein Spaziergang. Also sagte ich:

»Das klingt verrückt, aber ich würde dich jetzt gerne küssen!«

Sie grinste und äußerte keinen Mucks. Also setzte ich zum Kuss an und wir berührten uns nicht nur mit den Lippen, sondern unsere Händen umgriffen auch den Körper des jeweils anderen. Ein schönes Gefühl. Nach der langen Durststrecke hatte ich endlich wieder einen Erfolg. Romy wurde etwas kalt und so begaben wir uns zurück zur Party. Wir genossen noch die restlichen Stunden und tauschten kurz vor dem Abschied Handynummern aus.

Zwei Jungfrauen treffen aufeinander

Sanft küssend begrüßten wir uns in Regensburg. Sie freute sich sichtlich und ich mich auch. Unser erstes Date stand bevor. Natürlich hatte ich mich nicht fürs Kino mit Romy verabredet. Das wäre ein fataler Fehler gewesen, da wir uns in einem Saal voller Zuschauer, die den Film verfolgen wollten, kaum hätten unterhalten können. Es wäre dort außerdem während der Vorführung so dunkel gewesen, dass wir uns nicht richtig in die Augen hätten schauen können. Bei einem ersten Date mit einer Frau geht es jedoch immer darum, sich besser kennenzulernen und idealerweise auch näherzukommen. Das hatte ich spätestens seit dem Vortrag von Sergej in Nürnberg begriffen. Deshalb hatte ich einen besseren Ort als das Kino gewählt: einen Italiener. Eigentlich hatte ich ein spanisches Restaurant besuchen wollen, aber dieses hatte leider geschlossen. Ich selbst war noch nie in diesem Lokal gewesen, in dem wir nun gemütlich saßen, doch einen belegten Teigfladen zu backen konnte nicht so schwer sein. Ein kulinarischer Reinfall war deshalb nicht zu erwarten.

Der Laden wirkte grundsolide, kein Drei-Sterne-Restaurant, aber auch kein Imbiss. Das Teelicht auf dem Tisch und die italienische Musik im Hintergrund verbreiteten ein romantisches Ambiente. Romy bestellte die klassische Margarita, während ich mich für eine Calzone entschied. Nach kurzer Zeit bekamen wir zwei dampfende Teller von der Kellnerin serviert; unsere Bestellung sah vielversprechend aus. Mein Experiment, beim ersten Date in ein völlig unbekanntes Lokal zu gehen, schien geglückt zu sein. Ohne Bedenken biss ich in den gefüllten Teig und nahm ein großes Stück meiner Calzone in den Mund. Was ich nicht wusste: Die Füllung war scharf. Sehr scharf! Normalerweise war das nicht so, aber dieser Pizzabäcker hatte eine Menge feuriger Peperoni in die Calzone hineingepackt. Das höllische Brennen breitete sich in meinem Mund aus und lief hinunter in den Hals. Ich kam mir vor wie ein feuerspeiender Drache, so heiß wurde mir.

»Du bist ja knallrot! Alles okay bei dir?«, fragte mich Romy.

»Nein. Ich glaube ich sterbe!«, keuchte ich.

»Wieso?«

»Ich glaube, der Pizzabäcker wollte mich vergiften und hat die scharfen Peperoni in der Calzone versteckt!«

Ich rang wahrlich mit dem Tod. Ich musste eine große Menge dieser Peperoni erwischt haben, dabei hatte ich schon von Grund auf eine Abneigung gegen scharfes Essen. Wahrscheinlich war das, was ich zu mir genommen hatte, immer noch ein Witz im Vergleich zum schärfsten Chili der Welt, aber für mich, der diese Schärfe nicht gewohnt war, brannte es wie die Hölle. Romy hingegen hatte sichtlich Spaß daran, mich leiden zu sehen. Verübeln konnte ich es ihr nicht. Ich selbst war ja auch etwas schadenfroh, wenn anderen Leuten ein Missgeschick passierte. Ich versuchte, die Calzone aufzuessen so gut es ging. Romy sollte nicht den Eindruck bekommen, dass ich beim Essen übermäßig pingelig wäre. Trotzdem blieb ein guter Rest der Teigtasche auf dem Teller zurück, umgeben von ein paar herausgepickten Peperoni. Als die Kellnerin zum Abräumen kam und fragte, ob mir die Calzone geschmeckt habe, gab ich ihr zu verstehen, dass ich fast draufgegangen wäre. Gut, das mochte etwas übertrieben sein, aber für einen kurzen Augenblick hatte ich wirklich das Gefühl gehabt, in die Hölle zu kommen.

Nach dem Restaurantbesuch gingen Romy und ich noch in einem Park spazieren. Hier, abseits des städtischen Rummels inmitten des Grüns, konnten wir uns ungestört unterhalten. Ich erzählte ihr, dass ich meine Mittlere Reife mit Ach und Krach bestanden hatte und bald ein Freiwilliges Soziales Jahr in Regensburg machen würde. Das Coole daran: Ich war in einer Klinik angestellt und würde dort ein Zimmer in einem Wohnheim bekommen. Endlich ein Stück Freiheit, weg von meinen Eltern! Und das Problem mit der Logistik bei Dates würde dann auch gelöst sein. Es wäre keine Option gewesen, weiterhin zu Hause wohnen zu bleiben. Selbst wenn mit den Frauen immer alles glatt laufen würde: Ich hätte nicht gewusst, wo ich Sex mit ihnen hätte haben können. Ich hatte vor ein paar Jahren meinen Vater mal aus Interesse gefragt, ob es okay wäre, wenn ich eine Freundin hätte und diese nach Hause brächte. Seine Antwort war:

»Ich habe nichts dagegen, wenn du früh heiratest, aber du weißt ja: Kein Sex vor der Ehe!«

Damit war die Sache für mich abgehakt gewesen. Bei meinen Eltern eine Frau mitzubringen, das würde nicht funktionieren. Romy und ich gingen noch ein paar Runden, ehe wir uns verabschiedeten und für den übernächsten Tag verabredeten. Ich wollte mit dem Auto fahren und sie zu Hause besuchen; sie wohnte in einem Dorf ganz in der Nähe. An sich ein sehr gewagter Schritt, schließlich kannten wir uns beide noch nicht besonders gut und es bestand das Risiko, ihren Eltern zu begegnen. Andererseits konnte ich Glück haben und wir hätten sturmfreie Bude.

Am besagten Tag fuhr ich nachmittags los, um Romy zu besuchen. Mit an Bord: mein Navi und zwei Kondome – eines als Ersatz, falls das erste reißen sollte. Ich ging da lieber auf

Nummer sicher. Als ich ankam, wartete Romy bereits in der Einfahrt eines Einfamilienhauses auf mich. Wir nahmen uns an die Hand und sie wollte mir erstmal ihren Ort zeigen. In ihrer Siedlung gab es nichts Ausgefallenes. Einen großen Spielplatz mit Rutschen und Schaukeln. Ansonsten standen Häuser aneinandergereiht wie Perlen auf einer Schnur – genau so, wie ich das auch von meinem Dorf kannte. Manch ein Tourist hätte diese Kulisse vermutlich als sehr beschaulich empfunden, doch für mich, der ich in einem bayerischen Dorf aufgewachsen war, wirkte es ganz alltäglich. Als wir die Straße ein längeres Stück entlang gegangen waren, kamen wir in einen Wald hinein, wo wir einen steilen Weg hinauf nahmen, um auf einen kleinen Hügel mit Lichtung zu gelangen. Als wir oben ankamen, setzten wir uns auf eine ebene Wiesenfläche und genossen den Sonnenuntergang. Ein romantischer Moment, den ich nutzte, um mit ihr rumzuknutschen.

Ich wollte sie in ungestörter Zweisamkeit heiß machen und das Vorspiel für den Sex einleiten, aber dieses Fleckchen Erde schien nicht nur bei uns beiden beliebt zu sein. Oft kamen andere Fußgänger vorbei, um die Aussicht ebenfalls zu genießen. So richtig fallen lassen konnte ich mich dabei nicht. Ich befürchtete jeden Moment, dass jemand kommen und uns beim Herummachen erwischen würde. Romy schien es da ähnlich zu gehen, also entschieden wir uns, den Heimweg anzutreten. Als wir vor ihrem Haus standen, sah ich mehrere Lichter in verschiedenen Zimmern brennen. Ein glasklares Zeichen: Ihre Eltern waren zu Hause. Sicher hätte ich mich ihnen vorstellen können, aber so wirklich Lust hatte ich nicht darauf. Ich wollte nicht gleich alles überstürzen und es tunlichst vermeiden, mich beim zweiten Date schon als zukünftigen Schwiegersohn brandmarken zu lassen. Also entschied ich mich, in mein Auto zu steigen und den Heimweg anzutreten.

In regelmäßigen Abständen trafen wir uns, doch Sex hatten wir bisher immer noch nicht gehabt. Allerdings fand ich heraus, dass ich ihr erster Freund war und sie – so wie ich – ebenfalls Jungfrau war. Romy hatte genau das gleiche Verlangen wie ich, doch es fand sich nie die passende Gelegenheit, denn entweder waren wir unterwegs oder irgendjemand funkte uns mit seiner Anwesenheit dazwischen.

Immerhin lernte ich so ihre beste Freundin kennen: Sabrina, eine brünette Italienerin, die sehr schlank war und immer enge Klamotten trug. Ein wenig eitel war sie auch. Ohne High Heels und ein adrettes Kleid ging sie nie aus dem Haus, selbst wenn sie nur den Müll runter brachte. Einmal, an einem warmen Sommertag, gingen Romy, Sabrina und ich in der Regensburger Innenstadt essen. Als wir im Außenbereich des Restaurants auf unseren Korbstühlen zwischen den rund gestutzten Buchsbäumen Platz genommen hatten, wollte ich genauer wissen, was es mit Sabrinas Schönheitswahn auf sich hatte. Ich fragte sie, warum sie sich solche Mühe mache, schließlich könne sie an einem gewöhnlichen Nachmittag auch einfache nur Turnschuhe anziehen. Sie entgegnete mir, dass sie stets perfekt aussehen wolle. Es könne ja sein, dass sie zufällig ihrem Traummann begegne, und dann wolle sie auch die Traumfrau für ihn sein. Für mich klang das nach viel Arbeit, wenn man bedachte, dass Sabrina mindestens eine Stunde im Bad verbrachte, um sich zurechtzumachen. Jedoch ging mir in diesem Moment ein Licht auf, was die Geschlechterrollen anbetrifft: Während wir Typen uns darin üben, Frauen anzusprechen, um sie anschließend zu erobern, nutzen Ladys wie Sabrina ihre Zeit, um sich in eine Augenweide für ihren Traumprinzen zu verwandeln. Männer und Frauen sehnen sich nach dem anderen Geschlecht, haben aber völlig unterschiedliche Aufgaben bei der Partnersuche. Wir Jungs müssen den aktiven Part einnehmen und offensiv auf Frauen zugehen, auch wenn wir uns dabei so manches Mal eine blutige Nase holen. Die Damen hingegen wissen, wie sehr wir Männer auf optische Reize anspringen und bemühen sich deshalb, mit ihrer Schönheit unsere Aufmerksamkeit zu gewinnen, damit wir den ersten Schritt machen. Das ist auch der Grund, weshalb wir Männer den Frauen beim ersten Date ein Kompliment machen sollten, wenn sie sich besonders gründlich aufgebrezelt haben. Dazu hatte Sergej bei seinem Vortrag in Nürnberg ja geraten, und jetzt fiel es mir wie Schuppen von den Augen, wie recht er damit hatte. Während ich noch darüber nachdachte, erzählte mir Sabrina eine lustige Geschichte von ihrem letzten Date:

»… das glaubst du nicht. Da saß ich neben dem Typen auf dem Sofa …«

»Und dann?«, fragte ich neugierig.

»Naja. Er zeigte mir nach drei Stunden seine Fußballfotos. War ja ganz nett, aber ich hatte überhaupt kein Interesse daran. Ich wollte halt was anderes. Also streckte ich meine Brüste raus, berührte ihn am Rücken und lächelte ihn an. Ich dachte, ihm müsste dann klar werden, dass er mich küssen soll.«

»Und er tat es nicht, richtig?«

»Nein, weißt du, was er gesagt hat? Das hat mich echt fertig gemacht. Er hat doch tatsächlich gefragt: ›Willst du noch mehr Fußballfotos sehen?‹«

Oh je, dachte ich mir. Falsche Interpretation der Signale. Ich fand die Geschichte ziemlich amüsant, aber eine Frau mit klaren Absichten fand so etwas eher zum Davonlaufen.

Die meisten Männer verstehen die weiblichen Flirtsignale nicht. Dabei ist die Regel ganz einfach:

„Wann immer man mit einer Frau redet, sollte man auf ihre Körpersprache achten."

Genau das ist das Problem der meisten Kerle: Sie achten auf das Gesagte, auf die Fakten – und vergessen dabei, dass Frauen ihr Interesse meist subtil durch Gestik und Mimik zum Ausdruck bringen. Das gesprochene Wort hat natürlich auch eine Bedeutung, aber unser Körper kann niemals lügen und gibt genau das wieder, was wir unterbewusst fühlen. Sabrinas Geschichte war ein gutes Beispiel: Sie hatte den Typen berührt, ihn angelächelt und sogar ihre Brüste nach vorne gestreckt. Das waren ganz klare sexuelle Signale gewesen, mit denen sie ihm das Einverständnis gegeben hatte, ihr körperlich näherzukommen.

Wie die meisten Männer – und mir ging es da nicht anders – hatte er ihr Interesse falsch gedeutet und war davon ausgegangen, dass sie die Fußballfotos reizend fände. Dabei waren ihre Signale eigentlich eine glasklare Aufforderung zum Verführen gewesen. Doch in den seltensten Fällen schicken Frauen solche Einladungen. Sie erwarten meist beim Date, dass wir Männer selbst den richtigen Moment für die körperliche Annäherung erkennen und sind dann enttäuscht, wenn die Initiative ausbleibt. Mir wurde dadurch eine Sache bewusst: Wir Männer müssen Löwen sein und uns bei einem Date das nehmen, was wir wollen, ohne auf eindeutige Signale der Frau zu warten. Natürlich sollte die Frau auch ihr Einverständnis dazu geben. Und natürlich sollte der Mann auch immer auf die Reaktionen der Frau achten – und wieder einen Schritt zurück machen, wenn er bemerkt, dass ihr die Berührungen nicht gefallen und sie noch nicht so weit ist. Aber ein Löwe würde niemals herumsitzen und warten, bis die Angebetete ihn anfleht, sie zu küssen. Dieses unmännliche Verhalten wirkt abtörnend auf Frauen. In dem Wort „verführen" steckt auch „führen", wie mir auffiel. Die Ladys wollen geführt und erobert werden, und es ist unser Job als Männer, dies zu tun.

»Und, was hast du dann gemacht?«, fragte ich Sabrina nun.

»Ich bin nach kurzer Zeit gegangen und habe ihn abserviert.«

Ja, da konnte man es wieder sehen. Das war das Resultat. Es hätte alles anders kommen können, hätte der Typ beim Date ihre Signale verstanden und entsprechend gehandelt. Nach der angeregten Unterhaltung verließ uns Sabrina. Romy und ich genossen noch die restliche Zeit zusammen und dann machte ich mich ebenfalls auf den Heimweg. Ich freute mich schon tierisch darauf, das Freiwillige Soziale Jahr zu beginnen. In der nächsten Woche würde es schon losgehen. Endlich würde ich etwas Geld verdienen und nicht mehr bei meinen Eltern wohnen. Romy würde dann auch bei mir übernachten können und wir würden uns hoffentlich näherkommen. Irgendwie war das ein befreiendes Gefühl, ein neuer Lebensabschnitt für mich.

Eine Woche später war es endlich so weit: Ich bekam mein erstes eigenes Zuhause. Im Austausch gegen eine Unterschrift wurde mir mein Schlüssel ausgehändigt. Eine Unterweisung, was im Wohnheim erlaubt war und was nicht, gehörte auch noch zum Programm. Danach musste ich im Klinikum zu einem Vortrag für neue Mitarbeiter. Es wurde viel über Hygiene erzählt und die neuesten medizinischen Geräte wurden auch erklärt. Ich als Nichtmediziner verstand allerdings fast nur Bahnhof. Im Anschluss wurde ich auf meine Station gebracht, auf der ich die nächste Zeit tätig sein würde. Ich kam in die Innere Medizin, eine komplett neu eröffnete Abteilung. Wir waren ein junges Team; die meisten Gesundheits- und Krankenpfleger waren erst seit ein paar Jahren ausgelernt und demnach Mitte zwanzig. Zu meiner Freude gab es auch ein paar heiße Krankenschwestern. Allerdings konnte ich mich in den ersten Wochen nicht so sehr auf sie einlassen. Für mich war alles fremd, sodass ich mich zunächst eingewöhnen musste. Und Ärzte, Pflegekräfte und Patienten waren ständig um einen herum, was ein ungestörtes Flirten unmöglich machte. Als Neuling war ich außerdem ziemlich überfordert mit meinen Aufgaben, aber das legte sich mit der Zeit. Meine Tätigkeiten im Freiwilligen Sozialen Jahr waren recht vielseitig. Sie bestanden unter anderem darin, Regale mit medizinischen Verbrauchsartikeln zu befüllen und vor allem für die Patienten da zu sein: das heißt, ihnen die Essenstabletts mit den Mahlzeiten zu bringen, ihnen beim Waschen zu helfen und bei Neuzugängen die Anamnese durchzuführen. Hierzu musste ich Aufnahmebögen mit den Patienten ausfüllen, in denen ihre Krankengeschichte erfasst wurde. Das Beste an dem Job war, dass ich hierbei meine sozialen Fähigkeiten erweitern konnte. Menschen, die in sozialen Berufen tätig sind, haben oft ein hervorragendes Geschick im Umgang mit anderen Menschen – eine Eigenschaft, die ich mir auch aneignen wollte.

Trotz allen Fleißes und aller Einsatzbereitschaft des Teams waren sexuelle Annäherungen keine Seltenheit im Klinikum. So gab es zum Beispiel einen Krankenpfleger, der auf den Stationsspind einer Krankenschwester einen kleinen Zettel klebte mit der Aufschrift: „Fummeln? :-)". Und das tat er nicht unbedingt, weil er diese Absicht verfolgt hätte, sondern weil er Spaß daran hatte, mit den Frauen zu flirten. Genau hier hatte ich das Gefühl, das zu lernen, was ich auf der Straße nicht lernen konnte: die Lockerheit und das subtile Flirtverhalten von Menschen, die instinktiv schon alles richtig machten, es aber nie wussten und sich keine Gedanken über irgendwelche Taktiken und Methoden zum Aufreißen machen brauchten. Das war etwas völlig anderes als jene Verführungskünstler, die stundenlang über Flirttechniken diskutierten und sich hierüber den Schädel zerbrachen, ohne bei Frauen jemals auf einen grünen Zweig zu kommen.

Romy besuchte mich ein paar Tage später im Wohnheim. Mein ungefähr zwölf Quadratmeter großes Zimmer war sehr überschaubar. Ein Bett, ein Kleiderschrank, ein Waschbecken und ein hölzerner Tisch samt Stuhl. Das war alles. Wenn ich aus dem Fenster blickte, konnte ich in sämtliche Patientenzimmer im gegenüberliegenden Gebäudeflügel hineinschauen. Natürlich erkannte man nicht alles, dafür wäre schon ein Fernglas nötig gewesen. Aber so konnte man wenigstens sehen, was die Kranken in anderen Stationen so trieben. Als ich gerade am Fenster stand und beobachtete, vibrierte plötzlich mein Handy. Romy rief an. Was ich vergessen hatte: Sie konnte gar nicht reinkommen, da dieser Trakt nur für Mitarbeiter zugänglich war. Also holte ich sie ab und führte sie in mein neues Heim. Ich war bestens auf ihren Besuch vorbereitet, schließlich wusste ich, dass wir heute unser erstes Mal haben würden. Als wir bei mir im Zimmer waren und ich ihr von den letzten Tagen berichtete, fing ich gleichzeitig an, sie zu küssen. Mir war nicht nach reden; ich wollte endlich den Genuss körperlicher Verschmelzung erleben. Langsam zog ich sie aus, bis sie nackt auf meinem Bett lag. Auf einmal wurde ich nervös, meine Hände zitterten. Ich wollte es auf gar keinen Fall vergeigen. Deshalb dauerte es eine halbe Minute, ehe das Kondom übergestreift war. Und dann passierte es: Wir entjungferten uns gegenseitig und endlich wurde ich zum Mann.

Auf dem Weg zum ersten Dreier

»Wie, du hast vergessen die Pille zu nehmen?«, fragte ich Romy entsetzt.

Wir standen in meinem Zimmer und diese Beichte hatte gereicht, um einen handfesten Streit vom Zaun zu brechen.

»Ja, ich hab nicht daran gedacht. Und da ist noch was anderes«, antwortete sie.

»Und was?«

»Weswegen ich dir das erzähle, ist ... weil ich meine Tage nicht bekommen habe. Ich habe einfach Angst, dass ich schwanger bin.«

Wir diskutierten hin und her. Warfen uns Schuldzuweisungen an den Kopf, erklärten uns gegenseitig, was wir hätten anders tun müssen. Irgendwann verließ Romy wütend meine Unterkunft und machte sich auf den Heimweg, doch ihre Hiobsbotschaft hing noch wie eine dunkle Wolke im Zimmer. Schwanger? Das würde mein Leben ruinieren. Nach ihrer Ankündigung war ich nun völlig neben der Spur. Sie wollte mir sicherlich kein Kind unterjubeln, aber wie konnte das passieren? Gut, wir wollten Sex ohne Kondom haben, aber dass gleich so etwas dabei rauskommt? Ich konnte es nicht fassen. Jeden Tag auf der Arbeit dachte ich an nichts anderes mehr und konnte mich nicht auf meine Aufgaben konzentrieren. Ständig war ich in Gedanken. Wie wohl mein Leben aussehen würde, wenn Romy ein Kind bekäme? Ich beim Baden, Windeln wechseln und Füttern mit Babybrei? In gewisser Weise wäre das Vatersein meinem Job hier auf der Station gar nicht so unähnlich, schließlich gab es auch hier hilfsbedürftige Menschen, die gewaschen und gefüttert werden mussten. Trotzdem, das mit dem Baby war etwas anderes, eine noch viel größere Verantwortung. Ich war dafür einfach noch nicht bereit. Ich würde unserem Kind doch gar nichts bieten können, außerdem war ich ja selbst fast noch ein Kind. Und gemeinsam mit Romy ein Leben bis ans Ende aller Tage führen? Das konnte ich mir auch nicht vorstellen. Wir hatten in letzter Zeit öfters Streit, und die anfängliche Liebe und Zuneigung, die wir füreinander verspürt hatten, hatte nach mehreren Monaten ihren Höhepunkt überschritten. Die Schmetterlinge im Bauch waren fortgeflogen und hatten jetzt dem Baby Platz gemacht.

Ein paar Tage später kam Romy wieder vorbei, mit brisanten Neuigkeiten. Ohne Kommentar packte sie einen Schwangerschaftstest aus und hielt mir den Streifen unter die Nase, auf dem eine einzelne rote Linie zu sehen war. Trotz meiner medizinischen Tätigkeit hatte ich keine Ahnung, was dieses Ergebnis bedeuten sollte, und so fragte ich sie ängstlich:

»Und was heißt das jetzt?«

»Negativ. Nicht schwanger!«, antwortete Romy und lächelte mich erleichtert an.

Ein Aufatmen, das alle Last von mir nahm! Sie fügte als Erklärung hinzu, der Zyklus ihrer Menstruation habe sich lediglich verschoben, deshalb die Sorge vor einer Schwangerschaft. Obwohl sich das Problem nun in Luft aufgelöst hatte, fand unsere Beziehung nach ein paar Monaten ein jähes Ende. Die Liebe war endgültig verschwunden, und wir waren auch noch zu jung, um uns für immer zu binden. Jeder hatte seine ersten Erfahrungen mit dem anderen Geschlecht sammeln dürfen – ein Experiment, das nun abgeschlossen war. Und so begab ich mich nach fast einem Dreivierteljahr Flirtabstinenz wieder auf das alte Terrain im Einkaufszentrum in Regensburg, um Mädels anzusprechen. Mein Jagdtrieb war nun wieder erwacht. Als ich die Beziehung mit Romy geführt hatte, war mein Körper mit Oxytocin vollgepumpt gewesen. Hierbei handelt es sich um ein natürliches Hormon, das während der Partnerschaft im Organismus ausgeschüttet wird. Es sorgt dafür, dass die Bindung an die Partnerin gestärkt wird und man zugleich das Interesse an anderen Frauen verliert. Dieses Bindungshormon ist der Stoff, der den Jagdinstinkt unterdrückt und uns Männer zu Pantoffelhelden, aber natürlich auch zu liebevollen Familienvätern macht. Durch die Beziehung zu Romy, in der ich wie auf Droge war, hatte ich auch keinen Kontakt mehr zu meinen Weggefährten aus der Verführerszene gepflegt. Die Freundschaften waren unwiderruflich in die Brüche gegangen. Sie zu vernachlässigen war im Nachhinein vielleicht ein Fehler gewesen.

Also stürzte ich mich erneut ins Gefecht. Anfangs versuchte ich es alleine. Aber ich war eingerostet und spürte wieder eine starke Angst, auf Frauen zuzugehen. Ein neuer Mitstreiter musste also her. Und so lernte ich im Freiwilligen Sozialen Jahr Roland kennen, der ein paar Jahre älter war als ich und ebenfalls im medizinischen Bereich arbeitete. Während ich stationär tätig war, fuhr er jedoch Einsätze außerhalb des Klinikums. Wir verbrachten die nächsten Monate damit, Frauen sowohl auf der Straße als auch im Club anzusprechen. Man konnte davon halten, was man wollte, aber Roland hatte eine ganz besondere Waffe bei sich: die Zigarette. Immer wenn wir im Club waren und uns nach draußen zu allen Rauchern stellten, kamen wir mit fast jedem ins Gespräch. Die einfache Frage „Hey, habt ihr Feuer?" ermöglichte es uns, sofort mit fremden Frauen in Kontakt zu treten. Es funktionierte wunderbar. Aber den größten Erfolg, den ich mit Roland erlebte, hatten wir nicht der Zigarette zu verdanken.

Es war Freitagabend. Roland und ich waren gemeinsam auf dem Weg zu einer Bar in Regensburg. Wir hatten uns kurz zuvor am Rande der Innenstadt nahe dem Schlosspark bei einem Fastfood-Imbiss getroffen, wo ich auch mein Auto geparkt hatte. Es war Sommer und zu dieser Jahreszeit war in der Innenstadt einiges los. Passanten flanierten durch die Straßen, um sich in den Cafés niederzulassen, ins Nachtleben zu starten oder einfach nur, um das schöne Wetter bei einem Spaziergang zu genießen. Als unser Ziel nur noch ein paar Gehminuten entfernt war, entdeckten wir auf der anderen Straßenseite drei junge, hübsche Frauen. Ohne zu zögern liefen wir auf sie zu und eröffneten das Gespräch mit einem Kompliment. Alle drei freuten sich und kicherten wie kleine Kinder. Was Roland besser konnte als ich, war, spontane Witze zu machen. Er betitelte eine von ihnen als Pocahontas und zog sie damit auf. Anhand ihres ständigen Lachens merkte ich so langsam, dass die Mädels uns sympathisch fanden. Also versuchte ich herauszufinden, wohin sie wollten. Sie wussten das selbst nicht so genau und da machte es Klick bei mir. Ich erzählte ihnen, was das Ziel unseres abendlichen Fußmarsches war und fragte, ob sie uns nicht begleiten wollten.

Sofort bejahten sie den Vorschlag, und so zogen wir nicht zu zweit in die Bar, sondern zu fünft. Auf dem Weg dorthin stellten wir uns einander vor. Nina, meine absolute Favoritin, hatte wasserstoffblondes Haar und ein unheimlich süßes und hübsches Gesicht. Kathi war brünett und trug ein schwarz-weiß gestreiftes Shirt. Maria war im Vergleich zu ihren beiden Freundinnen etwas schüchtern, lief aber trotzdem selbstsicher in hohen Schuhen und hatte eine sehr freundliche Ausstrahlung.

Jede von ihnen hatte etwas Besonderes an sich, und egal, welche der drei Lust auf mich gehabt hätte, ich hätte nicht Nein gesagt. In der Bar angekommen, orderten wir uns alle erstmal einen Drink und stießen an. Direkt über der Theke waren groß Hängelampen angebracht, wohl so etwas wie das Markenzeichen dieses Ladens. Roland unterhielt sich angeregt mit Maria, während ich mich mit Kathi und Nina beschäftigte. Die Bar war sehr klein, und so standen wir alle in der Mitte des Raumes, der in ein stylisches lilafarbenes Licht getaucht war. Ich hatte eine Menge Spaß mit meinen beiden Mädels. Wir lachten sehr viel. Auf einmal machte Nina einen Vorschlag, den ich nicht ablehnen konnte.

»Ich weiß, das klingt verrückt, aber ich hätte gerade so Lust, dass wir drei rumknutschen«, sagte sie etwas beschwipst.

Zuerst dachte ich, das wäre ein Witz. Aber Nina wirkte ziemlich entschlossen. Ob das am Alkohol lag? Möglich war es allemal. Schließlich wurden manche Frauen bei einem Cocktail oder Sekt lockerer und ließen sich dann eher auf solche Aktionen ein.

»Das ist die beste Idee, die du je hattest, Nina. Ich bin dabei!«, antwortete ich begeistert.

»Ich kann nicht, ich hab einen Freund. Das weißt du doch, Nina«, entgegnete Kathi.

Doch Nina war das irgendwie egal. Ich glaubte, tief im Inneren war sie ziemlich verrückt, nur zeigte sie ihre verruchte Seite nicht sofort, außer sie hatte einen gewissen Alkoholpegel im Blut. Also redete sie auf Kathi ein und sagte, dass die Beziehung doch sowieso schon am Abgrund stehe und sie einfach mal Spaß haben solle. Kathi sah das Ganze nach ein paar Minuten Überzeugungskunst ein. Der Höhepunkt meiner Aufreißerkarriere stand bevor. Ich wusste gar nicht, wie ich anfangen sollte. Als mich Nina etwas erwartungsvoll anschaute, wusste ich, dass ich sie zuerst küssen musste. Nach dem Kuss wandte ich mich Kathi zu. Genau wie Nina hatte auch sie unglaublich sanfte Lippen. Ich konnte mich gar nicht von ihr lösen, aber Kathi beendete irgendwann den Kuss und knutschte als nächstes mit Nina wild herum. Es war ein Anblick, den so gut wie jeder Mann genießt, wenn er Lesbenpornos schaut. Nur war das hier kein Erotikstreifen, sondern hautnahe Realität an einem Freitagabend. Von dieser heißen Szene konnte ich meine Augen gar nicht abwenden, wohingegen Roland mit dem Rücken zu mir stand und davon gar nichts mitbekam. Ich musste ihn aber daran teilhaben lassen. Also tippte ich ihm an die linke Schulter, beugte mich zu ihm hinüber und rief ihm durch die laute Musik hindurch euphorisch ins Ohr:

»Hey Roland, wie läuft's mit Maria? Ich habe gerade mit Nina und Kathi rumgeknutscht.«

»Ja genau … verarschen kannst du dich selber!«

»Okay warte, ich beweise es dir.«

Ich drehte mich zu Nina und Kathi um und forderte beide auf, mich erneut zu küssen. Sie folgten meiner Bitte und Roland fielen fast die Augen aus dem Kopf.

»Wie hast du das angestellt?«, fragte er mich fassungslos.

»Keine Ahnung. War irgendwie Glück.«

Als ich mich in der Bar umschaute, bemerkte ich etwas, was mir noch nie passiert war: Viele der umstehenden Frauen versuchten, Blickkontakt zu mir aufzubauen. Ich spürte, dass ich als äußerst attraktiv wahrgenommen wurde. Dann verstand ich, was passiert war, und konnte hieraus eine Regel ableiten:

„Frauen empfinden immer eine starke Anziehung zu jenen Männern, auf die andere Frauen ebenfalls stehen. Um als Mann attraktiv zu wirken, muss man sich deshalb mit vielen Frauen umgeben."

Warum viele Frauen sich besonders für solche Männer interessieren? Dafür erkannte ich vor allem zwei Gründe: Aus Sicht der Frau haben die Konkurrentinnen den Mann bereits eingehend geprüft und offensichtlich für gut befunden, schließlich würden sie sich sonst nicht auf ihn einlassen. Es ist so, als hätte er einen Stempel mit der Aufschrift „Attraktiver Mann" auf die Stirn bekommen, wie eine Art Gütesiegel. Außerdem begehren Menschen – laut Psychologie – immer das am meisten, was sie nicht so leicht haben können. Dieses Gesetz gilt auch in der Liebe. Ein stark umkämpfter Mann stellt nun mal eine Herausforderung dar. Dadurch wird in der Frau das Verlangen geweckt, ihn für sich zu gewinnen. Wenn die Frau hingegen das Gefühl bekommt, dass der Mann leicht zu haben ist, verliert sie schnell das Interesse.

Instinktiv hatte ich die Hoffnung, an diesem Abend meinen ersten Dreier zu erleben. Das wäre wahrlich traumhaft. Als die Mädels heim wollten, verließen wir alle fünf die Bar und liefen gemeinsam zum Parkhaus, in dem ich mein Auto abgestellt hatte. Ich wollte die Mädels zu Kathi fahren. Nina und Maria kamen nicht von hier und waren über das Wochenende bei Kathi zu Besuch, wo sie auch übernachteten. Ich entsperrte die Türverriegelung des Wagens und Roland nahm auf dem Beifahrersitz Platz. Die drei Mädels setzten sich auf die Rückbank. Als ich den Motor startete, drehte ich die Musik laut auf. Ich hatte mir selbst Lieder auf einer CD zusammengestellt, überwiegend House. Wir fuhren los und Kathi lotste mich zu ihrer Adresse. Irgendwie hatte ich das Gefühl, dass da nichts mehr ging. Die Mädels hatten Spaß haben wollen, ein bisschen knutschen, aber mehr war da einfach nicht drin. Ich wusste in der Situation auch nicht, wie ich das Ruder noch hätte herumreißen können. Als wir nach fast zehn Minuten Fahrzeit bei Kathi ankamen, tauschten wir alle noch Handynummern aus – aber auf die Idee, eine Einladung nach oben in ihre Wohnung zu verlangen, kam ich nicht, genauso wenig wie Roland. Und so verabschiedeten wir uns von den Mädels mit einem freundschaftlichen Schmatzer, bevor sie aus dem Auto stiegen. Aus der Traum vom Dreier! Dieser Gedanke ging mir durch den Kopf, als ich zusah, wie Kathi vor der Haustür ihren Schlüssel hervorkramte und die drei Grazien in das Innere des Hauses entschwanden. Trotzdem war ich glücklich. Oft hatte ich das Gefühl, dass nichts ging, und heute schien beinahe alles perfekt gelaufen zu sein. Es wirkte so, als ob jemand im Himmel nachgeholfen hätte.

DER STEINIGE WEG ZUM VERFÜHRER

Frauen eines anderen Kalibers

»Du hast Post bekommen«, schrie meine Mutter zu mir hoch.

Nachdem ich mein Freiwilliges Soziales Jahr erfolgreich abgeschlossen hatte, war ich wieder zu meinen Eltern ins Dorf zurückgezogen und hatte mich in dieser Zeit um eine Stelle als Gesundheits- und Krankenpfleger beworben. Der Pflegeberuf hatte mir große Freude bereitet und vor allem konnte ich dort meine sozialen Fähigkeiten trainieren. Dem Ruf meiner Mutter folgend, verließ ich mein Zimmer und begab mich in die Küche. Dort lag ein Brief von einem Münchener Klinikum, wo ich ein Vorstellungsgespräch für den Ausbildungsplatz gehabt hatte. Ob sie mich angenommen haben? Das fragte ich mich, während ich auf den Absender starrte.

Als ungeduldiger Mensch hätte ich es niemals in Erwägung gezogen, einen Brieföffner zu benutzen. Also riss ich den Umschlag mit den Händen auf und ließ die Papierfetzen auf den Küchentisch fallen. Herzklopfen. Ein entscheidender Moment für mich. Als der Brief vor mir lag und ich im Betreff das fettgedruckte Wort „Zusage" las, war schon alles gesagt. Die nächsten Zeilen verwiesen nur noch darauf, dass ich in den nächsten zwei Wochen den Ausbildungsvertrag postalisch zugesendet bekommen würde. Jackpot! Ich hatte darauf spekuliert und es war tatsächlich so eingetroffen. In Regensburg hatte ich mich zwar auch für eine Stelle beworben, aber den Personalverantwortlichen dort waren wohl meine Noten von der Mittleren Reife zu schlecht. In dem Klinikum in München hingegen legte man mehr Wert auf eine empathische Person als auf Schulnoten. Sehr sympathisch, wie ich fand. Zumal Regensburg auch seinen Reiz für mich verloren hatte. Ein Jahr dort zu leben war ganz aufregend gewesen, aber die Stadt war letztendlich doch etwas klein, und so traf man immer wieder dieselben Leute in den Clubs und Bars. München hingegen war für mich komplettes Neuland – und dort würde ich mich auch bestens austoben können, wenn es um das Flirten ging.

Anfang Oktober begann die Ausbildung. Da ich nicht direkt aus München kam, war mir eine Vierer-WG zugesichert worden. Der Gebäudekomplex gehörte dem Krankenhaus, und so bezahlte ich für ein circa zehn Quadratmeter großes Zimmer monatlich achtzig Euro. Für Münchener Verhältnisse fast geschenkt, auch wenn ich mir in dieser kleinen Behausung vorkam, als würde ich in einem Käfig leben. Zwei Tage bevor die Ausbildung startete, quartierte ich mich ein. Die Wohnung lag im Erdgeschoss und bot wenig Platz. Sie sah aus, als wäre sie früher einmal eine Praxis gewesen, die jetzt zu einer WG umgebaut worden war. Wenn man das Apartment betrat, befand man sich direkt in einem Flur, der gleichzeitig als Küche diente. Auf der linken Seite gab es zwei Schlafzimmer und auf der rechten ebenfalls zwei. Geradeaus befanden sich einmal das WC und daneben das Bad. Der spartanische Eindruck setzte sich fort, als ich mein eigenes kleines Reich betrat: In meinem Zimmer waren lediglich ein Waschbecken, ein heller Kleiderschrank aus Birke und ein Einzelbett sowie ein kleiner Tisch mit Stuhl.

Einen Tag vor Ausbildungsbeginn lernte ich meinen ersten Mitbewohner kennen; die anderen zwei quartierten sich erst zum Anfang der Ausbildung ein. Eine ganz nette Truppe. Aber mit denen losziehen und Frauen ansprechen? Nein! Mein Gefühl sagte mir, das würden sie nicht mitmachen. Außerdem würde das nicht gut ankommen, wenn alle auf der Arbeit mitbekämen, was ich im Schilde führte. Dieses Geheimnis behielt ich wohl besser für mich. Die ersten Monate pflegte ich einen intensiven Kontakt zu meinen Mitbewohnern, fast schon zu intensiv. Wir machten alles zusammen: essen, Filme schauen, ausgehen. Doch so langsam fehlte mir das Abenteuer. Das Kribbeln, wenn man eine Frau ansprechen wollte und nicht wusste, ob es gut geht oder nicht. Also klappte ich eines Tages mein Notebook auf und tat das, was ich schon damals in Regensburg getan hatte: Ich suchte nach einer Bruderschaft, einer Gruppierung von Männern, die sich regelmäßig trafen, um Frauen anzusprechen. Wow, ich war überrascht! Auf dem Bildschirm erschien eine Internetseite, auf der stand, wo sich die Münchener Jungs organisierten. Verrückt. Die Verführerszene hier schien größer zu sein als anfangs gedacht. Das war aber auch logisch für eine Großstadt wie München. Das nächste Treffen war für den kommenden Samstag am frühen Nachmittag angesetzt. Ausgangspunkt war der Fischbrunnen am Marienplatz. Wo der Marienplatz war, wusste ich natürlich. Der Fischbrunnen befand sich, wie eine kurze Internetsuche ergab, direkt vor dem Rathaus und schien ein zentraler Treffpunkt für die Münchener zu sein. In der Ankündigung der Gruppe hieß es, man solle auch als Neuling einfach hinzustoßen. Jeder sei willkommen; Anmeldungen seien nicht nötig. Organisiert wurde dieses Treffen von einem gewissen Moe. Ob dieser Moe auch so ein Typ war wie Elias, der mich seinerzeit in Regensburg inspiriert hatte? Mal sehen, dachte ich mir, und freute mich auf die Zusammenkunft mit einer neuen Bruderschaft, mit der ich hoffentlich da anknüpfen würde, wo ich damals in meiner Heimat aufgehört hatte.

Der Samstag war gekommen, und ich erreichte pünktlich den Fischbrunnen, den ich zuvor im Internet ausgekundschaftet hatte. Ich gab jedem die Hand und mir stellte sich ein blonder, relativ junger Kerl als Moe vor. Während wir die ersten Worte miteinander wechselten, kam es mir vor, als würde gerade mein charakterliches Spiegelbild vor mir stehen. Moe war vom Typ Mensch und von der Art, wie er das Flirten angehen wollte, vom selben Schlag wie ich. Das machte ihn für mich unheimlich sympathisch. Neben Moe und mir waren noch etwa zehn andere Männer vor Ort. Da die Gruppe zu groß gewesen wäre, um mit allen gemeinsam loszuziehen, teilten wir uns in Dreier- und Vierergruppen auf. Moe, ein anderer Typ und ich waren nun zu dritt unterwegs.

»Sag mal Moe, wie lange machst du das schon?«, fragte ich ihn.

»Noch nicht so lange. Ein halbes Jahr vielleicht.«

Moe ging aufs Gymnasium und als Schüler hatte er, wenn gerade keine größeren Klausuren anstanden, genügend Zeit, sich dem Thema Verführung zu widmen. Im Gegensatz zu mir waren ihm die schulischen Leistungen allerdings sehr wichtig und deshalb war er meistens nur am Wochenende unterwegs, um Frauen anzusprechen.

»Und, wie läuft's?«, hakte ich weiter nach.

»Es geht so. Ich bin gerade dabei, meine Ansprechangst abzulegen«, antwortete er.

Das merkte ich relativ schnell. Moe war beim Ansprechen stets aufgeregt und dadurch wirkte er manchmal sehr steif. Das erinnerte mich sehr an meine Anfangszeit. Ich konnte nicht behaupten, dass ich wesentlich besser als Moe war, aber ich war zumindest etwas lockerer, schließlich hatte ich schon viele Versuche hinter mir. Das Schöne aber ist, dass jeder Mann diese Angst abtrainieren kann, dachte ich mir. Das Ganze erinnerte mich ein bisschen an meinen Surfurlaub, den ich einmal in Portugal gemacht hatte. Mein Surflehrer hatte zu mir gesagt, dass ich sehr steif auf dem Brett sei und mich stattdessen locker machen und mit der Welle bewegen müsse. Das Problem: Ich war blutiger Anfänger gewesen und hatte bereits Schwierigkeiten gehabt, auf dem Brett meine Balance zu halten. Und so sah ich das auch mit den Frauen: Am Anfang gibt es immer etwas, was uns Männern sehr schwerfällt oder bei dem wir uns überwinden müssen. Da wir uns beim Ansprechen und im nachfolgenden Gespräch so sehr konzentrieren müssen, wirken wir sehr steif und unflexibel. De facto sind wir anfangs nicht in der Lage, mit fremden Mädels eine anregende Unterhaltung zu führen. Das kommt erst später, wenn wir unsere Scheu vor dem Ansprechen abgelegt haben und unsere Aufmerksamkeit mehr auf die Konversation mit der Frau richten können. Dann sind wir flexibel genug, uns unserem Gegenüber in der Kommunikation anzupassen und auf das Gesagte einzugehen. Auch kreative Gesprächselemente wie Humor, Necken und Schlagfertigkeit sind Fähigkeiten, die sich so im Laufe der Zeit entwickeln.

Nun liefen wir also durch die Münchener Innenstadt und waren in bester Flirtlaune – trotz dieses nasskalten Schmuddelwetters, wie es typisch für den Spätherbst war. Der Winter stand vor der Tür und die Temperaturen würden erst einmal nicht milder werden. Durchhaltevermögen war also in den nächsten Wochen angesagt. Während Moe bemüht war, seine Angst zu überwinden, versuchte ich ebenfalls mein Glück bei den Ladys. Das war das erste Mal, dass ich Münchener Frauen ansprechen würde, und das stimmte mich etwas nervös. Waren die Gerüchte wahr, dass die Leute hier versnobt waren und beim Anblick der Bayern aus dem Umland die Nase rümpften? Alles, was ein Mensch nicht kennt oder ihm fremd erscheint, erzeugt Unsicherheit, versuchte ich mich selbst zu beruhigen. Ich entschied mich, die Vorurteile und Klischees beiseite zu schieben, um dem Flirten an diesem Ort eine Chance zu geben. Natürlich wusste ich, was ich als Gesprächseinstieg sagen sollte, aber die Frauen hier in München waren irgendwie ein anderes Kaliber. Hier ging es ganz viel um Status, und im Vergleich zu den anderen Männern aus der Community sah ich aus wie ein Bauernjunge. Immer wieder gingen wir die Einkaufsstraße auf und ab. Start- und Endpunkt eines Durchgangs waren neben dem Marienplatz noch zwei weitere große Plätze: der Stachus und der Odeonsplatz. Hier tummelten sich neben den Einheimischen auch unzählige Touristen, um den Prunk der vielen historischen Bauwerke zu bewundern. Mein Marsch durch die Stadt war an diesem Nachmittag allerdings weniger glanzvoll. Ganz so, wie ich es mir selbst beigebracht hatte, ging ich auf die Damen zu. Dabei bekam ich ständig diese drei Antworten zu hören:

»Danke, aber ich habe einen Freund.«

»Ich habe kein Interesse, aber trotzdem viel Glück.«

»Sorry, ich habe gerade keine Zeit.«

Und dann gab es da noch eine vierte Aussage. Ich sprach eine etwas ältere Lady an; der Altersunterschied lag bestimmt bei zehn Jahren. Mir war das aber egal, denn ich hatte sowieso ein größeres Interesse an älteren Frauen. Ich hatte das Gefühl, dass ich von denen noch etwas lernen konnte – anders als bei den blutjungen Mädels, die gerade ihre erste Beziehung hinter sich hatten. Als sie vor mir stehengeblieben war und nun darauf wartete, was als Nächstes passieren würde, sagte ich zu ihr:

»Ich fand dich einfach sympathisch und dachte, vielleicht können wir uns ja kennenlernen.«

»Das ist echt nett. Aber bist du nicht etwas zu jung für mich?«, antwortete sie.

»Mag sein. Aber das Alter ist nur eine Zahl, und junges Gemüse ist bekanntlich am knackigsten.«

»Ja, aber trotzdem. Such dir doch ein Mädchen in deinem Alter. Ich wünsche dir viel Glück dabei. Tschüss!«

Wie hatte ich mir nur einbilden können, dass ich auch nur den Hauch einer Chance bei ihr hätte. Immerhin konkurrierte ich bei solchen Frauen mit Männern, die ebenfalls um die dreißig waren. Diese standen natürlich mit beiden Beinen im Leben, hatten mehr Erfahrung und konnten der Angebeteten viel mehr bieten. Eine Frau wünscht sich nun mal einen Mann, der mindestens auf Augenhöhe rangiert. Natürlich gibt es auch Damen, die auf jüngere Männer stehen. Aber das ist eher eine Ausnahme.

Gegen Abend verließ uns der Dritte im Bunde, ein unauffälliger Zeitgenosse, an den ich mich später kaum noch erinnern konnte. Und so gingen Moe und ich in ein Fastfood-Restaurant in der Einkaufsstraße. Wir wollten uns eine kleine Pause gönnen nach den Strapazen. Unser Jagdgebiet waren wir unzählige Male abgelaufen; jetzt taten uns ganz schön die Füße weh. Richtige Erfolge konnte allerdings keiner von uns verzeichnen. Es hatte weder ein anregendes Gespräch gegeben noch war eine Handynummer erbeutet worden. Wir machten das Beste daraus und heiterten uns gegenseitig auf.

»Moe, meine Handynummer lautet 0176 **** *** ****; ruf mich mal an, damit ich deine auch habe«, bat ich.

Moe tippte meine Nummer in sein Handy ein und baute die Verbindung auf. Als mein Smartphone klingelte, rief ich:

»Yeah! Endlich eine Handynummer! Ich habe mein Ziel für heute erreicht.«

Wenn man schon keine Telefonnummern von den hübschen Frauen bekam, dann war es ein Trost, wenigstens mit einem neuen Weggefährten in Kontakt zu bleiben.

Woche für Woche organisierte Moe die samstäglichen Treffen in der Innenstadt, zu denen ich auch erschien. So richtig laufen wollte es aber bei keinem. War München einfach das falsche Pflaster oder waren wir nur noch nicht so weit in unserer Entwicklung? Das Einzige, was bei diesen Aufrisstouren entstand, war eine Freundschaft zwischen Moe und mir. Wie sagt man so schön? Männerliebe ist die einzig wahre Liebe!

Mit System zum Erfolg?

Meine WG-Mitbewohner waren schon etwas enttäuscht und gekränkt. Ich hatte anfangs viel Zeit mit ihnen verbracht, doch nach ein paar Monaten hatte ich die gemeinsamen Unternehmungen radikal zurückgefahren. Ihnen musste es so vorgekommen sein, als ob ich keine Lust mehr auf sie hätte. Doch es hatte weniger mit ihnen zu tun als mit meinem neuen Zeitmanagement: Leider hatte ich wie jeder Mensch nur vierundzwanzig Stunden am Tag zur Verfügung, und so musste ich Prioritäten setzen. Zudem fehlte mir der Sport als Ausgleich zu meiner Arbeit. Mir war bewusst, dass ich mein Leben neu ordnen musste, und genau das tat ich hiermit: Montags, mittwochs und freitags ging ich zum Karate. Die restliche freie Zeit, die ich unter der Woche hatte, verbrachte ich damit, Frauen über Online-Dating kennenzulernen. Samstags traf ich wieder Moe und die anderen Jungs, um Frauen in der Münchener Innenstadt anzusprechen. Es gab für mich einfach nichts Wichtigeres, als irgendwann einmal die Verführungskunst zu beherrschen.

»Hast du schon etwas gemacht?«, fragte mich ein Typ am Fischbrunnen.

Ihm begegnete ich zum ersten Mal bei unserem samstäglichen Männertreff. Er hatte lockiges, schulterlanges Haar, trug eine modische Brille und sah aus wie ein Dichter oder ein italienischer Künstler. Wir stellten uns einander vor; sein Name war Bernhard.

»Dich habe ich hier noch nie gesehen«, sagte ich zu ihm.

»Ja, ich ziehe mittlerweile lieber alleine los. Die meisten hier machen nichts oder zu wenig. Ich will einfach Gas geben«, antwortete Bernhard.

Seine Einstellung klang vielversprechend. War er der Mitstreiter, mit dem der Durchbruch gelingen würde? Ich konnte nicht sagen warum, aber bei ihm hatte ich ein sehr gutes Gefühl. Wir tauschten Handynummern aus und verabredeten uns für die nächste Woche. Allerdings nicht für Samstag, so wie es bisher wöchentlich der Fall war. Bernhard wollte auch unter der Woche regelmäßig losstarten und keine Zeit vergeuden. Wenn ich Training hatte, konnte ich nach der Berufsschule lediglich zwei bis drei Stunden aufwenden, um in der Stadt noch Frauen anzusprechen. An sich hätte ich gleich zu Hause bleiben und es mir gemütlich machen können. Die paar Stunden zwischen Schulbank drücken und Karate waren ein Witz, wenn man bedachte, dass die Tramfahrt von der WG zum Stachus und zurück auch ein Weilchen dauerte. Aber jemandem, der fürs Flirten so sehr brannte wie ich, war das schnurzegal. Also machte ich mich nach dem Unterricht auf den Weg in die Innenstadt, um Bernhard ein zweites Mal zu treffen. Am Stachus angekommen, bekam ich eine SMS von ihm:

»Verspäte mich etwas. Bin fünf bis zehn Minuten später am Marienplatz.«

Ich begab mich zu Fuß ganz langsam in Richtung des neuen Treffpunkts, obwohl ich bei dem kühlen Wetter gerne etwas schneller gelaufen wäre, um mich aufzuwärmen. Trotz Feierabend wirkten einige Menschen sehr gehetzt. Ein brünettes Mädel stach jedoch aus der Masse hervor. Sie schlenderte vor mir an den Geschäften entlang und schien die Ruhe selbst zu sein. Da ich wegen Bernhards Verspätung noch Zeit hatte, sprach ich sie von der Seite an.

»Hey, ich habe dich gerade gesehen und muss dir ein Kompliment machen«, sagte ich.

»Ja? Was denn für ein Kompliment?«

»Ach, ich finde, du hast einen sehr modischen Kleidungsstil, das macht dich irgendwie interessant.«

»Oh. Das ist nett, danke.«

Sie reagierte etwas zugänglicher als die meisten anderen Frauen hier und trug einen grauen Mantel, darunter eine schwarze Bluse sowie eine schöne Strumpfhose und dazu schwarze Stiefeletten. Das alles wirkte stilsicher und farblich sehr stimmig. Als ich meinen Gefallen daran geäußert hatte, begriff ich die Regel, um die Macht eines ehrlichen Kompliments für mich zu nutzen:

„Egal, ob in einer Beziehung oder beim Flirten: Sage einer Frau mit deinem Kompliment exakt das, was du wirklich empfindest. "

Es geht einfach darum, authentisch das zu äußern, was man in Bezug auf die Frau denkt und fühlt. Dahergesagte, allgemeine Floskeln verfehlen einfach ihre Wirkung. Frauen merken nämlich sehr schnell, ob ein Kompliment ehrlich gemeint ist und von Herzen kommt, oder ob es nur eine billige Masche ist, um sich bei ihnen einzuschleimen. Dazu gehört auch, seine Aussage konkret zu fassen. Ein einfaches „Du bist hübsch" zeigt weit weniger Wirkung als beispielsweise eine positive Bemerkung über ihre silbernen Ohrringe oder den braunen Wintermantel einer Frau. Wohlgemerkt ist nur am Anfang ein Kompliment über Äußerlichkeiten angebracht. Noch mehr ins Schwarze trifft nämlich eine wertschätzende Aussage über ihren Charakter, wenn man sich näher kennenlernt. All das zeigt der Frau, dass ein Kompliment ernst gemeint ist, und nicht nur oberflächlich dahergesagt.

Wir machten uns miteinander bekannt und Marie, wie sie hieß, bot mir an, ein Stück des Weges mit ihr zu gehen. Sie wollte nach Hause, hatte aber vorher noch eine Kleinigkeit in der Stadt zu erledigen. Da ich in dieselbe Richtung musste und sie die perfekte Gesellschaft für mich war, hatte ich keine Einwände. Also liefen wir weiter und fragten einander aus. Am Anfang bestand wegen meines aufrichtigen Kompliments ein starkes Interesse von ihrer Seite, aber dieses sank von Minute zu Minute. Schwer zu sagen, woran das lag. Vielleicht war ich einfach kein interessanter Gesprächspartner für sie. Vielleicht waren aber auch die Fragen, die ich ihr gestellt hatte, zu langweilig. Als wir am Marienplatz ankamen, stand Bernhard bereits da und sah uns beide. Ich fragte noch nach ihrer Handynummer, aber sie wollte diese nicht herausgeben. Schade, dachte ich, aber was soll man schon gegen ein Nein machen? Also verabschiedeten wir uns und ich ging hinüber zu Bernhard.

»Das sah gut aus. Hast du ihre Handynummer?«, fragte er.

»Naja, sie war echt ganz lieb, aber irgendwie lief es nicht. Ich glaube, das Gespräch war einfach zu langweilig und deswegen wollte sie mir die Handynummer nicht geben.«

Bernhard und ich verfielen sofort in eine angeregte Unterhaltung, während wir auf dem Marienplatz standen und um uns herum die Passanten vorbeiströmten oder kurz innehielten, um die Baukunst zu bewundern. Es stellte sich heraus, dass er kein Künstler war, wie ich aufgrund seines Aussehens vermutet hatte, sondern als Informatiker in einem Verlag arbeitete. Er hatte im Gegensatz zu mir einige Coachings mit verschiedenen Flirttrainern hinter sich. Ich konnte eine Menge von ihm lernen und so erklärte er mir, dass man am Anfang des Gesprächs eine gewisse Anziehung aufbauen müsse. Wenn die Frau kein sexuelles Interesse an dem Mann habe, wolle sie ihn auch nicht wiedersehen. Ich hatte das auch schon gelesen und gehört, aber ich wusste nie so recht, wie ich die Sache mit der Anziehung bewerkstelligen sollte. Ich hatte gedacht, es würde reichen, das Mädel ein paar Mal zum Lachen zu bringen. Das erklärte natürlich auch, wieso ich sehr selten Erfolge hatte. Ich wusste nach dem Ansprechen einfach nicht weiter und sagte dann irgendetwas, um im Gespräch zu bleiben. Klar, manchmal hatte ich damit bei einer Frau Glück und es klappte, aber warum klappte es bei den anderen neunundneunzig Prozent der Frauen nicht? Die Antwort leuchtete mir so langsam ein. Man braucht ein System, überlegte ich. Das hatte Ben, dieser Coach damals auf der Convention, schon erklärt. Und somit sprach Bernhard mir aus der Seele, als er vorschlug:

»Wir müssen ein Konzept erarbeiten, ein Skript, woran wir uns halten.«

»Okay, und wann wollen wir das machen?«, fragte ich.

»Die Tage können wir uns ja in ein Café setzen. Lass uns aber heute noch die paar Stunden nutzen und Frauen ansprechen!«

Also liefen wir wieder durch die Einkaufsstraße und gaben unser Bestes. Im Gegensatz zu mir wählte Bernhard die indirekte Möglichkeit, mit den Frauen ins Gespräch zu kommen. Während ich die Frauen mit einem Kompliment ansprach und ihnen damit mein Interesse von Anfang an bekundete, stellte Bernhard eine beiläufige Frage wie nach der Uhrzeit oder dem Weg. Darüber versuchte er, die Ladys in eine Konversation zu verwickeln und gleichzeitig Anziehung aufzubauen. Ich hatte das schon bei anderen Jungs gesehen, aber den meisten war relativ schnell der Gesprächsstoff ausgegangen oder sie hatten einen Korb bekommen, sodass sie nach wenigen Sekunden weiterziehen mussten. Die Kunst hierbei war, die Konversation schnell auf eine persönliche Ebene zu bringen. Das war mir früher schon bewusst gewesen, als ich im Regensburger Einkaufszentrum nach dem Flughafen gefragt hatte, doch richtig umsetzen können hatte ich es nie. Bernhard hingegen war darin ziemlich geschickt. Er hatte auch ein ziemlich großes Talent, was die Schlagfertigkeit anging. Ich schaute mir seine ersten Versuche an. Er rannte einfach neben einer Frau her und fragte sie etwas Belangloses. Ganz locker versuchte er dann, sie zum Lachen zu bringen und vom Small Talk auf eine persönliche Gesprächsebene zu wechseln. Ich hatte das Gefühl, er wusste, was er da tat. Seine Kommunikation folgte einem gewissen Schema, einem festen Ablauf, und das brachte ihm natürlich einen reproduzierbaren Erfolg. Aber auch er stolperte an manchen Stellen und bekam eher selten Handynummern von den Frauen. Besser als ich war er jedoch allemal.

Ein paar Tage später trafen wir uns wie vereinbart und setzten uns in ein Café am Sendlinger Tor. Bei dieser nasskalten Jahreszeit war mir jede Gelegenheit willkommen, ein wenig Zeit in gut beheizten Räumen zu verbringen. Hier, in der Ecke auf einer gemütlichen Polsterbank bei einer Tasse Kaffee, hatten wir die nötige Ruhe, um alles zu besprechen. Wir kramten aus unseren Taschen die Schreibutensilien heraus, die wir für unsere Aufzeichnungen extra mitgebracht hatten. Bewaffnet mit Stift und Schreibblock, begannen wir, uns ein Konzept fürs Flirten zu überlegen. Am Anfang stand die Eröffnungsphase im Vordergrund. Es handelt sich um die Frage, wie man auf die Frau zugeht und was man konkret zu ihr sagen kann. Im Endeffekt sahen wir drei Möglichkeiten, eine Frau anzusprechen, die wir auf unseren Notizblock niederschrieben:

Direkt: „Hey, ich muss dir ein Kompliment machen: Du hast eine sehr sympathische Ausstrahlung."

Indirekt: „Hey, eine Freundin von mir hat Geburtstag und ich bin gerade dabei, ein Geschenk zu besorgen. Hast du vielleicht eine Idee, was bei Frauen immer gut ankommt?"

Die dritte Eröffnungsmöglichkeit war die situative. Die absolute Königsdisziplin und eher für Fortgeschrittene geeignet. Hierbei geht es darum, die jeweilige Situation zu erkennen und gezielt darauf einzugehen, um das Gespräch zu eröffnen. Ein Beispiel hierfür war ein überfüllter Club, in dem eine hübsche Frau vor dem Mann steht und an ihm vorbeigehen will, aber aufgrund der dicht gedrängten Menschenmenge warten muss. Der Mann kann in so einer Situation mit einem Lächeln wie folgt reagieren:

Situativ: „Da du ja eh nicht an mir vorbeikommst, kannst du auch gleich bei mir stehenbleiben. Ich bin Andy und wie heißt du?"

Bernhard erklärte mir, dass man danach in ein persönliches Gespräch überleiten soll. Dies erreicht man dadurch, dass man sich mit Namen vorstellt. Diese Geste ist ein Signal, das in unserer Gesellschaft normalerweise immer ein näheres Kennenlernen einleitet. Auch mir war das klar, aber da wir uns einen vollständigen Dialog aufschrieben, wie er typischerweise beim Flirten abläuft, bauten wir jeden einzelnen Satz ein. Als Nächstes kam die Anziehungsphase dran. Dabei geht es darum, nicht nur als netter Gesprächspartner, sondern als ein attraktiver Mann wahrgenommen zu werden. Von der Menge an Techniken, die man hierfür anwenden kann, wollten wir uns auf die wichtigsten konzentrieren.

Das Necken bedeutet, dass man eine Frau spielerisch mit frechen Bemerkungen auf den Arm nimmt. Auch gute Freunde necken sich untereinander. Das ist eine gewisse Art, sich zu zeigen, dass man sich mag. Und wie schon mein damaliger Grundschullehrer gesagt hatte: „Was sich liebt, das neckt sich!" Ich erkannte, dass da eine große Portion Wahrheit drinsteckt. Wichtig dabei war für uns, dass dieser Spaß auch genauso beim Gegenüber ankommen muss und nicht als Beleidigung missverstanden werden darf. Auf keinen Fall wollten wir auf Frauen verletzend wirken, so wie ich es damals bei Joe erlebt hatte. Diese Kommunikationstechnik konnte uns also nur gelingen, wenn wir Maß halten und mit unseren Äußerungen nicht über die Stränge schlagen würden. Durch das Necken konnten wir zudem eine lustige Atmosphäre schaffen und die Frau ein wenig herausfordern. Damit würden wir uns von der Masse der bedürftigen Männer abheben, die sich ihren Angebeteten gegenüber unterwürfig verhielten und stets auf ihrer Schleimspur ausrutschten. Eine großartige Technik, die Bernhard und ich uns wie folgt notierten:

Necken: „Das ist ja total verrückt, aber du grinst so süß wie meine kleine Cousine!"

Wir notierten uns viele weitere Sprüche, und so kamen wir auch auf den Film „Alfie" zu sprechen, der ein paar Jahre zuvor im Kino gelaufen war. Einer meiner absoluten Lieblingsfilme. Die Hauptfigur Alfie arbeitet darin in New York als gut aussehender Chauffeur, der immer edel gekleidet ist. Er bewundert das weibliche Geschlecht und kann nicht anders, als die Damen zu verführen. In einer Szene sagt er folgenden Satz zu einer Frau: „Dafür bekommst du die Bestnote ... Eins minus!" Damit waren wir bei Push and Pull, einer Technik, womit wir ebenfalls unsere Attraktivität bei Frauen steigern wollten. Bei Push and Pull geht es darum, die Frau verbal von sich wegzudrücken und dann wieder heranzuziehen. Dies wollten wir mit Sprüchen erreichen, in denen wir ein Kompliment immer mit einer leicht neckischen Bemerkung kombinierten. Viele Männer überhäufen die Frau einseitig mit Komplimenten, und so bekommt diese das Gefühl, wie eine Prinzessin auf einem erhöhten Podest zu stehen. Sie thront dann über dem Verehrer und verliert das Interesse. Warum? Ganz einfach: Frauen wünschen sich immer einen Partner auf Augenhöhe – oder sogar jemanden, der leicht über ihnen steht. Mit dieser Push-and-Pull-Technik würden Bernhard und ich ein gleichwertiges Verhältnis zu Frauen schaffen können. Folgendes Beispiel schrieb ich auf meinen Zettel:

Push and Pull: „Also, normalerweise dürften wir uns jetzt nicht mehr unterhalten ... aber du bist cool, deswegen mache ich eine Ausnahme!"

Bernhard und ich diskutierten, wie dieser Satz zu verwenden sei. Wir kamen zu dem Schluss, dass er immer dann am besten passt, wenn die Frau im Verlauf des Gesprächs außergewöhnliche Hobbys, Lebenseinstellungen, Angewohnheiten oder anderes von sich preisgibt. Zum Beispiel, wenn sie sagt, sie schaue gerne Trash-TV oder habe einen großen Schrank voller Schuhe zu Hause. Mit der Äußerung „Normalerweise dürften wir uns jetzt nicht mehr unterhalten" kann man neckisch andeuten, dass einem die Eigenschaft der Lady missfällt und sie damit spielerisch von sich wegstoßen. Sie bekommt das Gefühl, als potenzielle Partnerin definitiv ausgeschieden zu sein. Eine Täuschung, denn im selben Atemzug macht man ihr wieder ein Kompliment, indem man sagt, dass sie einem trotzdem gefällt. Damit zieht man die Frau verbal wieder zu sich heran und signalisiert ihr: Hey, du bist als

Kandidatin noch im Rennen. Eine wirklich ausgefeilte Taktik, auf die die meisten Männer niemals kommen.

Mein Zettel wurde immer voller und voller. Zum Schluss notierten wir uns noch eine bekannte Technik von professionellen Zauberkünstlern und Mentalisten: Cold Reads, was wörtlich übersetzt so viel wie „kalte Deutungen" heißt. Hierbei formuliert man eine allgemeine Aussage über die Frau so geschickt, dass diese den Eindruck gewinnt, der Mann hätte ein persönliches Geheimnis über sie herausgefunden. Damit gibt man vor, die Lady gut zu kennen und baut zum einen Interesse auf, zum anderen aber auch Vertrauen. Auch Horoskope und Kartenleger arbeiten damit, und viele Frauen finden großen Gefallen an solchen magischen Dingen. Eine äußerst machtvolle Technik. Tatsächlich bestand die Herausforderung für uns nun darin, eine Bemerkung zu finden, die auf jeden Menschen zutrifft – diese aber so geschickt zu verpacken, dass ihre Allgemeingültigkeit nicht auffiel. Auf die Rückseite meines Zettels schrieb ich:

Cold Read: „Ich glaube, dass du in deiner Vergangenheit von jemandem sehr verletzt wurdest und deshalb keine Lust hast, jedem zu zeigen, wer du wirklich bist. Nämlich ein liebevolles Mädchen, das manchmal einfach nur in den Arm genommen werden will."

Bernhard und ich waren von nun an gewappnet. Wir hatten jetzt so viele Techniken in petto, dass wir schon gar nicht mehr wussten, welche wir wann im Gespräch anwenden sollten. Also legten wir alle vollgekritzelten Zettel nochmal auf den Tisch, ordneten die Notizen und begannen, uns eine Struktur zurechtzulegen. Wir machten eine richtige Wissenschaft daraus. Der Tisch war nun mit Blättern übersät, auch auf der Sitzbank hatten wir ein paar abgelegt. Ich war mir ziemlich sicher, dass die anderen Gäste in dem Café glaubten, wir würden für eine schwierige Prüfung an der Uni lernen oder uns auf eine Doktorarbeit vorbereiten. Hätten sie gewusst, welches Fach wir da wirklich behandelten, hätten sie uns wohl schräg angeschaut. Die meisten Menschen sind schließlich der Überzeugung, dass Flirten eine angeborene Begabung ist, eine Sache, die „man drauf hat oder eben nicht". Oder sie glauben, man müsse nur auf die große Liebe warten, oder tun das Thema mit banalen Ratschlägen wie „Sei einfach du selbst" ab. Doch es gibt in allen Bereichen Methoden und Herangehensweisen. Wieso also nicht auch beim Flirten? Solange wir uns Lügengeschichten verkniffen und die Frauen in jeder Hinsicht gut behandelten, hatte ich keine Bedenken. Es ging uns auch nicht um eine billige Masche, um Mädels rumzukriegen. Sondern vielmehr darum, uns im Laufe der Zeit ein natürliches männliches Eroberungsverhalten anzueignen, was unsere Vorväter einst beherrschten, wir Jungs aber heutzutage verlernt hatten. Dementsprechend sah ich diese Techniken als meine Stützräder an, mit denen ich das Flirten wie Fahrradfahren lernte.

Wir packten unsere Zettel zusammen und steckten sie zurück in die Taschen. Der Tisch war jetzt wieder leergeräumt, abgesehen von dem Geschirr, das wir von unserer Bestellung zurückgelassen hatten. Nun ging es raus; die Techniken, die wir so eifrig notiert hatten, sollten in der Praxis erprobt werden. Ein bisschen Bammel hatte ich schon, als wir das warme Café verließen und wieder die ungemütlich-kalte Einkaufsstraße betraten. Nicht vor dem Ansprechen hatte ich Angst, denn das hatte ich mittlerweile schon so oft gemacht, dass es für mich zur Normalität geworden war. Ich hatte ein Unbehagen, die mir noch fremden Methoden einzusetzen. Ich wusste nicht, ob die Sprüche funktionieren würden oder vielleicht zu künstlich und aufgesetzt klangen. Andererseits: Was war das Schlimmste, was mir passieren konnte? Nicht viel. Ich beging weder eine Straftat noch eine Ordnungswidrigkeit. Auch war nicht zu erwarten, eine Ohrfeige zu kassieren oder von eifersüchtigen Ehemännern verdroschen zu werden. Im äußersten Fall würde die Frau mich komisch finden und einfach nur weggehen … Moment mal, dachte ich plötzlich, wo ist Bernhard auf einmal hin? Eben ist er noch neben mir gelaufen! So war das mit ihm: Kaum hatte er eine hübsche Frau entdeckt, rannte er zu ihr hin. Daran musste ich mich erst noch gewöhnen. Die meisten Jungs zögerten und brauchten einen Arschtritt. Er hingegen kannte so etwas nicht, sondern schoss los wie eine Rakete, sobald ein Ziel vor Augen war. Ich blickte mich also um, um zu sehen, wo er steckte. Da erspähte ich ihn. Ungefähr zwanzig Meter entfernt stand er in der Einkaufsstraße und sprach mit einer superschlanken Blondine mit Sommersprossen. Genau sein Typ. Nach ein paar Minuten Gespräch kam er mit einer Trophäe zu mir zurück. Er hatte ihre Handynummer ergattert.

»Hast du die Techniken angewendet?«, fragte ich gespannt.

»Ja, ich hab sie mit der kleinen Cousine geneckt«, antwortete Bernhard.

»Und, was hat sie gesagt?«

»Sie fragte mich, wie alt meine kleine Cousine ist, und ich sagte daraufhin, dass sie schätzen darf. Sie meinte dann, sieben Jahre und ich antwortete: ›Fast. Meine Cousine ist fünf.‹ Daraufhin musste sie lachen, boxte mir gegen die Schulter und meinte, dass ich voll gemein sei.«

Bernhard und ich mussten lachen. Wir wussten beide, was das zu bedeuten hatte. Wenn eine Frau einem Mann gegen die Schulter boxt, dann ist das immer ein gutes Zeichen. Kein Wunder, dass sie anschließend ihre Handynummer herausgerückt hatte. Nach der Aktion war ich nun ebenfalls ermutigt, die Techniken auszuprobieren. Unsere Wahrnehmung beim Flirten hatte sich geändert; wir fühlten uns nicht mehr so hilflos. Es wirkte jetzt so, als würden wir Schach spielen, und bevor die Frau ihren Zug machte, wüssten wir schon, was sie als Nächstes tun und sagen würde und wie wir darauf reagieren könnten. Hellseherische Fähigkeiten sozusagen.

Nun war ich an der Reihe. Ich sprach eine Brünette mit langen glatten Haaren an, die so groß war wie ich und ziemlich in Eile schien. Ich lief neben ihr her und wollte, dass sie stehen bleibt. Leider gelang mir das nicht. Sie war gedanklich schon bei dem Termin, der ihr gerade bevorstand, und war deshalb überhaupt nicht in Stimmung. Als ich ihr dann offenbarte, dass ich sie sehr attraktiv fände, kam keine Reaktion von ihrer Seite. Sie war so auf ihre Tagesaufgabe fokussiert, dass sie mich wahrscheinlich komplett ausblendete. Ich gab auf und wünschte ihr noch einen schönen Tag. Für solche Fälle hatten wir uns keinen Plan zurechtgelegt. Andererseits wusste ich auch nicht, was ich hätte besser machen können. Ich versuchte, mich in so eine Situation hineinzuversetzen: Was, wenn ich auf dem Weg zum Vorstellungsgespräch für meinen Traumjob wäre und ich schon spät dran wäre, mich aber plötzlich eine super hübsche Frau anspräche? In dem Moment hätte ich wahrscheinlich auch nicht den Nerv, darauf einzugehen. Ich fand, man sollte nicht alles zu persönlich nehmen. Es gab einfach gewisse Situationen, auf die wir keinen Einfluss hatten. Und das mit der Brünette war eine dieser Situationen gewesen. Die nächste Frau sagte mir, dass sie keine Zeit habe und so kassierte ich wieder sofort einen Korb. Bernhard erklärte mir, was ich hätte besser machen können.

»Wenn eine Frau vorgibt, keine Zeit zu haben, dann musst du ihr ebenfalls kommunizieren, dass du keine Zeit hast«, sagte er.

»Okay, und wie würdest du das machen?«, fragte ich.

»Ich hätte gesagt, dass ich auch nicht viel Zeit habe, weil ich gleich Freunde treffe.«

Das leuchtete mir ein. Gut, überlegte ich, man gibt der Frau mit so einer Aussage zu verstehen, dass man sie nicht lange aufhalten wird und nimmt ihr damit die Sorge, zu spät zum Termin zu kommen. Selbst wenn sie den Zeitmangel nur vorschiebt, um einen abzuwimmeln, demonstriert man damit Hartnäckigkeit und kann auf diese Weise doch noch ins Gespräch kommen. Anschließend sollte man eine Frage stellen oder etwas zu einem anderen Thema sagen, um die Frau von dem Gedanken, keine Zeit zu haben, abzulenken. Machte alles Sinn. Beim nächsten Mal würde ich den Tipp von Bernhard beherzigen. Diesmal ging ich auf eine kleine Blondine mit rundlichem Gesicht zu. Die direkte Gesprächseröffnung mit Kompliment klappte wunderbar, sie freute sich und wir stellten uns einander vor. Ich wollte nun unbedingt eine Technik ausprobieren, die wir uns aufgeschrieben hatten.

»Ich komme ursprünglich aus Berlin, wohne aber schon länger hier in München«, erzählte sie.

»Also, normalerweise dürften wir uns jetzt nicht mehr unterhalten«, antwortete ich.

»Wieso?«, fragte sie sehr neugierig und schaute mich eindringlich an.

»Naja, ich habe gehört, dass Frauen aus Berlin sehr frech sein sollen.«

»Ach, ich bin ganz lieb. Da brauchst du dir keine Sorgen machen!«

Nun war der Dialog ganz anders verlaufen als ich ihn mir im Café aufgeschrieben hatte. Aber trotzdem klappte es. Das lag wohl auch daran, dass das Gespräch mit diesem Kunstgriff des Neckens eine ganz andere Dynamik bekam. Es war nicht das Typische, was Frauen jedes Mal hören. Gerade in den ersten Minuten beim Small Talk bombardieren die meisten Männer ihre Auserwählte mit den immer gleichen langweiligen Fragen:

„Woher kommst du?"

„Was machst du?"

„Was hast du für Hobbys?"

„Wie alt bist du?"

Damit erreicht das Gespräch keinen Tiefgang und es fühlt sich mehr wie ein Interview an. Dass hierbei keine sexuelle Anziehung entstehen kann, war mir erst jetzt aufgefallen. Meine Gesprächsführung war früher ebenfalls so gegliedert gewesen. Durch unser Skript, das Bernhard und ich im Café mühsam ausgearbeitet hatten, nahm die Konversation aber eine ganz andere Wendung. Man hatte Spaß von Anfang an, ärgerte die Frau spielerisch mit seinen Kommentaren und brach somit auch das Eis von der ersten Minute an. Leider endete das Gespräch mit der Berlinerin nach ein paar Minuten, da sie mir zu verstehen gab, dass sie einen Freund hatte. Nicht jede Frau, die man anspricht, ist Single. Damit muss man leben. Mir war das aber egal, ich wollte die Techniken ausprobieren und verfeinern. Mit Taschen voller Pläne und den Köpfen voller Ideen fuhren Bernhard und ich irgendwann nach Hause. Wir wussten, dass das nicht unser letztes Treffen gewesen sein sollte, denn gemeinsam hatten wir Großes vor.

Von nun an traf ich mich regelmäßig mit Bernhard in der Münchener Innenstadt, um meine Gesprächskünste weiter zu verbessern. Nach ein paar Wochen merkte ich, dass es inzwischen wesentlich besser lief. Ich hätte es nie gedacht, aber das Ganze nahm langsam Form an. Mittlerweile bekam ich auch die eine oder andere Handynummer der Frauen und war richtig froh, nach der jahrelangen Durststrecke endlich die Oase gefunden zu haben. Auch bei Bernhard lief es jetzt besser. Er hatte seine indirekte Ansprache endlich beiseitegelegt und wandte nun dieselbe Methode wie ich an, das Gespräch direkt mit einem Kompliment zu eröffnen. Wir waren fast täglich draußen und sprachen Frauen an. Bernhard sagte einmal zu mir:

»Die meisten Typen labern nur. Bei dir habe ich aber das Gefühl, dass du genauso wie ich Gas geben willst.«

Das freute mich zutiefst. Denn genau diesen Willen hatte ich auch. Ich hatte mich ganz der Verführungskunst verschrieben, um irgendwann die besten und tollsten Frauen in mein Leben zu ziehen. Genau deswegen hatte ich mich auf diesen steinigen Pfad begeben, und Bernhard ging es da ganz genauso.

So langsam perfektionierten wir das Ansprechen. Es gab aber ein Manko: Wir bekamen zwar die eine oder andere Handynummer, jedoch antworteten die Frauen kaum auf unsere Nachrichten oder Anrufe. Vor ein paar Jahren hatte ich noch das Problem gehabt, dass die Nummern falsch waren. Mittlerweile gehörte das der Vergangenheit an; ich hatte keine zornigen Doktor Herberts mehr am Telefon oder seelenlose Computerstimmen der Netzanbieter, die mir mitteilten, die Rufnummer sei nicht vergeben. Durch spannende Gespräche und das Herstellen von sexueller Anziehung konnten wir die Frauen emotional so berühren, dass sie einem Wiedersehen sofort zustimmten und ihre Handynummern bereitwillig herausgaben. Aber warum flachte das Interesse danach so schnell ab? Beim Ansprechen auf der Straße redeten wir immer nur wenige Minuten mit den Mädels, bis es zum Nummerntausch kam. Ob hier der Fehler lag? Eigentlich dachten wir, dass diese kurzen Konversationen von Vorteil wären, um nicht zu viel von sich preiszugeben. So sollte die Neugier der Frauen auf ein näheres Kennenlernen weiter gesteigert werden.

Wir wollten es genau wissen und unsere Gesprächsführung noch gründlicher analysieren. Bernhard und ich gingen deshalb eines Nachmittags in ein Elektronikgeschäft, um uns fachmännische Ausrüstung zu kaufen. Wir liefen die Regale mit der Aufnahmetechnik ab und entschieden uns für ein silbernes Diktiergerät samt Ansteckmikrofon für wenig Geld. Batterien brauchte das Ding auch noch, fiel uns plötzlich auf dem Weg zur Kasse ein, und so schnappten wir uns eines der kleinen Päckchen aus dem Ständer, in dem noch anderer Elektronik-Kleinkram zum Kauf angeboten wurde. An der Kasse angekommen, bezahlten wir fifty-fifty und begaben uns zurück in die Einkaufsstraße. Die Bedienungsanleitung ignorierten wir getrost, stattdessen setzten wir sofort die Einweg-Batterien ein, schlossen das Mikrofon an und verkabelten anschließend mich als erstes. Da ich zu dieser winterlichen Jahreszeit eine Jacke anhatte, obwohl es ein sonniger Tag war, sah man das Mikrofon zum Glück nicht. Mit der Aufnahmetechnik am Leib kam ich mir vor wie ein Geheimagent, oder wie einer dieser Darsteller in den Doku-Soaps. Nach einer kurzen Aufnahme als Test – und der Erkenntnis beim Abhören, dass alles picobello funktionierte – hatte ich die große Ehre, das Diktiergerät einzuweihen.

Ich drückte auf Record. Auf dem Display leuchtete ein rotes Symbol auf und ich steckte mir das Gerät in die Hosentasche.

Dann lief ich einer Frau hinterher und sprach sie ganz nach Lehrbuch an. Dank unserem Skript kassierte ich nicht mehr so schnell eine Abfuhr und hatte immer die passende Antwort parat, so auch in diesem Fall. Als wir uns ein paar Minuten unterhalten hatten, bemerkte ich, dass das Diktiergerät nicht mehr das machen wollte, wofür ich es eingeschaltet hatte. Ich musste irgendwie auf den falschen Knopf gekommen sein, denn der integrierte Lautsprecher wurde aktiv und spielte die Aufzeichnung ab. Jetzt hörte ich die Wiederholung, wie ich die Frau vor wenigen Minuten angesprochen hatte. Es war wie ein verspätetes Echo, das da aus meiner Hosentasche ertönte.

Oh Gott, dachte ich erschrocken, wie peinlich! Es war ziemlich laut, aber irgendwie hatte die Frau davon noch nicht Wind bekommen. Ich versuchte sie abzulenken, indem ich ihr weitere Fragen stellte, die sie zum Weitererzählen anregen sollten. Ihre Stimme würde die Wiedergabe der Aufzeichnung übertönen, so hoffte ich jedenfalls. Während die Frau redete, versuchte ich mit der linken Hand, in die Hosentasche zu greifen und die Play-Funktion abzuschalten. Das Mädel musste denken, dass ich einen kleinen Tick hätte und gerade nervös Taschenbillard spielte. Vergebens. Irgendwie zickte das Diktiergerät weiter rum und ich geriet innerlich so in Panik, dass ich mich spontan verabschiedete. Ob sie das mit der Aufnahme mitbekommen hatte, wusste ich nicht. Aber einen komischen Blick erntete ich schon, als ich auf einmal „tschüss" sagte und schnell weglief. Ich erzählte Bernhard die Geschichte und er kriegte sich vor Lachen kaum ein. Der perfekte Start eben, wenn man neu erworbene Technik ausprobiert. Später fanden wir heraus, dass es eine Tastensperre gab, die man betätigen sollte, da die Knöpfe etwas sensibel reagierten. Gut zu wissen, dachte ich. Noch einmal sollte mir das nicht passieren.

Bernhard und ich machten an dem Tag mehrere Aufzeichnungen. Gegen Abend nahm ich das Diktiergerät mit nach Hause, hörte es ab und übertrug alle Gespräche in Schriftform auf einen Notizblock. Der Grund für die Mühe: Wir wollten jedes einzelne Wort auseinandernehmen und schauen, wieso etwas beim Flirten funktionierte und wieso nicht. Am darauffolgenden Tag trafen wir uns abends bei einem Italiener. Nachdem wir uns Pasta bestellt hatten, analysierten wir unsere Dialoge bis ins kleinste Detail. Uns fiel dabei etwas sehr Interessantes auf: Wir erzählten den Frauen viel zu wenig über uns. Die Mädels wussten gar nicht, wer wir waren. Deshalb schrieb ich mir folgende Regel hinter die Ohren:

„Um vom Fremden zum Vertrauten zu werden, solltest du der Frau zeigen, wer du bist."

Mir war einfach klar: Wenn ich ein angeregtes Gespräch mit einer Frau führte, das aber nur ein paar Minuten ging, kannte sie mich nicht gut. Dieser fehlende Eindruck war nicht gerade vertrauenserweckend. Ich stellte mir vor, wie sie zu Hause ihrer besten Freundin erzählte, dass sie in der Stadt von einem Typen – also von mir – angesprochen worden war, aber keine Details über mich nennen konnte, weil sie einfach zu wenig über mich wusste. Dann könnte ihre Freundin die Befürchtung äußern, dass ich ein komischer Freak wäre. Sie würde ihren Beschützermodus einschalten und davon abraten, auf meine Anrufe oder SMS zu reagieren. Die beste Freundin hatte einen sehr starken Einfluss mit ihrem Urteil, und das durfte man nie unterschätzen. Diese Erfahrung hatte ich bereits in der Vergangenheit gemacht, als es darum gegangen war, eine Gruppe von Frauen anzusprechen. Auch jetzt war es unsere Aufgabe, die Freundin der Angebeteten für uns zu gewinnen, nur mit dem Unterschied, dass sie Bernhard oder mich gar nicht direkt zu Gesicht bekam, sondern sich ihre Meinung nur anhand der Erzählungen bildete. Der erste Eindruck, den wir hinterließen, musste deshalb immer tadellos sein, damit die Frau voll des Lobes war, wenn sie ihrer besten Freundin von dem Kennenlernen berichtete. Also überlegten Bernhard und ich, wie wir das Vertrauensverhältnis zu den angesprochenen Frauen stärken könnten. Uns fielen drei Lösungen ein:

Erstens: Sofort versuchen, mit der Frau einen Kaffee trinken zu gehen

Zweitens: Das Gespräch zeitlich auf zehn bis fünfzehn Minuten ausdehnen

Drittens: Spätestens am selben Abend anrufen

Uns war eines bewusst: Die Frau brauchte ein klares Bild von uns. Wir mussten ihr die Puzzleteile liefern, damit sie sich dieses Bild zusammensetzen konnte und ein starkes Vertrauensverhältnis entstand. Die sexuelle Anziehungskraft ist ein Gefühl, das innerhalb von wenigen Stunden oder Tagen komplett verblassen kann. Sie allein reicht nicht aus, um später den Kontakt wieder herzustellen oder gar ein Wiedersehen zu organisieren. Die Redewendung „Aus den Augen, aus dem Sinn" besagt das sehr treffend. Wenn wir also mehr Zeit für Gespräche hatten – worauf die ersten beiden Möglichkeiten abzielten –, konnten wir nicht nur die Anziehung aufrecht erhalten, sondern auch das nötige Vertrauen aufbauen. Zwei unheimlich wichtige Komponenten, die darüber entscheiden, ob ein Date zustande kommt oder nicht. Maßnahme Nummer drei sollte dazu dienen, rechtzeitig ein Telefonat mit der Frau einzuleiten und an das positive Gefühl der ersten Begegnung anzuknüpfen, noch bevor sich die sexuelle Anziehung verflüchtigt hatte.

Inzwischen hatten wir fertig gegessen. Gesättigt von den Nudeln, packten wir ein weiteres Thema an, als die Kellnerin unsere leeren Teller abgeräumt hatte: Wir wollten noch stärker das Augenmerk darauf legen, Gemeinsamkeiten beim Kennenlernen zu finden. Diese sind eine solide Brücke, da man gleich ein tiefergehendes Thema hat, über das man sich mit der Frau emotional verbinden kann. Doch was soll man tun, wenn die Interessen völlig unterschiedlich sind? Wenn die Frau zum Beispiel eine Leidenschaft für Ballett hat, man selbst aber kein Balletttänzer ist und auch die Häuser, in denen diese Bühnenwerke aufgeführt werden, bestenfalls von außen kennt? Hierauf hatten wir ebenfalls eine Antwort: Man kann sich mit der Frau entweder rational oder emotional verbinden. Rational bedeutet, dass man exakt die gleichen Wertvorstellungen oder Hobbys teilt. Objektiv gesehen hat man also eine Gemeinsamkeit. In vielen Fällen, wie etwa beim Ballett, kann man aber auch eine emotionale Bindung aufbauen. Hierzu wechselt man auf eine allgemeinere Ebene und spricht über das gemeinsame Gefühl, das jeder bei seinem Sport empfindet. Man kann zum Beispiel sagen:

„Dass Ballett dich glücklich macht, kann ich gut verstehen. Ich kenne das vom Fitnessstudio: Manchmal ist man am Anfang nicht wirklich motiviert und muss sich erst zum Training überwinden. Aber dann kommt man abends total ausgepowert nach Hause und hat das gute Gefühl, etwas für seinen Körper getan zu haben."

Mit ein bisschen Kreativität entdeckt man eine wichtige Gemeinsamkeit zwischen beiden Disziplinen und hebt diese einfach im Gespräch hervor. Dadurch fühlen sich Mann und Frau miteinander verbunden, obwohl jeder eine andere Sportart ausübt. Zufrieden mit den Analyseergebnissen verließen wir das

Restaurant. Doch dieser Besuch beim Italiener sollte nicht das letzte Mal sein, dass wir unsere Vorgehensweise beim Flirten unter die Lupe nahmen und dabei sprichwörtlich jeden Stein umdrehten. Wir trafen uns jetzt regelmäßig, zeichneten unsere Gespräche mit dem Diktiergerät auf und analysierten anschließend die auf Papier verschriftlichte Fassung. Doch unsere schweißtreibende Arbeit bei rauchenden Köpfen wurde belohnt: Je mehr Zeit Bernhard und ich damit verbrachten, uns zu hinterfragen, desto größer wurden unsere Erkenntnisse. Es war wie ein zartes Pflänzchen, das wir regelmäßig gossen, bis es eines Tages zu einem stattlichen Baum herangewachsen war. Mittlerweile hatten wir ein tiefergehendes Verständnis von der Interaktion zwischen den Geschlechtern gewonnen. Somit wussten wir theoretisch ganz genau, welche Kommunikationstechnik wir wann einsetzen mussten, um die Konversation mit einer Frau erfolgreich zum Abschluss zu bringen. Jetzt wurde es natürlich Zeit, dieses Wissen in der Praxis vollständig umzusetzen, damit die Ergebnisse unsere Theorien hoffentlich bestätigen würden.

Von roten, gelben und grünen Frauen

»Hey Bernhard, wann bist du endlich am Start? Ich muss dir sagen, ich habe mich verliebt! Sie ist die süßeste Frau, die ich jemals getroffen habe.«

»Schon klar, Andy, geht mir doch auch jeden zweiten Tag so.«

»Ich weiß, aber diesmal ist es anders. Übermorgen date ich sie.«

»Ja, jede Frau ist anders.«

Dies war eines der typischen Gespräche, die wir am Telefon führten, bevor wir uns zum Flirten oder zum Analysieren der Resultate trafen. Die Dinge hatten sich geändert: Mittlerweile verliefen die Kontakte nicht mehr nur im Sande, wenn wir Handynummern ergatterten. Wir schafften es tatsächlich, die Ladys bei der Stange zu halten, sodass sie mit uns SMS schrieben, telefonierten oder sich sogar auf ein Date mit uns verabreden wollten. Unsere Gesprächsanalysen und die dadurch verfeinerten Strategien hatten Früchte getragen – und das waren köstliche Früchte. Endlich hatte ich das Gefühl, dass meine Erfolge sich multiplizierten. Mathematisch gesehen strebt die Welt immer nach Ausgleich und ich wusste, dass der Zeitpunkt kommen würde, an dem ich alles, was ich an Mühe investiert hatte, wieder in Form von Liebe und Sex zurückbekommen würde. Kurz gesagt: Man erntete, was man säte. Es fühlte sich fantastisch an, Frauen anzusprechen, die man wirklich begehrte, um anschließend durch telefonischen Kontakt ein Date auszumachen. Zum ersten Mal hatte ich die imaginäre Mauer, die zwischen mir und dem Erfolg mit Frauen stand, überwunden.

Es wurde also Zeit für die ersten Dates, und davon bekamen wir inzwischen reichlich. Das lag auch an unserem unermüdlichen Einsatz: Bernhard und ich waren tagsüber regelmäßig unterwegs und sprachen Frauen an. Am Wochenende ging es in die Clubs, und wenn ich abends Zeit fand, versuchte ich mich beim Online-Dating. Doch während es mit den Frauen langsam besser lief, waren meine Leistungen in der Berufsschule eher mittelmäßig. Ich hatte eine Fünf in Anatomie kassiert und hatte nun mächtig Bammel, die Probezeit nicht zu bestehen. Zum Glück hegte meine Kursleiterin eine große Sympathie für mich und die Schulleitung gab das Einverständnis, meine Ausbildung fortzusetzen.

Ein Moment zum Aufatmen! Wäre ich rausgeflogen, hätte ich mein Selbststudium über die weibliche Psychologie nicht weiter fortführen können, da eine Rückkehr in die Heimat unvermeidlich gewesen wäre. In einer kleineren Stadt wie Regensburg wären Experimente dieses Ausmaßes nicht machbar gewesen. Es waren dort einfach zu wenige Frauen unterwegs. München hatte mehr als eine Million Einwohner, ungefähr zehnmal so viele wie Regensburg. Das bedeutete auch: zehnmal so viele Mädels zum Kennenlernen. Hier steppte der Bär; hier war das Paradies für mich. Ich musste also zwingend in einer Großstadt bleiben, und diese Ausbildung war das perfekte Alibi dafür.

Die ersten Dates liefen so, wie es sich kein Mann wünscht: Ich bekam entweder nach dem Treffen zu hören, dass wir Freunde bleiben könnten oder es gab kein Wiedersehen. Ich verstand das einfach nicht. Jedes Mal nach einem Date rief entweder Bernhard mich an oder ich ihn. Wir wollten die frischen Ereignisse analytisch betrachten und durchgehen, was man hätte noch besser machen können. Davon profitierten wir beide immens. Die Gespräche verliefen immer ähnlich:

»Ich verstehe das nicht, sie hat sich nach dem Date nicht mehr gemeldet«, klagte ich.

»Kein Wunder, ich würde mich bei dir auch nicht mehr melden«, neckte Bernhard mich lachend.

»Nein, mal im Ernst, was war der Fehler?«

»Hast du versucht, sie zu küssen oder zu berühren?«

»Ne.«

»Also mir hat mein Coach damals gesagt, dass man beim Date Berührungen einbauen soll. Dann wirkt der Kussversuch auch nicht so plump. Ich denke, die Frau zu küssen ist wichtig. Damit zeigst du ihr ja auch, dass du sie gut findest und mehr willst als reine Freundschaft.«

Ich sog diese Worte auf wie ein Schwamm. In der grauen Theorie klang alles immer so einfach, aber wie sollte ich das praktisch umsetzen? Sie einfach berühren? Ich erinnerte mich an einen Typen, den ich damals in der Community in Regensburg kennengelernt hatte. In Gesprächen hatte er sein Gegenüber immer an der Schulter oder an anderen neutralen Körperstellen berührt. Ich hatte das damals gar nicht so stark wahrgenommen, aber der Gedanke einer subtilen Berührung gefiel mir. Doch die Frau an körperliche Annäherungen zu gewöhnen, war *eine* Sache – die Frau zu küssen, eine andere. Ich handelte bisher, was das Rumknutschen anbetraf, stets intuitiv. Jetzt ging es darum, den Kuss bewusst herbeizuführen und die Frau durch gezielte Berührungen darauf vorzubereiten. Zusätzlich setzte ich mir noch ein ehrgeiziges Ziel: Ich wollte jede Frau innerhalb von dreißig Minuten auf dem Date küssen. Doch was dann passierte, holte mich schnell wieder auf den Boden der Tatsachen zurück.

An sich war mein Plan gut durchdacht: Ich traf mich mit den Frauen immer in demselben Café am Sendlinger Tor, wo ich damals auch mit Bernhard den großen Plan ausgetüftelt hatte. Hier saßen wir auf gemütlichen Polsterbänken in einem romantischen, wienerisch angehauchten Kaffeehaus-Ambiente bei leckeren Heißgetränken. Doch die Wiener Leichtigkeit wollte sich hier nicht einstellen; ich kam mir eher vor wie der Protagonist Phil Connors in dem Film „Und täglich grüßt das Murmeltier". So hatte ich zum Beispiel ein Date mit Isa, die ich zuvor in der Einkaufsstraße kennengelernt hatte. Dunkelblond und eine wirklich süße Art. Nach circa zwanzig Minuten setzte ich zum Kuss an. Sie drehte den Kopf weg und protestierte:

»Also, das geht mir jetzt etwas zu schnell!«

Weiter ging es mit Alina, einer brünetten Osteuropäerin, die etwas schüchtern wirkte. Das Gespräch kam nur langsam in Fahrt, daher wagte ich den Kussversuch erst nach fast einer Stunde. Sanft, aber sehr deutlich gab sie mir zu verstehen:

»Sorry, aber ich will das noch nicht!«

Nächste Kandidatin: Julia, eine Deutsche. Wir beide hatten den gleichen Humor, und sie sah mit ihrer schlanken Figur in dem schicken Outfit einfach wunderschön aus. Bei ihr brauchte ich ebenfalls etwas länger und probierte den Kuss erst nach fünfzig Minuten. Ihre empörte Reaktion, als sie den Kopf zurückzog:

»Beim ersten Date küsse ich nicht!«

Natürlich startete ich jedes Mal einen zweiten Anlauf. Ich wollte mich durch diese Zurückweisungen nicht davon abbringen lassen, die Ladys zu küssen. Manchmal war ich ziemlich penetrant und versuchte alle zehn Minuten, einen Kuss zu landen. Erst als ich über mein Verhalten nachdachte, merkte ich, wie schwachsinnig das war. Ich setzte mich selbst unter Druck – und die Frauen fühlten sich somit ebenfalls nicht wohl in meiner Gegenwart, wenn ich sie derart bedrängte. Schließlich ist es bei uns Menschen so, dass sich unser emotionaler Zustand während der Kommunikation unbewusst auf den anderen überträgt. Wenn man beim Date locker, entspannt und humorvoll ist, fällt es auch der Gesprächspartnerin leichter, in diese Stimmung zu kommen. Außerdem war jede Frau, die ich traf, anders.

Jede hatte ihr eigenes Tempo, wenn es darum ging, wie schnell man zur Sache kam. Gerade Osteuropäerinnen mit konservativen Wertvorstellungen gingen die körperliche Annäherung recht langsam an. Den Kuss zu erzwingen erzeugte Druck, und das führte immer zu Gegendruck seitens der Frauen. Daher meldeten sie sich nach dem Date nicht mehr bei mir. Ich hatte einfach ihre Grenzen überschritten, indem ich ihr „Nein" oder ihr „Noch nicht" schlichtweg ignorierte. Es war zwar wichtig, einer Frau beim Date zu zeigen, dass ich sie gut fand. Ich musste ihr aber auch freie Hand lassen, sich dem Küssen hinzugeben oder nicht. Gleichzeitig verstand ich, dass eine langsame körperliche Annäherung in jedem Fall schon ab dem ersten Date erfolgen sollte, auch wenn es hier vielleicht noch nicht zum Kuss kam. Allerdings musste ich schon beim anfänglichen Körperkontakt sehr behutsam darauf achten, ob die Frau solche Berührungen zuließ oder noch Zeit brauchte.

Das war eine neue Erkenntnis, die mir sicherlich weiterhelfen würde. Obwohl ich das beherzigte und beim Küssen nicht mehr sofort mit der Tür ins Haus fiel, bestand das Problem weiterhin, dass viele Frauen sich nach dem ersten Treffen nicht mehr meldeten. Ich schien weiterhin in einer Zeitschleife gefangen zu sein, wie im Film „Und täglich grüßt das Murmeltier". Warum war das so? Mir fiel einfach kein Ausweg ein. Aber es musste doch eine Formel geben, eine Lösung, wie man das bewerkstelligen konnte. Würde mir eine Suche im Internet helfen?

Auf einer Online-Plattform verfolgte ich Beiträge von einem verdeckt agierenden Verführer, über den man so gut wie nichts wusste. Niemand kannte ihn persönlich; wie er wirklich hieß oder aussah, war ein Mysterium. Anhand seiner Hilfestellungen zur Verführung war mir aber klar, dass er genau wusste, wovon er da sprach. Er schrieb oft Sachen, die ich nach meiner jahrelangen Forschung eins zu eins unterschreiben konnte. Dadurch hatte er mein Vertrauen. Ich hoffte, in seinen Postings eine Antwort zu finden, aber stattdessen erklärte er in seinem aktuellsten Beitrag ein Ampelsystem. Ich wusste nicht, ob er sich dieses Konzept selbst ausgedacht oder ebenfalls von jemand anderem gelernt hatte, aber das war mir egal. Ich fand das Ampelsystem großartig. Und auch, wenn es nicht meine ursprüngliche Frage beantwortete, erklärte es mir einiges.

Jede Frau, der man begegnet, „leuchtet" entweder rot, gelb, oder grün:

Rot bedeutet: Du kannst tun und lassen, was du willst – diese Frau hat kein Interesse. Entweder bist du einfach nicht ihr Typ, ihr seid nicht auf derselben Wellenlänge oder sie ist in einer glücklichen Beziehung.

Gelb bedeutet: Diese Frau hat einen Funken Interesse an dir, ist sich aber noch nicht sicher, ob du der Richtige für sie bist. Hierbei ist es entscheidend, wie gut deine Fähigkeiten beim Flirten sind, denn davon hängt es ab, ob sich das Gelb in ein Rot oder in ein Grün verwandelt.

Grün bedeutet: Die Frau steht absolut auf dich. Der restliche Verführungsprozess wird ein Kinderspiel.

Ich verstand plötzlich, dass die Frauen, mit denen ich bisher etwas gehabt hatte, so gut wie immer „grün" gewesen waren. Sie zu verführen war also keine große Kunst gewesen. Die Frauen, die ich momentan datete, waren meist „gelb". Die Misserfolge bei ihnen konnten nur eines bedeuten: Meine Fähigkeiten beim Dating waren noch nicht gut genug. Für mich war das zum Teil auch Neuland, denn auf der Straße oder im Club hatte ich mich mit den Frauen meist nur zehn bis dreißig Minuten unterhalten. Die Dates hingegen gingen ein paar Stunden, und oft wurden die Gespräche mit der Zeit langweilig. Die Magie verpuffte relativ schnell, wenn man sich beim Kaffee gegenübersaß, und deswegen hatte ich die knisternde Stimmung mit einem verfrühten Kuss krampfhaft aufrechterhalten wollen. Dass dieser Schuss aber gehörig nach hinten losging, wurde mir auch allmählich klar. Also stellte ich mir die Frage, wie ich auf dem Date die Anziehung so aufbauen konnte, dass die Frau das Interesse behielt. Wie konnte ich ein erotisches Knistern erzeugen, das sich auf natürliche, ungezwungene Weise steigerte bis zum leidenschaftlichen Kuss? Eine Frage, die mich noch längere Zeit beschäftigte.

Nach vielen Gesprächen mit Bernhard erkannte ich allmählich, was bei meinen Dates bisher falsch lief: Statt den Frauen meine wahre Persönlichkeit zu zeigen, versteckte ich mich beim Flirten hinter psychologischen Techniken und auswendig gelernten Sprüchen. Das war zwar für die Frauen im ersten Moment unterhaltsam, sie bekamen jedoch keinen Eindruck, welcher Mensch sich wirklich hinter dieser Maske verbarg. Und sobald ich mein Pulver verschossen hatte, flachten die Gespräche ab, und die Frauen verloren jedes Mal das Interesse. Eine äußerst wichtige Lektion, die ich nun gelernt hatte. Ich versuchte also, mich bei meinen Dates natürlicher zu geben und meine wahre Persönlichkeit zu offenbaren. Dabei war ich zunächst etwas unsicher, wie ein Kind, welches das erste Mal Fahrrad ohne Stützräder fährt. Doch bald gelang es mir, zu Frauen eine emotionale Nähe aufzubauen, die meist sicher zum Kuss führte. Damit hatte ich die nächste Etappe der Verführungskunst gemeistert.

Dating mit den Augen einer Frau

Sehr oft verbrachte ich meine freie Zeit abends vor dem Computer und chattete über Online-Dating-Plattformen mit Frauen. Ich bekam sehr wenige Zuschriften und überlegte mir, wie ich ein Konzept erschaffen konnte, das meine Antwortrate verdoppeln würde. Dazu musste ich aber erstmal verstehen, wie andere Männer sich auf den Singlebörsen verhielten und welche Fehler sie dort beim Flirten machten. Um dies zu beobachten, wollte ich mir auf einer der Dating-Plattformen ein Frauenprofil anlegen. Dazu klaute ich mir zunächst aus Facebook das Profilbild irgendeiner hübschen Lady – ohne Einverständnis. Legal war das natürlich nicht, aber ich würde das Fake-Profil am nächsten Tag sowieso löschen. Dann erstellte ich das Profil, lud das Bild hoch und richtete alles ein. So entstand die virtuelle Traumfrau eines jeden Mannes: Andrea, ein Meter achtundsechzig groß, brünett, schlank und mit einem kleinen Leberfleck im Gesicht. Ein echter Leckerbissen, der sicherlich genug liebeshungrige Kerle anlocken würde. Nach ein paar Stunden war das Foto auch schon freigegeben und ich ging in einen der vielen Chatrooms – ein Haifischbecken, wo bereits unzählige männliche Nutzer lauerten. Es dauerte keine fünf Sekunden und schon schrieb mich ein Typ an:

»Hey Süße, wie geht's?«

Der Zweite war auch nicht besser:

»Lust auf ein bisschen Spaß?«

Und so ging das die ganze Zeit; fast im Minutentakt trudelten die Nachrichten ein und mein Postfach drohte schon bald überzuquellen. Die meisten Typen waren sehr einfallslos, was das Anschreiben anging. Immer die gleiche Leier. Und dann gab es noch das Lager der Männer, die spontanen Sex suchten. Welche Frau will die Masse all dieser langweiligen und anstößigen Mails lesen? Geschweige denn, darauf antworten? Allmählich verstand ich, warum auch meine Nachrichten nicht funktioniert hatten. Nein, nach Sex hatte ich nie gefragt. Hierbei war mir schon von Anfang an klar gewesen, dass das nicht klappte oder die Erfolgsquote verschwindend gering ausfiel. Ich hatte mich an normalen Gesprächseinstiegen versucht. Ein nettes Hallo eben. Ich hatte immer gedacht, wenn mein Profilbild einigermaßen gut aussah, wäre es egal, was ich schreiben würde. Ich begriff aber nun relativ schnell, dass die Frauen von solchen lieblosen Standard-Nachrichten genervt sind, die sie auf Dating-Portalen gefühlte hundert Mal am Tag bekommen. Eine neue Regel war geboren:

„Sei anders und hebe dich beim Flirten von der grauen Masse ab! Das, was alle anderen Männer schon machen, erzeugt keine Neugier bei Frauen."

Ich musste also anders vorgehen als die anderen Männer. Deswegen entwickelte ich für das Flirten auf Partnerbörsen ein eigenes Skript. Ich überlegte mir, welche Parallelen es hierbei zum Ansprechen auf der Straße oder im Club gibt und baute diese Strategien und Techniken in mein Online-Dating-Konzept ein. Im ersten Schritt ging es darum, Anziehung aufzubauen. Die Frau sollte als erstes eine Nachricht von mir zu lesen bekommen, die kurz war. Am besten würde ich sie beim Anschreiben necken oder zum Lachen bringen, um aus der Masse der männlichen User hervorzustechen. Um das zu erreichen, durfte ich gleichzeitig keine typischen Floskeln à la „Hey, wie geht's" verwenden. Statt einfallslose Nachrichten zu verschicken, die sich wie eine Massen-Rundmail lesen, war es besser, individuell auf das Profil der Lady einzugehen. Dies würde ihr zeigen, dass ich mir beim Anschreiben Mühe gemacht hatte – und somit ein echtes Interesse hatte, mich tiefergehend mit ihrer Persönlichkeit zu befassen. Gar nicht so einfach. Ich schaute mir viele Frauenprofile an und fragte mich gleichzeitig, was ich schreiben sollte. Es gab drei Ansätze, worauf ich in meiner Nachricht Bezug nehmen konnte:

den Nicknamen der Frau

ihre Profilbilder

Profilangaben wie Hobbys, Reiseziele oder Lebensmotto

Ich klickte herum und blicke irgendwann auf das Profilfoto einer Frau. Sie hatte ein Selfie gemacht, auf dem sie einen Hut trug. Zu ihrem Nicknamen fiel mir nichts ein, und die Angaben im Profil waren so spärlich, dass sie keine Steilvorlage für einen guten Spruch lieferten. Denk nach, das kann doch nicht so schwer sein, feuerte ich mich innerlich an. Plötzlich kam mir ein lustiger Satz in den Sinn. Ich fing an, in die Tastatur zu hacken und eröffnete den Chat mit folgender Nachricht:

»Frechheit! Du hast meinen Hut geklaut :P«

Den spielerischen Vorwurf hatte ich mit einem Smiley etwas abgemildert, damit die Frau das Ganze auch wirklich als Spaß verstand. Im Internet fehlen schließlich wichtige Elemente der Face-to-Face-Kommunikation, wie Tonfall und Gesichtsmimik. Insgesamt gefiel mir der Spruch gut. Ein bisschen stolz war ich schon auf den Einfall, wenn ich daran dachte, wie unkreativ all die anderen Männer waren. Jetzt hieß es abwarten und hoffen, dass sie antworten würde. Es dauerte zehn Minuten bis ich die Geduld verlor und folgende Nachricht nachfeuerte:

»?«

Nicht sonderlich kreativ, das war mir bewusst. Es spielte aber sowieso keine Rolle mehr, denn ich bekam folgende Antwort in roter Schrift zu lesen:

»Dieser Nutzer ist bereits offline!«

Ach verdammt. Sie hat sich ausgeloggt. So ein Mist aber auch, ärgerte ich mich. Aufgeben wollte ich aber noch lange nicht, sondern öffnete ein paar Browserfenster und loggte mich in weiteren Singlebörsen ein. Ich wollte mein Glück auf mehreren Dating-Portalen gleichzeitig versuchen, um so das Maximum herauszuholen. Meine neue Strategie funktionierte tatsächlich besser, wie ich mit der Zeit bemerkte. In einem der Chats kam ich mit Regina ins Gespräch. Sie war Russin, lebte in München und war genauso alt wie ich. Auf den ersten Fotos sah sie aus wie ein Model. Ihr erotischer Blick zur Seite und das dezente Make-up machten mich neugierig. Die nächsten Fotos zeigten Momentaufnahmen, einfache Schnappschüsse aus dem Alltag. Mir wurde allmählich bewusst, dass sie zwar nicht das Aussehen eines Models hatte, aber trotzdem eine natürliche Schönheit war. Wir schrieben uns hin und her und ich fragte sie im Chat nach ungefähr zwanzig Minuten, ob wir uns am nächsten Tag treffen sollten. Sie stimmte meinem Vorschlag zu.

Verabredet waren wir abends am Stachus. Während ich ungeduldig am Treffpunkt wartete, bekam ich von Regina plötzlich die SMS, dass sie sich um dreißig Minuten verspäten würde. Das fängt ja gut an, dachte ich leicht verärgert. Aus Langeweile vertrieb ich mir die Zeit mit einem kleinen Spaziergang und kehrte dann zum Stachus zurück. Als Regina auch endlich eintraf, erblickte ich sie schon aus der Ferne. Sie trug einen roten Mantel und war ziemlich in Eile. Ihre lockigen brünetten Haare betonten ihr süßes Gesicht. Sie erkannte mich auch sofort und kam mit einem Lächeln auf mich zu. Wir liefen in Richtung Sendlinger Tor zu meinem Stammcafé für Dates. Das Lokal mit seinem romantischen Wiener Kaffeehaus-Charme schien Regina ebenfalls zu gefallen, wie ich beim Betreten merken konnte. Die Einrichtung hier drin war ein Mix aus edel und rustikal: Besonders auffällig waren die goldenen Tapeten an den Wänden, an denen zahlreiche Spiegel hingen. Der ganze Raum, der von Kronleuchtern bestrahlt wurde, schien in ein goldenes Licht getaucht. Im Gegensatz dazu wirkten die Möbel sehr schlicht. Wir gingen zu einer der vielen Holztischreihen, die an eine gewöhnliche Cocktailbar erinnerten, und setzten uns einander gegenüber auf die gepolsterte Sitzbank.

Regina erzählte mir bei einem Drink, dass sie ganz alleine nach Deutschland gekommen sei, um zu studieren. Ihre Eltern lebten nach wie vor in Russland, aber sie wolle hier im Westen beruflich vorankommen, denn sie sehne sich nach einem besseren Leben. In Russland sei die Schere zwischen Arm und Reich noch größer als in Deutschland. Ich konnte das sehr gut nachvollziehen und fand ihren Schritt äußerst mutig. Deutsch sprach sie bereits fließend, den russischen Akzent hörte man aber heraus. Wir unterhielten uns sehr angeregt; Momente des Schweigens gab es nicht. Ich merkte auch, dass sie etwas für mich übrig hatte. Nach einer Stunde legte ich ihre Hand in meine, um ihr die Kunst des Handlesens zu demonstrieren. Ich erklärte ihr, was die Lebenslinie und die Herzlinie über sie aussagten. Allerdings beherrschte ich das Handlesen weniger als ich in diesem Moment vorgab; erst vor Kurzem hatte ich im Internet einen Artikel darüber gelesen und fand das Ganze sehr interessant. Glauben konnte ich nicht daran, aber es war die ideale Möglichkeit, Körperkontakt aufzubauen. Irgendwie wurde ich das Gefühl nicht los, dass es ihr gefiel, wenn ich ihre Hand streichelte, und so näherte ich mich ganz langsam ihren Lippen. Kurz bevor es zum Kuss kam, hielt ich inne und ließ das Kribbeln auf sie und mich wirken. Sie lächelte und vollendete die Annäherung, indem sie mich nun küsste. Ich erwiderte diese Zärtlichkeit und wir knutschten voller Leidenschaft. Nachdem jeder die Lippen des anderen ausgiebig erforscht hatte, fragte ich sie:

»Wie kommt es, dass wir uns nach knapp einer Stunde schon küssen?«

»Ich weiß nicht. Du hast mir von Anfang an gefallen und irgendwie funkte es zwischen uns. Es hat sich einfach richtig angefühlt«, antwortete sie.

Ja, gefunkt hatte es tatsächlich. Und zwar auf beiden Seiten. Ich spürte in ihr eine warmherzige und äußerst feminine Frau. Etwas, was mich schon immer um den Verstand gebracht hatte. Zudem hatte ich einen ganz besonderen Bezug zu ihr. Ich selbst war in russischer Tradition aufgewachsen, denn meine Familie und ich, wir sind Russlanddeutsche. Durch den Aufruf Katharinas der Großen waren meine damaligen deutschen Vorfahren nach Russland übergesiedelt. Ihnen wurde ein besseres Leben dort versprochen, mit Steuerfreiheit sowie Grund und Boden. Ein Angebot, dem anfangs zehntausende Menschen folgten. Nachdem Hitler die Sowjetunion überfallen hatte, hatte Stalin die deutschen Siedler brutal unterdrückt. Nach vielen Jahren war es meinen Großeltern gelungen, mitsamt ihren Familien nach Deutschland zurückzukehren. Ich selbst war zwar in Deutschland geboren, hatte aber in meiner Kindheit russische Kinderserien geschaut und kannte die russische Küche besser als die deutsche. Durch meine kulturelle Prägung hatte ich auch eine stärkere Verbindung zu russischen Frauen. Sie waren mir einfach vertrauter.

Regina und ich beendeten den schönen Abend und ließen uns die Rechnung bringen. Ich wusste: Osteuropäische Frauen – und ganz besonders Russinnen – erwarten von einem Mann, eingeladen zu werden. Es gilt fast schon als Beleidigung, das nicht zu tun. Da ich mir dessen bewusst war, bezahlte ich all unsere Getränke. Als wir das Café verlassen hatten, hakte Regina sich bei mir ein und ich brachte sie zur Tram. Ein sanfter Abschiedskuss und ein erwartungsvolles „Melde dich" waren ihre letzten Gesten, ehe sie einstieg und in der nächtlichen Dunkelheit davonfuhr. Was für ein Date! Euphorisch wie ich war, rief ich Bernhard an und schilderte ihm von dem Treffen.

Es dauerte nicht lang, bis Regina und ich eine Partnerschaft eingingen und verliebt waren bis über beide Ohren. Natürlich lag dadurch meine Bereitschaft, fremde Frauen anzusprechen bei null. Schuld daran war wieder einmal das Bindungshormon Oxytocin. So wie in der Beziehung mit Romy damals hatte ich jetzt nur noch Augen für meine Partnerin und war unempfänglich für andere Frauen. Doch so schnell unser Weg in eine Beziehung mündete, so schnell endete er auch. Nach ein paar Monaten trennten wir uns; wir passten doch nicht so gut zusammen wie anfangs erhofft. Glücklich war ich darüber nicht, aber es war wohl die beste Entscheidung, auch für meine persönliche Entwicklung. Schließlich hatte ich noch immer das Ziel, möglichst viele Frauen kennenzulernen und zu daten, um die Verführungskunst zu meistern. Eine monogame Partnerschaft wäre früher oder später zum Hindernis hierfür geworden – und genau genommen war sie das jetzt schon gewesen.

Polygamie und andere Bettgeschichten

Eine neue Etappe begann für mich. Mittlerweile war ich so weit fortgeschritten, dass ich nicht nur regelmäßig Frauen kennenlernte, sondern sie auch auf dem Date verführen konnte. Natürlich konfrontierten mich viele der Frauen früher oder später auch mit dem Wunsch nach einer festen Partnerschaft. Doch wie sollte ich darauf reagieren? Würde ich mich jedes Mal in einer klassischen monogamen Beziehung binden, so wie zuletzt mit Regina, könnte ich für längere Zeit keine anderen Frauen kennenlernen. Dies würde mich in meiner Entwicklung zum Verführer ständig ausbremsen oder sogar zurückwerfen. Eine entscheidende Frage also. Klar, ich hätte den Anschein wahren können, monogam zu leben und mich hinter dem Rücken einer nichtsahnenden Partnerin mit all den anderen Frauen vergnügen können. Jedoch fühlte sich das falsch für mich an. Bis hierhin hatte ich noch nie eine Frau betrogen und wollte das auch so beibehalten. Ehrlichkeit war für mich stets von großem Wert. So beschloss ich, offen polygam zu leben. Dies bedeutete, keine heimlichen Affären nebenbei zu haben, sondern der Partnerin klar und deutlich zu kommunizieren, dass ich auch mit anderen Mädels schlief. Natürlich hatte ich die Befürchtung, dass sich keine Frau darauf einlassen würde. Aber für mich galt einmal mehr das Motto: Probieren geht über Studieren!

Und so lernte ich abends auf der Straße Mihaela kennen. Sie war Rumänin und hatte langes schwarzes Haar, das vorne in einen gerade geschnittenen Pony überging. Ihr Modestil war für Münchener Verhältnisse sehr speziell, denn sie kombinierte oft die Farben schwarz und weiß. Außerdem trug sie an beiden

Mittelfingern einen großen, auffälligen Ring. Ob das etwas über ihre Persönlichkeit aussagte? Vielleicht.

Unser erstes Date verbrachten wir bei Sonnenschein und Vogelgezwitscher in einem Zoo. Ein wirklich schöner Nachmittag. Wir beschlossen noch, entlang der Isar ein Stück spazieren zu gehen, ehe wir mein Stammcafé am Sendlinger Tor aufsuchten. So langsam beschlich mich das Gefühl, dass das verschmitzte Lächeln der Kellnerinnen eine Bedeutung hatte. Fast wöchentlich war ich mindestens einmal in dem Lokal zu Gast, und so gut wie immer mit einer anderen Frau. Was das wohl für einen Eindruck hinterließ? Egal. Nach der Bestellung küssten Mihaela und ich uns zum ersten Mal. Eine selbstbewusste Frau wie sie fand das großartig, wenn der Mann diesen Schritt ging ohne zu zögern. Als wir beide wussten, wohin das Ganze führen würde, begann es langsam ernst zu werden. Das Thema Beziehungen kam auf den Tisch. Ich konnte nicht einschätzen, ob sie offen für Polygamie wäre, doch irgendwie musste ich es herausfinden, ohne sie zu verschrecken. Also tastete ich mich langsam heran:

»Ich habe letztens etwas über ein neues Beziehungsmodell gelesen. Es ging um Polygamie. Wie findest du sowas?«, fragte ich.

»Weiß nicht. Ich habe mir dazu noch keine Gedanken gemacht. Wieso fragst du?«, entgegnete sie.

Sollte ich nun die Katze aus dem Sack lassen? Die Gefahr dabei war, dass sie sich nach dem Date nicht mehr melden würde, wenn ich nicht dem entsprach, was sie suchte. Und meine Frage hatte mir auch keine neuen Erkenntnisse gebracht. Scheiß drauf, dachte ich entschlossen, ich würde es einfach durchziehen.

»Also, ich frage deshalb, weil ich das gerne ausprobieren möchte. Wenn das mit uns klappt, dann möchte ich dir keine Hoffnung auf eine monogame Beziehung machen. Ich möchte in Zukunft polygam leben«, antwortete ich.

Sie überlegte kurz, war aber weder schockiert noch sichtlich abgeneigt.

»Okay. Also normalerweise würde ich mich nicht darauf einlassen. Aber ich mache eine Ausnahme bei dir. Wir werden dann ja sehen, wo das alles hinführt«, sagte sie.

Ich hätte schwören können, sie würde dem Vorschlag nicht zustimmen – sondern mir alles Gute wünschen, um dann aufzustehen und das Café zu verlassen. Stattdessen saß sie immer noch bei mir am Tisch und reagierte völlig neutral auf die Offenbarung. Ich war positiv überrascht. Dieses Modell der Polygamie eröffnete mir die Möglichkeit, weiterhin Mädels kennenzulernen, ohne ein schlechtes Gewissen haben zu müssen. Ehrlichkeit zahlte sich nun mal aus, auch beim Flirten.

Die nächsten Dates mit Mihaela waren immer schön. Wir trafen uns zu Spaziergängen durch die Stadt oder gingen gemeinsam in Bars. Auch besuchten wir uns zu Hause, aber Sex hatten wir leider noch keinen. Ich hatte auch eine Vermutung, warum. Es war nicht so, dass Mihaela nicht wollte, sondern sie dachte darüber nach, ob sie sich ganz auf mich einlassen sollte oder nicht. Laut Wissenschaft wird das Oxytocin insbesondere beim Sex ausgestoßen, wodurch Frauen ein noch intensiveres Bindungsgefühl zum Mann aufbauen. Wahrscheinlich bereitete ihr die Aussicht auf ein polygames Verhältnis Magenschmerzen, wenn sie sich beim Sex noch stärker in mich verlieben würde und sich innerlich doch eine monogame Beziehung wünschte. Der Gedanke, mich dann mit anderen Frauen teilen zu müssen, wäre für sie einfach unerträglich gewesen. Und so kam eines zum anderen. Während sie sich immer seltener bei mir meldete, versuchte ich, den Kontakt zu intensivieren. Sie fasste sich kurz in ihren SMS, während ich ihr halbe Romane schrieb. Ich investierte immer mehr Energie in sie und rannte ihr hinterher, aus Angst, sie zu verlieren. Dabei begriff ich nicht, dass dieses Klammern sie noch weiter in die Flucht schlug. So verstieß ich gegen meine eigenen Prinzipien, die ich zuvor aufgestellt hatte: Ich dackelte ihr hinterher wie ein treuherziger Schoßhund – und das, obwohl ich eine offene Beziehung angestrebt hatte. Mir hätte ihre zunehmende Distanzierung egal sein sollen, und hätte ich noch andere Frauen in petto gehabt, hätte ich so ein anhängliches Verhalten bestimmt nicht an den Tag gelegt. Aber durch meine Fixierung auf Mihaela hatte ich das Kennenlernen von Frauen in letzter Zeit sträflich vernachlässigt. Somit fehlten mir diese Alternativen, und dadurch war ich eine bedürftige Klette geworden. Das spürte Mihaela, weswegen ihr Interesse schleichend weniger wurde. Und so musste eine neue Regel her:

„Lauf niemals einer Frau hinterher, die keinerlei Interesse an dir zeigt."

Diese Einsicht kam zu spät, denn Mihaela ging immer weiter auf Abstand, bis unser Kontakt schließlich ganz im Sande verlaufen war. Ich hatte einen entscheidenden Fehler gemacht, obwohl alles so gut angefangen hatte. Das ärgerte mich sehr. Aber so war das nun mal. Sicher war Mihaela auch dem Einfluss ihrer Freundinnen ausgesetzt gewesen. Wenn eines ihrer Mädels mich nicht gut gefunden oder meine neue Lebensart infrage gestellt hatte, konnte es durchaus passiert sein, dass Mihaela die Meinung ihrer Freundin übernommen und mich auch deshalb abserviert hatte.

Zum Glück lernte ich ein paar Wochen später meine neue Flamme kennen: Elena. Auf meiner Flirtjagd in der Einkaufsstraße fiel sie mir sofort in der Menschenmenge auf. Sie trug eine weiße Bluse, dazu dunkelblaue Jeans und High Heels. Eine schwarze Sonnenbrille, umrahmt von ihrem dunkelblonden Haar, verlieh ihrem modischen Touch den letzten Schliff. Genau der Typ Frau, auf den ich stand. Ich sprach sie an und es lief alles wie am Schnürchen, sodass sie mir am Ende eines kurzen Gesprächs ihre Handynummer gab. Nach der Sache mit Mihaela hatte ich noch bei ein paar anderen Frauen den Versuch gewagt, eine polygame Beziehung einzuleiten, und war dabei kläglich gescheitert. Deshalb hatte ich mir nun eine andere Strategie zurechtgelegt – und Elena war die erste, die an diesem Experiment unwissend teilnehmen durfte. Mein Plan war ganz simpel: Ich würde ihr zuerst klarmachen, dass ich momentan nur auf Spaß aus sei und vorerst eine reine Sexbeziehung führen wolle. Wenn es ernst würde zwischen uns, würde ich das Thema Polygamie ansprechen und versuchen, sie dafür zu begeistern.

Unser erstes Date fand im Schlosspark Nymphenburg statt – einer weitläufigen Grünanlage, die vor dem gleichnamigen Prunkbau als typisches Gartenparterre begann und dahinter in ein bewaldetes Gebiet überging, das von Kanälen und Seen durchzogen war. Hier war man als Spaziergänger ungestört, und wir würden sicher ein lauschiges Plätzchen finden, um uns näherzukommen. Es herrschte sommerliches Wetter mit einer kleinen Brise Wind, welche die nötige Erfrischung bot. Elena war bei diesen Temperaturen sehr aufreizend gekleidet; ein Anblick, an den ich mich gewöhnen konnte. Sie erklärte mir, dass sie immer High Heels trage.»Auch beim Joggen«, scherzte sie. Wir verstanden uns prima und unterhielten uns angeregt. Nach einem kurzen Spaziergang erreichten wir das Ende des großen Mittelkanals, der den Park durchzog. Hier, an einem romantischen Wasserfall, setzten wir uns auf eine Bank, die von Bäumen umgeben war. Gegenüber auf der anderen Seite des Kanals hockte ebenfalls ein Pärchen; dieses küsste sich leidenschaftlich. Also sagte ich zu Elena:

»Siehst du die zwei da auf der anderen Seite?«

»Du meinst die, die rumknutschen?«, fragte sie.

»Ja genau. Lass uns denen mal zeigen, wie das mit dem Knutschen wirklich geht!«

Elena wirkte etwas zögerlich, als ich den Worten Taten folgen ließ. Meine Lippen küssten ihre vorsichtig, und nach einem kurzen Augenblick machten wir ziemlich wild herum. Nach einer Weile überlegte ich, wie ich es schaffen könnte, sie jetzt zu mir nach Hause zu bekommen. Es würden lediglich zehn Minuten zu Fuß sein, kein Gewaltmarsch also. Doch ich wusste, dass es wie bei den meisten Frauen einen guten Vorwand brauchte, damit Elena sich zu mir in die Wohnung begeben würde. Es sollte schließlich nicht der Eindruck entstehen, als ob es mir nur um schnellen Sex ging. Also bot ich ihr an, bei mir zu Hause eine Erfrischung zu nehmen. Ich erklärte, dass ich kühle Getränke hätte, und das sei bei diesen Temperaturen genau das Richtige. Zudem seien meine Mitbewoner an diesem Wochenende nicht da. Sie lehnte dankend ab. Ob es ihr zu schnell ging? Wir kannten uns schließlich erst ein paar Stunden. Mir blieb nichts anderes übrig, als ihre Entscheidung hinzunehmen.

Das zweite Date erwies sich ebenfalls als nicht so einfach. Ich hasste es, wenn meine WG-Mitbewohner zu Hause waren. Durch die dünnen Wände konnte man alles hören und ich wollte meine Privatsphäre wahren. Sie sollten nicht mitbekommen, welches Mädel bei mir zu Besuch war. Es gab die Sorte Mann, die mit ihren Frauengeschichten herumprahlte, ich jedoch war genau das Gegenteil davon. Wenn niemand von meinen Errungenschaften erfuhr, war mir das am liebsten. Zusätzlich wollte ich, dass Elena sich wohlfühlen und fallen lassen konnte – ohne den Gedanken daran, dass nur ein Zimmer weiter ein paar neugierige Jungs hockten. Nur so war guter Sex möglich. Also schied eine Einladung zu mir nach Hause aus; ich musste kreativ werden und etwas anderes finden. Schnell fiel mir eine Lösung ein: Im Sommer war ich sehr oft im Schlosspark unterwegs und kannte daher auch abgelegene Stellen, die perfekt für Intimität geeignet waren. Außerdem wäre hier etwas Nervenkitzel dabei, denn ein Liebesakt im Freien war wirklich ungewöhnlich und man konnte leicht erwischt werden. Ich bereitete Elena durch zweideutige Anspielungen darauf vor, wohin die Reise bei unserem zweiten Date gehen sollte. Sie war zwar etwas schüchtern, aber ließ sich schnell für meine verruchte Idee begeistern und stimmte zu. Stille Wasser sind nun mal tief, dachte ich. Dieser Spruch hatte sich in letzter Zeit schon oft als Wahrheit herausgestellt.

Bewaffnet mit einer braunen Decke, ein paar Snacks und Getränken, gingen Elena und ich nachmittags erneut in den Park. Es war ein angenehmes Sommerwetter, genau wie beim letzten Mal. Wir fanden ein abgelegenes Plätzchen nahe an einem kleinen See, umgeben von Bäumen und einem wildwachsenden Busch. Hier ließen wir uns nieder. Natürlich hätten wir jetzt wie Adam und Eva daliegen und uns dem anderen hingeben können. Aber es gab noch zwei Störquellen: Erstens kamen hin und wieder Spaziergänger vorbei, die wir hören konnten. Und zweitens würden die Leute bei näherem Hinsehen erkennen, was hier vor sich ging – trotz unseres botanischen Sichtschutzes. Ein bisschen Risiko fürs Erwischtwerden war also schon dabei. Mir kam die Idee, dass wir nur unsere Unterkörper entkleiden könnten, um den Akt nicht allzu auffällig zu gestalten. Das würde ja auch völlig reichen, und die Leute würden nichts von dem Liebesspiel bemerken. Jetzt musste ich nur noch Elena von meinem Vorhaben überzeugen. Ich versuchte, sie langsam an Hals und anderen erogenen Zonen zu berühren und gleichzeitig ihren Jeansknopf zu öffnen. Sie ließ es zu und als ich ihr in den Hals biss, konnte ich spüren, wie sich ihre Erregung steigerte. Ich ging die Sache ganz langsam an, bis wir endlich Sex hatten. Elena schien Gefallen daran zu finden. Dieses Plätzchen inmitten der Natur hatte einen großen Reiz für sie: das Vogelzwitschern im Hintergrund, die romantische Lage nahe am Wasser, der Schatten der Bäume, aber auch der Nervenkitzel, entdeckt zu werden. Ein ziemlich lustvoller Moment, auch für mich. Nach ein paar Minuten Sex sagte ich zu Elena:

»Da hinten ist jemand. Der schaut uns gerade zu.«

»Wirklich?«, fragte sie leicht schockiert.

»Ja. Er hat gerade gesehen, dass ich ihn bemerkt habe, aber statt abzuhauen bleibt er stehen und schaut weiter zu.«

»So ein Arschloch! Vielleicht soll ich ihm noch ne Tüte Popcorn und ne Cola bringen?«

Ich musste lachen. Trotz ihrer schüchternen Art hatte sie manchmal ganz schön Pfeffer und brachte echt lustige Sprüche. Weil der Spanner ein paar Meter weiter immer noch glotzte, gab ich ihr schließlich mein T-Shirt, das sie sich über ihre Scham legte, um ihren Slip wieder anzuziehen. Als wir wieder anständig bekleidet dasaßen, war der Typ schon abgedampft. Wir verbrachten noch einen gemütlichen Restnachmittag im Park, bevor wir in jeglicher Hinsicht befriedigt nach Hause gingen. Der Gaffer schien ihre Freude am Sex mit mir nicht getrübt zu haben. Ganz im Gegenteil: Diese schnelle Nummer unter freiem

Himmel war der Auftakt für eine heiße Liebesbeziehung, in der wir beide voll auf unsere Kosten kamen.

Nach ein paar weiteren Treffen erklärte ich Elena, dass wir beide noch jung seien und Spaß haben sollten. Mich fest zu binden sei keine Option für mich. Ein Donnerwetter blieb aus, als ich das Thema auf die Tagesordnung brachte. Elena verstand meinen Wunsch und war damit einverstanden. Für sie war aktuell der Sex das Wichtigste und mir ging es ganz genauso. Mit diesem Deal konnte ich mich nun endlich in einer polygamen Beziehung austoben und lernte die wohl sexoffenste Frau kennen: Sybille.

Sybille war überhaupt nicht mein Typ. Sie war einen Kopf größer als ich und über zehn Jahre älter, was man ihr leider auch ansah. Trotz ihres Alters und der drei Kinder, die sie geboren hatte, war sie sehr schlank. Wir schrieben uns über eine Online-Dating-Plattform, wobei sie von Anfang an sehr sexuell war. Von ihr kamen immer zweideutige Witze oder Anspielungen der heftigsten Sorte. Nach zwanzig Minuten Hin-und-her-Geschreibe entschlossen wir uns, das Gespräch am Telefon weiterzuführen. Ich hatte mich bis dato mit keiner Frau so gut über Sex unterhalten können wie mit ihr. Unglaublich erfahren kam sie mir vor – und sie wusste ganz genau, wie sie einem jungen Mann wie mir den Kopf verdrehen konnte. Und genau das sorgte auch dafür, dass ich mich auf sie einließ. Auch schickte sie mir abends zu später Stunde wilde Fantasien per SMS, die mich verrückt machten. Eine dieser erotischen Vorstellungen handelte davon, dass wir uns zufällig in einer Bar sehen würden, ich sie ansprechen würde und wir einen heißen Flirt hätten. Anschließend würde ich sie dominant an der Hand packen, um mit ihr auf die Toilette zu verschwinden. Was dann passieren würde, kann sich jeder ausmalen. Sybille hatte ein unglaubliches Geschick dafür, die Szenen so real zu beschreiben, dass man das Gefühl bekam, man erlebte das in dem Augenblick wirklich. Sie hatte mich wahnsinnig notgeil gemacht. Ich musste sie treffen, so viel stand fest.

Vormittags war die beste Zeit für ein Date. Ihre drei Kinder waren in der Kita und ihr Freund, mit dem sie eine polygame Beziehung führte, war auf der Arbeit. Seit Beginn meiner Ausbildung zum Gesundheits- und Krankenpfleger hatte ich zum ersten Mal das Gefühl, dass es Sinn machte, am Wochenende zu arbeiten. So hatte ich anschließend den Montag und Dienstag frei und konnte mich anderen Dingen widmen, beispielsweise dem Treffen mit Sybille. Gegen zehn Uhr morgens erschien sie wie verabredet auf dem Vorplatz am Sendlinger Tor, einem mittelalterlichen Stadttor mit zwei kleinen sechseckigen Türmen, das die Eintrittspforte zur historischen Altstadt bildete. Komplett in schwarz gekleidet und in hohen Schuhen stand sie vor mir. Eine Riesin, die mich locker um einen Kopf überragte. Zur Begrüßung umarmten wir uns, wobei ich mir etwas komisch vorkam. Bei großen Frauen hatte ich immer das Gefühl, dass mein Beschützerinstinkt nicht griff.

»Also, viel Zeit habe ich nicht, ich muss in zwei Stunden die Kinder abholen. Was willst du machen?«, fragte sie mich.

»Weiß nicht. Wollen wir zu einem Erotikladen gehen?«, antwortete ich ironisch.

»Ne«, war ihre ernste Antwort.

Kurz fragte ich mich: Ist das wirklich die Frau, die mir all die Sexfantasien geschickt hat? Sie wirkte irgendwie anders, wie ausgewechselt. Ich startete noch einen Versuch:

»Okay. Wollen wir dann zu dir gehen?«, fragte ich.

»Hmm. Also, so schnell habe ich noch nie jemanden mit zu mir nach Hause genommen. Aber gut. Ist auch nicht weit, sind knapp zehn Minuten Fußmarsch von hier.«

Das ging jetzt einfach, dachte ich erleichtert. Die Frage war aber, ob wir Sex haben würden? In letzter Zeit traf ich eine Menge Frauen. Mit einigen war ich auch bei mir zu Hause, im Bett landeten wir aber trotzdem nicht immer. Demnach war es auch kein Garant für Sex, wenn wir jetzt zu ihr gingen. Als wir bei Sybille angekommen waren, sollte ich auf dem Doppelbett Platz nehmen. Es war ein minimalistisches Schlafzimmer. Ein großer brauner Kleiderschrank, eine Kommode und ein Spiegel an der Wand, das war so ziemlich alles an Einrichtung, was um das Bett herum zu sehen war. Sybille fragte mich plötzlich, ob sie schwarze Strapsen anziehen solle. Aber hallo, da fragt sie noch? Das war mein einziger Gedanke, und ich bejahte ohne zu überlegen. Also begab sie sich kurz in eines der Kinderzimmer und zog dort ihre Reizwäsche an. Bei einer solchen Frage wusste ich natürlich wie jeder Mann, wo das hinführen würde: Nur eine Modenschau würde es nicht werden. Gott sei Dank hatte ich Kondome dabei. Ich zog mein T-Shirt aus und wartete gespannt. Und da stand sie plötzlich vor mir. Wie angekündigt trug sie schwarze Strapsen, dazu einen schwarzen Push-up-BH. Ihre Figur war echt sexy. Sie kam zu mir aufs Bett, wir umschlangen unsere Körper und hatten Sex. Nachdem die Missionarsstellung etwas langweilig geworden war, stellte sie mir auf einmal eine Frage:

»Willst du mich in den Arsch ficken?«

»Bitte was?«, fragte ich irritiert.

»Naja, ich stehe voll auf Analsex. Ich habe auch eine Darmspülung gemacht, bin also komplett sauber.«

Ich hatte noch nie Analsex gehabt und fand die Vorstellung auch etwas eklig. Aber gut, vielleicht ist es ja doch geil, dachte ich mir. Also ließ ich sie machen. Mit etwas Gleitgel führte sie meinen Penis ein und wir hatten Analverkehr. Ein ganz anderes Gefühl, viel enger, aber so viel mehr Genuss verspürte ich dabei nicht.

Anschließend wollte ich etwas ausprobieren, das ich in etlichen Sexratgebern gelesen hatte: Squirting oder auch weibliche Ejakulation genannt. Durch Stimulierung des G-Punktes könne es passieren, dass die Frau stoßweise abspritze. Wie in einigen Artikeln stand, sollte das der intensivste Orgasmus für eine Frau sein. Ich hatte die Technik schon bei anderen Sexpartnerinnen ausprobiert, allerdings hatte es nie geklappt. Die Frau musste sich dafür komplett fallen lassen können. Bei Sybille hatte ich das Gefühl, sie könnte aufgrund ihrer sexuellen Erfahrung fürs Squirten geeignet sein. Also erklärte ich ihr, was ich vorhatte, und fing an, mit meinen Fingern ihren G-Punkt zu stimulieren. Nach ein paar Minuten, als meine Fingermuskeln bereits von der anstrengenden Bewegung schmerzten, fing sie am ganzen Körper an zu zittern und spritzte eine weiße Flüssigkeit ab. Es war verrückt; ich kam mir vor wie in einem Pornofilm. Mit keiner Frau zuvor hatte ich so einen versauten und wilden Sex wie mit ihr. Als wir beide erschöpft im Bett nebeneinander lagen, erzählte sie mir, was sie schon alles praktiziert hatte. Ich kam aus dem Staunen nicht mehr heraus. Diese Frau hatte wirklich schon alles veranstaltet, was man sexuell erleben konnte – von Gruppensex-Orgien bis hin zu Sadomasochismus. Ein lustiges Detail verriet sie mir auch noch: Ihr Vater habe früher einmal als Pornodarsteller gearbeitet. Das erklärte einiges. Als ich mich auf den Weg nach Hause machte, fühlte ich mich glücklich. Nicht weil ich Sex gehabt hatte, sondern weil ich Sybille hatte ansehen können, dass sie befriedigt war. Das war für mich das Schönste.

Ich wollte einer Frau einen Orgasmus bescheren, an den sie sich noch lange erinnern würde.

Einen Tag später kam Elena zu mir in die WG. An manchen Tagen dieses Spätsommers wurde es schon etwas kühler, und so verzichteten wir auf die Ausflüge in den Park, um uns stattdessen bei mir zu treffen. Elena setzte sich auf mein Bett und fragte:

»Sag mal, hattest du in letzter Zeit eigentlich Sex mit einer anderen Frau?«

»Wieso fragst du?«, entgegnete ich.

»Interessiert mich. Wir haben ja ein lockeres Verhältnis. Ich dachte, ich frage mal nach.«

Sollte ich ihr die Wahrheit sagen? An sich wäre das fair, überlegte ich. Vielleicht hatte sie ja ebenfalls Sex mit einem anderen Partner gehabt. Trotzdem konnte ich mich nicht dazu durchringen, ihr von meinem Erlebnis mit Sybille zu berichten. Also wiegelte ich ab:

»Das ist doch egal. Wieso fragst du mich sowas?«

»Naja, ich habe dich in letzter Zeit sehr vermisst.«

Alarmstufe Rot. Ich wusste sofort, was das bedeutete. Elena hatte sich in mich verliebt und wollte das lockere Verhältnis zwischen uns in eine monogame Beziehung umwandeln, um mich ganz für sich allein zu haben. Was sollte ich jetzt tun? Ich war mit dieser neuen Situation komplett überfordert. Aus dem Grund reagierte ich wie ein Arschloch, als ich erwiderte:

»Also ich habe dich nicht vermisst.«

Sie blickte mich an und verarbeitete die Aussage, während ihre Augen sich mit Tränen füllten. Dann fing sie an zu heulen. Ich bin so ein Idiot, wies ich mich innerlich selbst zurecht. Sofort fühlte ich mich schlecht und versuchte die Situation zu retten. Elena allerdings streifte sich Jacke und Schuhe über so schnell sie nur konnte, rannte aus meiner Wohnung und knallte die Tür mit voller Wucht hinter sich zu. Ich zog ebenfalls meine Klamotten an und eilte ihr hinterher. Als ich sie sah, stand sie schon an der Tramhaltestelle und wartete tränenüberströmt. Ich ging auf sie zu, aber sie fauchte bloß, ich solle weggehen.

Die Sache schien vorerst hoffnungslos und ich ließ ein paar Tage Gras darüber wachsen. Anschließend schrieb ich ihr eine SMS, in der ich mich für mein Verhalten entschuldigte. Sie antwortete mir, dass sie sich verletzt fühle und sich eine monogame Beziehung mit mir gewünscht habe, sich nach dem Vorfall aber unsicher sei. Ich erklärte ihr, dass es mir leid tue, aber ich könne ihr das nicht geben. Monogam wollte ich nun mal nicht leben. Und so ging jeder seines Weges.

Wenn unglückliche Frauen fremdgehen

Es war Freitagabend, der Aufbruch zu einer Party. Bernhard, Moe und ich trafen uns gemeinsam vor einem angesagten Club in München. Das Wetter war nicht sonderlich berauschend, genau genommen ziemlich miserabel. Es goss wie aus Eimern und wir waren froh, bald endlich drinnen zu sein. Vor uns standen ein paar Leute in der Warteschlange, um sich vom Türsteher einem Face-Check unterziehen zu lassen. Ebenso streng wie der Securitymann war der Dresscode. Als Normalo in Alltagskleidung war es unmöglich hereinzukommen, leicht elegant musste das Outfit schon sein. Etwas weiter vor uns in der Schlange stand ein Kerl, der mit dem Türsteher diskutierte.

Der unerwünschte Besucher war Ende zwanzig, fast zwei Meter groß und wirkte etwas schlaksig. Er trug eine schlabbrige helle Jeans, die dem Türsteher ein Dorn im Auge war, weshalb er ihm den Einlass verweigerte. Der Kerl jedoch erklärte ihm, dass er keine andere Hose tragen könne, da er links eine Beinprothese aufgrund eines Unfalls trage. Weil der Türsteher glaubte, dies sei ein Witz, zog der Invalide sein Hosenbein hoch und zeigte ihm sichtlich verschämt seine Prothese. Ob er jetzt wohl rein dürfte? Alle in der Warteschlange verfolgten interessiert das Geschehen. Doch der Türsteher blieb hart und gab dem beinamputierten Mann zu verstehen, dass er sein Glück woanders versuchen solle. Genau das hasste Bernhard an München. Diese Oberflächlichkeit. Der Kerl hatte es mit der Beinprothese und seiner Größe ohnehin schon schwer, eine passende Hose zu finden. Aber statt einfach mal ein Auge zuzudrücken und ihm den Einlass zu gewähren, wurde er kaltherzig abgewiesen. Auch ich konnte dem Verhalten des

Türstehers nichts abgewinnen. An manchen Stellen war Menschlichkeit angebracht und nicht Status und Schickimicki. Zumal wir selbst Jeans trugen, die zwar mit ihren dunklen Farben etwas eleganter wirkten, aber im Grunde ebenfalls nichts Besonderes waren. Doch wir kamen mit diesen Hosen problemlos rein in den Laden.

Als wir den Club betreten und unsere Jacken an der Garderobe abgegeben hatten, machten wir wie jedes Mal unseren Kontrollrundgang. Dabei liefen wir durch den in schummriges Rotlicht getauchten Tanzraum und schauten, wo sich attraktive Mädels befanden. Zugleich wollten wir sehen, wie die Gruppenkonstellationen waren – das heißt, ob es reine Frauengruppen gab oder auch gemischte mit Männern. Alles und jeder wurde beim Rundgang von uns gescannt, vom Platz vor den Toiletten über die Tanzfläche bis zu den stylisch hergerichteten Theken. Anschließend gingen wir in die Raucherecke, die sich im Außenbereich befand. Wir hielten uns hier so gut wie immer auf, auch wenn bis auf Moe keiner von uns rauchte. Denn während es im Inneren des Clubs dunkel, eng und laut war, konnte man es in der Raucherecke gut aushalten, abgesehen vom Gestank des Zigarettenqualms. Hier im Außenbereich gab es Heizstrahler zum Aufwärmen und auch ein paar Sitzmöglichkeiten. Außerdem konnte man sich wegen des geringeren Lärmpegels sehr angenehm unterhalten, vor allem mit Mädels.

Wie die meisten Clubs war auch dieser offensichtlich so konzipiert, dass flirthungrige Männer es nicht leicht hatten, Frauen kennenzulernen. Hindernisse gab es viele – zum Beispiel die laute Musik, die es einem unmöglich machte, sich zu unterhalten. Nicht zu vergessen die neidischen Typen, die sich in einen Flirt einmischten, genauso wie die eifersüchtigen

Freundinnen, die es hassten, wenn sie im Gespräch plötzlich das fünfte Rad am Wagen waren. Flirten im Alltag war mir da schon lieber. In der Einkaufsstraße gab es all diese Störfaktoren nicht, dafür aber andere Hindernisse, wie etwa der hohe Termindruck, unter dem manche Frauen durch die Stadt eilten. Oder sie waren schlichtweg nicht darauf eingestellt, hier von einem wildfremden Mann angesprochen zu werden. Trotzdem sah ich das Flirten tagsüber unterm Strich als vorteilhafter an. Doch ich wollte nicht den Kopf in den Sand stecken, sondern das Beste aus dem Clubbesuch machen. Wenn ich wirklich ein guter Verführer sein wollte, musste ich mich den widrigen Umständen anpassen. Hier im Club galten nun mal andere Regeln als auf der Straße. Eine davon lautete:

„Sei auf Partys besser gelaunt als alle anderen."

Die Stimmung, in der man sich befindet, ist beim Feiern erfolgsentscheidend, überlegte ich. Man sollte mindestens so energiegeladen und gut gelaunt sein wie die Frauen selbst. Im Club geht es schließlich darum, Spaß zu haben. Die Menschen wollen ihre Alltagssorgen für einen Abend vergessen und sehnen sich nach tollen Partygästen, mit denen sie lachen und feiern können. Ernsthafte Gespräche und andere langweilige Verhaltensweisen wie stundenlanges Herumsitzen sind hier fehl am Platz. Die meisten Männer machen außerdem den Fehler, dass sie versuchen, auf der Tanzfläche Frauen kennenzulernen. Das ist in zweifacher Hinsicht von Nachteil: Erstens sind sie oftmals keine guten Tänzer und können mit ihrem ungelenken Hüftschwung keinen Eindruck schinden. Zweitens ist hier die Musik viel zu laut für Gespräche. Beide Probleme lösen sich in Luft auf, sobald man im ruhigen Chillout- oder Raucherbereich auf Frauen zugeht.

Bernhard, Moe und ich wollten endlich loslegen. Unsere Taktik stand fest: Wir würden eine Gruppe von drei Mädels ansprechen, die hier im Außenbereich in der Ecke saßen und geradeaus ins Leere blickten, während sie gelangweilt mit den Strohhalmen in ihren Cocktails rührten. In so einem Fall war es meistens ein Kinderspiel, die Gruppe für sich zu gewinnen. Schließlich wollten sich auch die Frauen an so einem Abend nicht langweilen, sondern freuten sich über jede gute Unterhaltung. Es brauchte nur ein bisschen Humor, um ein Gespräch in Gang zu bringen. Also gingen wir zu ihnen hinüber und einer von uns sagte:

»Hey Mädels, wir müssen euch etwas total Banales fragen: Wer ist cooler, Spiderman oder Batman?«

Total absurd, aber es funktionierte. Die drei Frauen grinsten und es entbrannte eine scherzhafte Diskussion darüber, welcher Superheld nun am fähigsten sei, um die Welt vor bösen Schurken zu retten. Die Langweile der Mädels schien wie weggeblasen und sie wirkten fast froh, dass wir sie angesprochen hatten. Eigentlich nicht verwunderlich, dachte ich, schließlich gehen Frauen auch deshalb in den Club, um Männer kennenzulernen. Natürlich würden viele das nicht zugeben und behaupten, sie wollen an dem Abend nur ein bisschen mit ihren Freundinnen quatschen und Musik hören. Aber warum werfen sich die Ladys dann so in Schale, wenn sie ausgehen? Natürlich auch deshalb, weil sie uns Männern gefallen wollen.

Nachdem Bernhard, Moe und ich ein äußerst lustiges Gespräch mit den Frauen geführt hatten, gingen wir wieder nach drinnen, wo die Tanzfläche war. Die beiden Jungs wollten sich etwas zu trinken ordern. Während wir an der Bar standen, richteten sich meine Blicke auf eine ganz bestimmte Lady: schwarzes schulterlanges Haar, ein langes schwarzes Kleid mit langen Ärmeln und einer verführerischen schwarzen Strumpfhose. Eleganz pur.

»Seht ihr die da ganz in Schwarz, ein paar Meter vor uns auf der Tanzfläche? Die will ich ansprechen!«, verkündete ich.

»Die mit ihrer Mutter?«, fragte Moe nach.

Ja, genau die. Das hatte ich total übersehen. Sie war in Begleitung ihrer Mutter, die ein paar Schritte weiter stand. Hin und wieder wandten sie sich einander zu und wechselten ein paar Worte. Ihre Mutter war ebenfalls sehr elegant gekleidet, machte aber den Eindruck, als ob sie sich unter all den jungen Menschen nicht wohlfühlte. Mir war noch nie so wirklich klar gewesen, wie ich die Mutter einer Frau für mich gewinnen konnte, um grünes Licht zum Erobern ihrer Tochter zu bekommen. Aber war es beim Flirten überhaupt notwendig, die Mutter von mir zu überzeugen? Ich war unschlüssig, was ich jetzt tun sollte. Bernhard und Moe empfahlen mir, zuerst die Tochter anzusprechen. So hatte es auch Chris damals im Schuhladen in Regensburg gemacht. Irgendwie fühlte sich das richtig an, also ging ich auf sie zu. Um mich herum wimmelte es nur so von Tanzwütigen, durch die ich mir einen Weg hindurch zur Lady in Schwarz bahnte. Es war natürlich nicht die beste Option, sie unter diesen Umständen anzusprechen. Doch ich wollte sie unbedingt kennenlernen und musste diese Chance nutzen. Während sie versuchte, im Rhythmus der lauten Musik zu tanzen, trat ich in ihr Sichtfeld.

»Hi, ich finde dich total hübsch!«, rief ich lächelnd.

Aus Erfahrung wusste ich, dass kurze und knappe Äußerungen am besten funktionierten. Die ohrenbetäubende Musik verschlang bei langen Sätzen jedes dritte Wort, und die Frau hatte dann immer ein imaginäres Fragezeichen auf dem Kopf, weil sie einen akustisch nicht verstand. Aus dem Grund hielt ich mich an kurze Ansagen. Wir wechselten ein paar Worte, und dann kam auch schon die Frau herüber, die dem Flirt ein jähes Ende bereiten konnte: ihre Mutter. Ich wusste sofort, dass ich sie für mich gewinnen musste und streckte ihr meine Hand zur Begrüßung entgegen. Dazu setzte ich ein breites, künstliches Lächeln auf, um deeskalierend zu wirken. Das musste ziemlich bescheuert aussehen, doch mein Honigkuchenpferd-Grinsen funktionierte zumindest für den Anfang, denn die Mutter nahm meine Hand und erwiderte die Begrüßung höflich. Aber was sollte ich als Nächstes tun? Worüber sollte ich mich mit ihrer Mutter unterhalten? Bevor ich in größere Verlegenheit kommen konnte, wandte sich die ältere Dame ihrer Tochter zu und sagte ihr etwas ins Ohr, das ich wegen der Lautstärke nicht verstehen konnte. Würde ich gleich zu hören bekommen, dass sie beide ganz dringend aufs Klo müssten? Eine klassische Ausrede in Clubs, um unliebsame Frauenjäger schnellstmöglich abzuwimmeln. Dem war aber zum Glück nicht so. Stattdessen drehte die Mutter sich um und verschwand in der Menschenmasse. Vor mir stand also nur noch die Tochter.

»Wo geht deine Mutter hin?«, fragte ich.

»Nach Hause, ihr gefällt es hier nicht.«

Eine bessere Antwort konnte es nicht geben, denn damit hatte ich freie Bahn. Jetzt waren Christina, wie sie hieß, und ich alleine. Frauen, die ohne Begleitung sind und keine Freunde erwarten, sind meistens offen für eine heiße Nacht. Das mag nicht immer zutreffend sein, aber in der Vergangenheit hatte sich dieses Gesetz bewahrheitet, auch wenn es immer mal wieder Ausnahmen gab. Ich nahm Christinas Hand, als wäre es selbstverständlich für mich, und tanzte mit ihr. Unsere Körper kamen sich immer näher und unsere Lippen berührten sich, so als würden wir magnetisch zueinander hingezogen. Wir knutschten, tanzten wild umher und befummelten uns leicht. Nach diesem leidenschaftlichen Part gönnten wir uns eine kleine Auszeit. Christina holte ihr Smartphone heraus, um ihre Nachrichten zu checken. Das war eine günstige Gelegenheit. Also fragte ich sie, ob wir nicht unsere Handynummern tauschen sollten. Sie verneinte und schüttelte den Kopf. Ich konnte mir das nicht erklären. Sie hatte Interesse an mir, das spürte ich. Aber warum wollte sie dann vor mir anonym bleiben und keinen weiteren Kontakt? Ich verstand das nicht und es gab auch keine logische Erklärung für mich. Während sie weiter auf ihr Smartphone schaute und tippte, warf ich einen heimlichen Blick darauf, um zu erfahren, mit wem sie schrieb. Es schien irgendein Typ zu sein, der fragte, wann sie endlich nach Hause kommen würde. Nach Hause? Oh je, dachte ich, wie unter Geschwistern wirkt diese Art der Kommunikation nicht gerade. Also fragte ich Christina, mit wem sie da hin und her textete. Sie erklärt mir, dass das ihr Mann sei. Allerdings mache sie die Ehe mit ihm nicht mehr glücklich und sie seien schon länger in einer Paartherapie. Erfolgreich scheint das ja nicht zu laufen, wenn sie mit mir rumknutscht, war mein Gedanke. Aber jetzt leuchtete mir ein, warum sie den Kontakt zu mir nicht aufrechterhalten wollte. Sie wollte vermutlich nicht nur ihre Ehe retten, sondern sich auch einen möglichen Wutausbruch ihres eifersüchtigen Mannes ersparen. Christina schaute weiter ständig auf ihr Handy. Jedes Mal versuchte ich, einen kurzen Blick aufs Display zu erhaschen, denn die Sache hatte mich neugierig gemacht. Es kamen Nachrichten im Minutentakt. Das bestätigte meine Vermutung: Ihr Gatte war offensichtlich ein Kontrollfreak und wurde bei dem kleinsten Anzeichen von Untreue eifersüchtig. Dennoch wollte ich auf ein Abenteuer mit ihr nicht verzichten. Daher wurde es wurde langsam Zeit, das leidige Thema mit ihrem Mann zu beenden und unser Gespräch in eine sexuelle Richtung zu lenken.

»Was war das Verrückteste, was du jemals gemacht hast?«, fragte ich.

Eine indirekte Technik, die ich kurz zuvor durch Zufall entdeckt hatte. Durch die offene Fragestellung gab ich ihr die Möglichkeit, auf die Art zu reagieren, wie sie es wollte. Wenn sie mit der Geschichte eines Fallschirmsprungs antworten würde, wüsste ich, in welche Richtung es an diesem Abend ginge: nämlich auf getrennten Wegen nach Hause, wo ich dann allein in meinem Bett läge. Würde sie hingegen mit etwas Sexuellem antworten, wäre klar, dass sie Lust auf mehr hätte.

»Ich hatte mal Sex auf der Toilette eines Lokals. Und du?«, antwortete sie.

Bingo. Sie hatte angebissen. Meine Annahme war, dass durch die Beziehungsprobleme mit ihrem Mann auch das sexuelle Verlangen nach ihm erloschen war. Wahrscheinlich herrschte im Bett Flaute, deshalb suchte sie den Seitensprung. Da Sex ein Grundbedürfnis des Menschen ist, konnte ich sie absolut verstehen. Wohlgemerkt war ich überhaupt kein Fan davon, sich in eine Beziehung oder gar Ehe einzumischen, die auf körperliche Treue ausgelegt war. Durch die knappen Erzählungen von ihr und den Blick aufs Smartphone hatte ich aber das Gefühl, dass die Ehe schon längst in tausend Scherben zerbrochen war. Und natürlich war es auch ihre Entscheidung, sich auf das Abenteuer mit mir einzulassen. Demnach traf mich keine Schuld. Ich wollte der Frau keine Schwierigkeiten bereiten, sondern ihr einfach das geben, wofür sie hier war: Sex.

»Lass uns etwas Verrücktes machen«, schlug ich vor.

»Und was?«

Ohne zu antworten packte ich sie dominant, aber dennoch liebevoll an der Hand und zog sie Richtung Toilette. Ich hatte den Eindruck, dass wir ihr verrücktestes Erlebnis auffrischen sollten. Sie wusste sofort, was ich vorhatte und ich spürte, wie sehr sie der Gedanke erregte. Kurz vor der Gabelung zwischen Damen- und Herrenklo saß eine Putzkraft. Die Frau schaute uns sehr streng an – und wir verstanden sofort, dass das die Aufforderung war, zu verschwinden. Die Toilettenkabine ist sowieso nicht der hygienischste Ort dafür, dachte ich. Weil es im Club sonst keine Möglichkeit gab, musste ich mit Christina die Location wechseln. Wir gingen gemeinsam zur Garderobe und holten unsere Jacken. Sie zog einen schwarzen Mantel an. Was auch sonst? Sie war für mich die Lady in Black. Draußen vor dem Club angekommen, regnete es immer noch in Strömen. Christina deutete mit dem Finger auf die gegenüberliegende Straßenseite und fragte:

»Dort drüben ist ein Park. Wollen wir dort Sex haben?«

»Während es regnet?«, fragte ich.

»Ja, mir wäre das egal.«

Sie war wirklich verrückt. Sex mitten im Park, obwohl es nur so schüttete und wir binnen Minuten klatschnass wären? Ich zögerte, da eine Erkältung vorprogrammiert war. Zwar wollte ich kein Spielverderber sein, aber als wirklich lustvoll empfand ich dieses Liebesspiel unter freiem Himmel nicht.

»Lieber nicht. Warum machen wir uns das so kompliziert? Wir können ein Taxi nehmen und zu mir fahren«, schlug ich vor.

»Ne, das geht nicht.«

Spontaner Sex war immer am aufregendsten. Aber selbst mir war das jetzt zu spontan. Das Wetter machte uns einen gehörigen Strich durch die Rechnung. Wohin also jetzt? Sex in der U-Bahn-Station würde die Polizei alarmieren, und die umliegenden Häuser waren gewerblich genutzte Ladenlokale und Betriebe. Es gab also nirgendwo einen Unterschlupf. In der Ferne erblickte ich ein Gebäude, in dem Licht brannte. Ich schlug Christina vor, dort hinzulaufen. Als wir näherkamen, konnten wir sehen, was los war: Mitten in der Nacht, um zwei Uhr früh, war im Gebäude ein Kronleuchter eingeschaltet und warf seinen Lichtschein auf die Straße. Ein Schild vor der großen Tür verriet, dass es sich um ein Ärztehaus handelte.

Christina und ich versuchten die Tür zu öffnen, und wie durch ein Wunder war sie nicht verschlossen. Wir betraten einen großen, hell erleuchteten Eingangssaal. Der Boden war aus edlem Marmor und es gab eine Steintreppe nach oben und eine nach unten. In der Stille hörte man jeden unserer Schritte durch den Raum hallen und wir flüsterten intuitiv, um unbemerkt zu bleiben. Um uns herum gab es Türen zu mehreren Praxen. Alle verschlossen. Ich ging ein paar Stufen Richtung Untergeschoss hinab, um zu sehen, was sich dort befand. Als ein paar nicht identifizierbare Stimmen von unten zu mir heraufdrangen, kehrte ich sofort um. Christina wollte ich von den Stimmen lieber nichts erzählen. Ich wusste nicht, ob sie das angetörnt oder in die Flucht geschlagen hätte. Riskieren wollte ich nichts; das hier war ohnehin schon Risiko genug.

Christina war stark erregt, so wie ich auch. Um mich wieder auf den Liebesakt zu konzentrieren, begann ich, wild mit ihr rumzuknutschen. Nach einigen Minuten waren mir die Geisterstimmen völlig egal und ich zog meine Hose aus. Christina tat es mir gleich und entledigte sich ihres Kleides. Ihren

Mantel streifte sie sich allerdings wieder über, weil es ihr zu kalt hier im Hausflur war. Damit sie es einigermaßen bequem auf dem harten Boden haben würde, breitete ich meine Jacke darauf aus. Und dann hatten wir Sex. Allerdings nur ein paar Minuten, denn wir hörten plötzlich laute Stimmen. Es kam jemand! Unter Adrenalin zogen wir hastig unsere Klamotten wieder an und bemerkten, dass die Stimmen, die zunächst angeschwollen und dann wieder leiser geworden waren, von draußen kamen. Wenn Passanten – vermutlich Nachtschwärmer – lautstark redend an dem Gebäude vorbeigingen, konnte man sie hören. Was für ein Glück! Ich hatte schon gedacht, es gäbe hier Überwachungskameras und mit dem Schlimmsten gerechnet. Im Kopf hatte ich mir schon ausgemalt, wie Polizisten das Gebäude stürmen und uns beide verhaften würden. Aber Gott sei Dank war alles in Ordnung. Christina und ich beruhigten uns und starteten einen neuen Versuch. Das war der leiseste Sex, den ich jemals hatte.

»Bist du gekommen?«, fragte sie.

»Ja, du auch?«

»Ja, schon lange vor dir. Das war so aufregend, dass es mich total erregt hat.«

Wir zogen uns an und sie blickte auf ihr Smartphone. Ihr Mann hatte ihr wieder etliche, aber nicht sonderlich erfreuliche Nachrichten geschrieben, und sie gab mir zu verstehen, dass sie jetzt dringend nach Hause müsse. Sie rief in der Taxizentrale an und ließ sich einen Wagen direkt vor das Gebäude kommen. Ich fragte sie erneut, ob wir nicht in Kontakt bleiben wollten. Sie verneinte lächelnd und gab mir zu verstehen, dass wir uns eines Tages sicher wieder treffen würden, ehe sie in das Taxi stieg und davonfuhr.

Im Spinnennetz der Manipulation

An sich hatte ich nur zwei gute Freunde in München: Bernhard und Moe. Klar, ich hatte einige gute Bekanntschaften, aber ich wollte meinen Freundeskreis erweitern – und zwar mit Frauen. Über eine Partnerbörse lernte ich eine Russin kennen: Nastja. Sie war brünett, ein paar Jahre älter als ich und hatte eine Schwäche für Katzen. Ihren Kater Tommy liebte sie über alles. Als wir uns das erste Mal trafen, erzählte sie mir, dass sie außerdem einen Freund habe, mit dem sie überglücklich sei. Online-Dating sei für sie lediglich ein Zeitvertreib, um neue Freunde zu finden. Das kam mir sehr gelegen, weil ich somit eine hübsche und sympathische Frau für meinen Freundeskreis gewinnen könnte. Außerdem wäre es für mich sowieso tabu gewesen, mich in eine monogame, glückliche Beziehung einzumischen. Unser erstes Treffen war deshalb der Startschuss für eine tolle Freundschaft.

Nastja ging unheimlich gerne feiern. So wie die meisten Frauen genoss sie die Musik auf Partys und ließ sich davon treiben. Tanzen und Spaß haben, das war genau die Stelle, an der ihr Freund sich ausklinkte. Ich hingegen klinkte mich hier ein, denn mir ging es im Club darum, mit Frauen zu flirten – und ein weiblicher Mitstreiter konnte hierbei nur von Vorteil sein. Nastja fragte mich, ob ich am Freitag dabei wäre. Sie wollte in den Laden gehen, in dem ich vor Kurzem Christina, die Lady in Black, getroffen hatte. Es würden sie drei Freundinnen begleiten und ich könne auch jemanden mitbringen. Moe hatte leider keine Zeit. Bernhard war zwar gesundheitlich nicht in bester Verfassung, erklärte sich aber bereit, trotz seiner Erkältung ein paar Stunden mitzukommen.

Bernhard und ich trafen uns schon etwas früher. Der Club, mittlerweile unser Stammladen, öffnete um neun Uhr und bis zehn Uhr hatte jeder freien Eintritt. Als wir eintraten, war es noch ziemlich leer. Wir gingen erstmal zur Bar und bestellten uns Getränke; Bernhard wegen seines kränklichen Zustands nur ein Wasser, ich ein Bier. Dann sahen wir zu, wie die Besucher nach und nach in den Tanzraum tröpfelten, während wir uns angeregt unterhielten. Wieder beobachteten wir genau, wo welche Gruppen standen, auf die man im Verlauf des Abends vielleicht noch zugehen könnte. Gegen elf Uhr wurde es langsam voller, und auch Nastja traf mit ihren drei Freundinnen ein.

Alle vier Mädels waren ein paar Jahre älter als ich und trugen schwarze Kleidung und High Heels. Sie hatten sich mit ihren Outfits bestimmt abgesprochen, so kam es mir jedenfalls vor. Cordelia, eine blonde Schweizerin, stellte sich mir als Erste vor. Sie wirkte unheimlich sympathisch und war dazu noch sehr hübsch. Andrea war eine schwarzhaarige Rumänin, die leicht dominant wirkte, aber auch ein freundliches Wesen hatte. Adriana war ebenfalls rumänischer Herkunft, hatte eine leicht rundliche Statur und machte bei unserer Begrüßung einen etwas introvertierten Eindruck. Waren das meine neuen Freunde? Damit würde ich mich perfekt arrangieren können, denn lustig und umgänglich waren sie alle. Nachdem die neu zusammengekommene Gruppe ein wenig herumgealbert hatte, verabschiedete sich ein sichtlich angeschlagener Bernhard. Seine gesundheitliche Verfassung wurde nicht besser und er fühlte sich zunehmend platt. Somit blieben nur noch die vier Mädels und ich. Wir gingen alle gemeinsam Richtung Tanzfläche, wo der DJ Mainstream-Musik auflegte.

»Wo gehen wir hin? Es ist so voll«, fragte Cordelia in die Runde.

»Folgt mir einfach, ich kenne einen guten Platz«, forderte ich die Mädels auf und übernahm damit die Führung.

Ich wusste ganz genau, wohin ich wollte. In dem Club gab es gegenüber der Bar eine Damentoilette; dazwischen war genug Platz zum Tanzen. Diese Stelle hatte aber noch einen weiteren, einen fürs Flirten strategischen Vorteil: Fremde Mädels, die mich auf dem Weg zur Toilette in der Frauengruppe tanzen sahen, würden sich unterbewusst zu mir hingezogen fühlen. Diese Lektion hatte ich damals in Regensburg gelernt, als ich mit Nina und Kathi zu dritt in der Bar geknutscht hatte, und mich alle umstehenden Besucherinnen mit ihren Blicken verschlungen hatten. Und mein Plan ging auch auf, allerdings ein bisschen anders als erwartet.

An der Stelle zwischen Bar und Damentoilette angekommen, tanzte ich zuerst in der Mitte meiner vier Begleiterinnen, anschließend alleine mit Cordelia. Andrea verzog das Gesicht; offenbar gefiel ihr das gar nicht. Sie stellte meine Tanzpartnerin zur Rede, denn kurze Zeit später steckten die beiden Frauen die Köpfe zusammen und diskutierten angeregt. Wegen der lauten Musik konnte ich den Großteil ihres Gesprächs nicht mithören. Ich schnappte nur ein paar Worte auf, die Cordelia Andrea ins Ohr rief:

»Kein Grund, eifersüchtig zu sein. Ich habe einen Freund.«

Anscheinend kannten sich die beiden Frauen nicht besonders gut, wenn Andrea bisher nichts von Cordelias Beziehung gewusst hatte. Tatsächlich sollte sich später herausstellen, dass Nastja drei Freundinnen von sich eingeladen hatte, die sich untereinander erst an diesem Abend kennenlernten. Für den Moment galt es aber, das richtige Blatt zu spielen, da die Karten gerade neu gemischt und ausgeteilt wurden.

In Andreas Kopf hatte sich ein Gedankenkarussell entwickelt. Sie war trotz der Aussprache mit Cordelia weiterhin eifersüchtig, drängte sich an mich heran und wollte, dass ich nur noch mit ihr tanzte. Cordelia fand ich von ihrer Wesensart zwar ansprechender, doch weil sie einen Freund hatte, schied sie für mich aus. Adriana war nicht mein Typ und Nastja sollte mein Partykumpel bleiben, zumal sie wegen ihrer Beziehung sowieso nur auf Freundschaft bedacht war. Blieb also nur Andrea übrig, die ihr Interesse mehr als deutlich zum Ausdruck brachte, indem sie mich weiter forsch antanzte. Sie war eine Frau, mit der ich mir definitiv eine Sexbeziehung vorstellen konnte. Ihre dominante Art schreckte mich ein wenig ab, aber jeder hatte seine Macken, und vielleicht wäre sie ja bei näherem Kennenlernen ganz anders. So dachte ich zumindest in diesem Augenblick.

Andrea und ich begannen, mitten auf der Tanzfläche zu küssen. Andere Mädels im Club anzusprechen wäre in dieser Situation kein cleverer Schachzug. Abgesehen davon hatte ich mein Ziel erreicht: Ich wollte Frauen kennenlernen und das mit Andrea lief gerade reibungslos. Also vergaß ich all die anderen weiblichen Partygäste um mich herum und widmete mich ganz meiner neuen Tanzpartnerin. Gegen drei Uhr nachts beendeten wir die Party und wir alle tauschten Handynummern aus, mit dem Versprechen, diesen Abend bald zu wiederholen.

Andrea und ich wollten uns bald wiedersehen, um das Geknutsche fortzusetzen. Sie lud mich deshalb ein paar Tage später zu sich nach Hause ein. Als ich auf dem Weg zu ihr in der U-Bahn saß, blickte ich gedankenverloren durch die Fensterscheibe und freute mich auf das Treffen. Was für eine Frau war sie wirklich, wenn man sie näher kennenlernte? Plötzlich bekam ich eine SMS, sie war von Andrea. Darin schrieb sie mir kurz und knapp, ich solle eine Stunde später da sein. Keine Begründung, keine Entschuldigung. Nichts. Einfach ein dreistes Versetzen – und das, obwohl ich schon fast an ihrer Adresse war. Mir missfiel das ganz schön. Ich fragte sie per SMS, was los sei. Sie antwortete, sie habe Besuch und es sei besser, wenn ich später käme. Ich könne ja draußen warten, sie würde sich dann melden. Was sollte das denn jetzt? Sollte ich vor Andreas Haustür herumlungern oder durch ihr Stadtviertel streunen, bis sie mir gnädig Einlass gewähren würde? Wie ein Hund lasse ich mich nicht herumkommandieren, beschloss ich verärgert. Es wurde Zeit, ihr klare Grenzen zu setzen, indem ich mich an folgende Regel hielt:

„Behandle eine Frau niemals besser als einen guten Freund. Tue für sie nichts, was du nicht auch für einen guten Freund tun würdest."

Mit dieser Regel machte ich die Gedankenprobe und fragte mich: Würde ich so ein Verhalten einem guten Freund durchgehen lassen? Die Antwort lautete eindeutig Nein! Also schrieb ich Andrea, dass das so nicht gehe und ich jetzt nach Hause fahren würde. Auf einmal rief sie mich an und machte mir das Angebot, dass ich schon in einer halben Stunde zu ihr könne, ich solle bis dahin einfach warten. Die Art, wie sie das sagte, war sehr bestimmend. Sie fragte nicht etwa, ob das für mich okay wäre, sondern tat so, als hätte sie das Recht, mich herumzukommandieren wie ein General. So lief das aber nicht. Ich entgegnete Andrea, dass ich jetzt nach Hause fahren und keine Minute warten würde. Für mich war das Einhalten einer Terminvereinbarung ein Zeichen von Respekt. Und wenn sie meinte, alles verschieben zu können ohne mich zu fragen, dann konnte sie den Abend gern allein verbringen.

Als hätte ich mit meiner Ansage einen Schalter bei ihr im Kopf umgelegt, entschuldigte Andrea sich bei mir und sagte, ich solle jetzt sofort kommen. Von wegen, sie hatte Besuch! Ich hatte eher das Gefühl, sie wollte mich mit ihrem Manipulationsversuch kastrieren. Sie testete aus, wie weit sie bei mir gehen konnte. Wäre ich auf ihre Bitte zu warten eingegangen, hätte ich mich vor ihr erniedrigt und mich als schwacher Mann gezeigt, der sich von Frauen schikanieren lässt. Sie hätte meine Schwäche dann instinktiv erkannt, wodurch ich mit hoher Wahrscheinlichkeit in der Friendzone gelandet wäre statt mit ihr im Bett.

Besonders perfide war ihre Manipulationstechnik deshalb gewesen, weil der Sex schon in der Luft lag, denn nichts anderes ist zu erwarten, wenn eine Frau den Mann beim ersten Date nach Hause einlädt. Sie hatte wohl erwartet, dass ich mit der Hoffnung auf eine heiße Nacht alles tun würde, was sie verlangte, um mich dann eiskalt abzuservieren. Andrea beherrschte die Kunst der Manipulation. Sie wusste ganz genau, welche Auswirkungen manche Aussagen haben können. Frauen wie sie setzen eine ganz besondere Taktik ein: Sie ködern Männer mit Sex und nutzen diesen als Druckmittel, um sie zu erpressen und gefügig zu machen. Bei den meisten Männern funktioniert das auch wunderbar. Wieso? Weil sie sonst keinen Sex haben und fast alles dafür tun würden, um ihn von dieser einen Frau zu bekommen. Durch ihren Mangel an Alternativen sind sie sehr bedürftig und somit auch viel empfänglicher für solche Manipulationsstrategien. Ich allerdings war zurzeit immun dagegen. Ich hatte mehrere Optionen, und dank meines offensiven Flirtverhaltens war es immer nur eine Frage der Zeit, bis ich eine andere Frau für mich gewann. Wäre das nicht der Fall gewesen, wäre ich sicher auch ein Opfer von Andreas Spielchen geworden.

Etwas angefressen stieg ich aus der Bahn, lief die paar Meter bis zu ihrer Wohnung und klingelte. Andrea öffnete mir die Tür und tat bei unserer Begrüßung so, als wäre nichts gewesen. Ich trat ein und sie erklärte mir, dass sie noch zwei Mitbewohner habe. Die Wände der WG sahen etwas heruntergekommen aus, nicht sonderlich gepflegt. Insgesamt wirkten die Räume sehr alt. Ihr Zimmer lag gleich neben der Küche und war ziemlich klein. Beim Betreten fielen mir sofort ein paar selbstgemalte Bilder an der Wand auf, die ich interessiert betrachtete. Andrea machte dazu die Bemerkung, dass diese Bilder Kinder gemalt hätten und sie Kinder liebe. Wir setzten uns auf ihr Bett und unterhielten uns über ihre nicht so schöne Kindheit. Dabei versuchte ich herauszufinden, wieso sie so bestimmend und manipulativ war. Sie erzählte mir, sie sei vor ein paar Jahren ganz alleine von Rumänien nach Deutschland gezogen und habe sich als ein absolutes Sprachtalent erwiesen. Tatsächlich beherrschte sie mehrere Sprachen fließend und auch ihr Deutsch war hervorragend. Jemand, der seine Familie und all seine Freunde von heute auf morgen verlässt, um in ein fremdes Land überzusiedeln, will ein Kapitel abschließen und ein neues Leben beginnen, überlegte ich. Zumindest schien das bei ihr so. Allerdings verriet sie mir nicht, warum sie diesen großen Schritt gegangen war. Hier studieren und eine steile Karriere hinlegen wollte sie nicht, also musste es einen anderen Grund geben, den ich aber nicht aus ihr herauskitzeln konnte.

Ich erklärte Andrea meine Sichtweise zum Thema Monogamie und gab ihr zu verstehen, dass ich nicht auf der Suche nach einer festen Beziehung war. Das kam mir ausgesprochen leicht über die Lippen, so leicht wie bei keiner anderen Frau zuvor. Das lag mit Sicherheit auch daran, dass wir uns kaum kannten und sie mit ihrer Art ohnehin schon Minuspunkte bei mir gesammelt hatte. Was hatte ich also groß zu verlieren? Andrea antwortete, für sie sei es ebenfalls okay, keine feste Partnerschaft einzugehen, sondern einfach nur Spaß zu haben. So richtig glauben konnte ich ihr das aber nicht. Vielleicht erhoffte sie sich etwas anderes, während ich nur auf Sex aus war? Genug geredet, dachte ich, und begann, sie mit meinen Händen zu berühren. Ich küsste sie, um ihre sexuelle Begierde zu steigern. Für mich war das erste Mal Sex mit einer völlig Fremden am aufregendsten. Der erste Anblick ihres entkleideten Körpers, das erste Fühlen der Haut, so etwas wurde nie langweilig. Jedoch blockte Andrea meine Annäherungsversuche schnell ab. Sie zog ihren Kopf weg, stand ruckartig vom Bett auf und erklärte mir aus sicherem Abstand, dass sie das nicht könne. Sie habe ihre Tage. Ob das stimmte? Manipulativen Menschen glaubte ich aus Vorsicht erst einmal gar nichts, und auch bei Andrea hatte ich das Gefühl, dass ich ihr nicht trauen konnte. Ich ließ es auf sich beruhen, blieb noch eine Weile und trat schließlich die Heimfahrt an. Mit Drängen und Betteln hätte ich gewiss nichts bei ihr erreicht, denn dann hätte ich genau die Abhängigkeit an den Tag gelegt, mit der sie andere Männer zu ihren Marionetten machte.

Ein paar Tage später, als ich sie wieder besuchte, hatten wir dann wirklich Sex. Der ganze Akt war eher mittelmäßig. Ich hatte den Eindruck, dass sie das nur für mich tat. Leidenschaftliche Hingabe fühlte sich ganz anders an. Andrea war sicher kein schlechter Mensch, das glaubte ich nun zu wissen, nachdem mein anfänglicher Zorn vom ersten Treffen verraucht war. Sie war eine ausgezeichnete Köchin und hatte für ihre Mitbewohner und mich ein leckeres Drei-Gänge-Menü gezaubert, das wir bei unserem zweiten Treffen alle gemeinsam genossen. Als ich mich am nächsten Morgen auf den Weg nach Hause gemacht hatte, schrieb sie mir außerdem eine SMS mit sehr liebevollen Worten. Andrea hatte eine zwiegespaltene

Persönlichkeit: Zwar konnte sie sehr charmant und einfühlsam sein, doch sobald irgendetwas nicht nach ihrer Nase ging, wurde sie zornig oder versuchte, mit typischen Männerängsten bei mir zu spielen. Wie weit sie es dabei trieb, sollte ich später noch zu spüren bekommen.

Es hatte sich zwischen uns eingespielt, dass wir uns regelmäßig an bestimmten Tagen trafen. Auch wenn wir keine konkrete Verabredung hatten, erwartete Andrea ganz selbstverständlich von mir, dass ich mir Zeit für sie nehmen würde, um sie zu treffen. Dies war für sie so etwas wie ein ungeschriebenes Gesetz, das ich ihrer Meinung nach zu befolgen hatte. Doch als ich einmal etwas anderes vorhatte, musste ich sie enttäuschen:

»Andrea, ich kann heute nicht kommen. Ich treffe mich mit Moe und Bernhard«, sagte ich am Telefon.

»Deine Freunde sind dir also wichtiger als ich?«

»Das hat doch damit nichts zu tun. Ich bin schon seit ein paar Tagen mit ihnen verabredet.«

»Na gut, dann lade ich heute einen anderen Typen zu mir nach Hause ein. Mal schauen, was passiert!«

Sie versuchte, mich eifersüchtig zu machen und Verlustängste in mir zu wecken. Doch mir war das egal und ich beendete das Telefonat. Und genau das verschaffte mir eine gesunde Immunität. Ansonsten wäre ich sicher ihrem Manipulationsversuch erlegen, hätte das Treffen mit meinen Freunden gecancelt und wäre zu ihr gefahren. Diesen Druck erzeugte sie nur, weil sie sich nicht mit sich selbst beschäftigen konnte und unter ihrer Einsamkeit litt. Mir wurde immer stärker bewusst, dass sie mich benutzte, um eine Leere in sich auszufüllen. Sie hatte wenige Freunde, weil die meisten

Menschen nicht mit ihrer Art zurechtkamen, und wenn sie sich einsam fühlte, sollte ich am besten mit Schallgeschwindigkeit zu ihr eilen. Sex war ihr Köder, damit ich mich bereitwillig darauf einließ. Doch diese Masche funktionierte nicht bei mir. Wir verbrachten nach diesem Telefonat noch ein paar Wochen zusammen, aber unsere gemeinsamen Tage waren gezählt. Irgendwann hatte ich ihre ständigen Manipulationsversuche satt. Zu allem Übel versuchte sie auch noch, mich von meinen Freunden zu isolieren und mich komplett einzunehmen. Ich war schon immer ein freiheitsliebender Mensch gewesen. Sobald jemand versuchte, mich exklusiv für sich zu beanspruchen, fühlte ich mich ziemlich schnell eingeengt und floh. Das alles gefiel Andrea natürlich nicht, und auch ich empfand den Umgang mit ihr zunehmend als Belastung. Daher sagte ich ihr eines Tages, dass wir das Verhältnis beenden sollten. Wir könnten Freunde bleiben; das war mein letztes Angebot.

Moe kannte mittlerweile ebenfalls die gesamte Frauenclique und somit auch Andrea. Eines Abends gingen wir in unseren Stammclub feiern: Moe, Andrea, Cordelia, Nastja und ich. Während ich mit Cordelia rumblödelte, verschwanden Moe und Andrea nach draußen, um eine Zigarette zu rauchen. Ich dachte mir nichts dabei, doch nach fast zwanzig Minuten kamen die beiden zurück zur Tanzfläche. Moe wirkte etwas angespannt auf mich und zog mich nach einer Weile zur Seite, um mich auf eine scheinbar sehr wichtige Sache anzusprechen. Das musste ihn ganz schön Mut kosten, so zögerlich wie er das Gespräch anfing:

»Andy, ich muss dir etwas sagen …«, druckste Moe eingeschüchtert herum.

»Was denn?«

»Ich weiß nicht, ob es dir gefallen wird, aber Andrea hat versucht mich zu küssen, während wir draußen eine Zigarette geraucht haben.«

»Okay ...«

»Naja, ich habe abgeblockt und ihr gesagt, dass ich das nicht kann, weil ihr was miteinander hattet und ich nicht wusste, ob das okay für dich ist. Andrea meinte aber, dass mir das egal sein sollte und sie jetzt mit mir rumknutschen möchte.«

War das wieder Teil ihres kranken Spiels? Wollte sie Moe für sich gewinnen, um mich eifersüchtig zu machen? Immunität sei Dank, erklärte ich Moe gelassen, dass er mit ihr machen könne was er wolle. Ich hatte weder Gefühle für Andrea noch ein sexuelles Interesse an ihr. Das war bei mir völlig verflogen. Sie war für mich nur noch eine ganz normale Freundin, nicht mehr und nicht weniger. Unter uns Männern galt immer der Kodex, dass die Ex-Partnerin des anderen tabu war. Da Andrea aber nicht meine Ex-Freundin war und ich auch keine tiefe Verbindung zu ihr hatte, ließ ich Moe den Weg offen, eine Beziehung mit ihr einzugehen, falls er das wollte. Trotz meiner entspannten Haltung wusste Moe nicht so recht, ob er sich wirklich darauf einlassen sollte. Er befürchtete, unser Verhältnis könnte dadurch einen Knacks erleiden.

Ein paar Wochen später spielte Andrea einen grandiosen Schachzug. Sie plante eine etwas größere Party; eingeladen waren unsere gesamte Clique, ihre WG-Mitbewohner und noch ein paar Bekannte. Wir saßen zu später Stunde in einem griechischen Restaurant und ließen uns die köstlichen Grillspeisen schmecken. Dabei lernte ich Lena kennen, eine dunkelblonde, zurückhaltende Ukrainerin. Genau mein Typ.

Sie saß mir gegenüber am Tisch und es gelang mir schnell, sie in meinen Bann zu ziehen. Da ich nun wusste, dass Andrea sich an Moe heranschmiss, nahm ich mir das Recht heraus, mit Lena zu flirten. Natürlich bemerkte das Andrea und sie gab mir später durch ein Ohrgeflüster zu verstehen, dass sie kein Problem damit habe, wenn ich mehr von Lena wolle. Nachdem wir uns beim Essen prächtig amüsiert hatten, gingen wir in einen Club im Stadtzentrum. Der Laden war recht groß und hatte mehrere Tanzareale mit Bühnenshow und unterschiedlichen Musikstilen. Hier konnte sich jeder Partygänger nach seinem Geschmack austoben, und genau das tat ich auch. Mit meinen Armen umschlang ich die Hüften von Lena und tanzte mit ihr. Sie vor allen Anwesenden – und insbesondere Andrea – zu küssen, wollte ich nicht riskieren. Eventuell hätte das Andrea doch gekränkt und ich wollte keinen Konkurrenzkampf zwischen den Mädels aufflammen lassen. Lena war charakterlich so liebenswürdig, sensibel und zurückhaltend, dass Andrea mit einem Wutanfall alles kaputt gemacht hätte. Zum Glück war der Laden groß genug und mit Menschenmassen gefüllt, sodass man gut abtauchen konnte. Um aus dem Sichtfeld der anderen zu verschwinden, ging ich mit Lena in eine dunkle Ecke am anderen Ende der Halle. Dort drückte ich sie gegen die Wand, lächelte sie an und küsste sanft ihre Lippen.

Der große Sicherheitsabstand half nicht. Andrea bekam davon Wind und jeder konnte ihr ansehen, dass sie damit keineswegs klar kam. Alle fünf Minuten rannte sie zur Bar und orderte hochprozentige Drinks, die sie frustriert hinunterstürzte. Die Mädels wussten sofort, was los war und versuchten, die Unglückliche zu beruhigen. Andrea wurde aber immer aggressiver, kam auf Lena und mich zu und schrie mich an:

»Was sollte das? Habe ich dir das erlaubt?«

»Andrea, beruhige dich doch. Ich dachte, es wäre okay gewesen«, antwortete ich.

»Nein, ist es nicht, du Arschloch!«

Lena war ziemlich schockiert. Sie wusste gar nicht, was vor sich ging. Andrea wurde immer unerträglicher und ich hatte keine Lust mehr, mich diesem Gefühlschaos auszusetzen. Ich wollte einfach nur noch weg von hier.

»Lena, lass uns gehen. Wir können zu mir fahren«, schlug ich vor.

»Okay«, sagte Lena.

Also holten wir unsere Jacken an der Garderobe ab und liefen Richtung Ausgang. Ich konnte nicht einschätzen, ob Lena aus Furcht mit zu mir wollte und Schutz suchte, oder ob sie ebenso wie ich Lust auf eine heiße Nacht hatte. Allerdings war es fraglich, ob ich nach diesem Eifersuchtsdrama noch imstande sein würde, mich ihr genussvoll hinzugeben. Als wir den Club verließen und ins Freie traten, bemerkten wir, dass Andrea uns gefolgt war und gar nicht daran dachte, mich mit Lena ziehen zu lassen. Sichtlich betrunken trat sie vor mich, gestikulierte wild mit den Händen und zerriss die Stille der Nacht mit ihrem Geschrei:

»Einen Scheiß wirst du tun! Du nimmst die Schlampe nicht mit zu dir nach Hause!«

»Andrea, jetzt halt mal deine Klappe!«, antwortete ich erbost.

»Ich glaube, es ist besser, wenn ich gehe«, sagte Lena.

Andrea war komplett außer sich. Sie schrie herum wie eine Furie und versuchte mich sogar zu ohrfeigen. Sie wollte unter keinen Umständen, dass ich Lena mit nach Hause nahm. Ihr lautes

Gezeter weckte die Aufmerksamkeit anderer Partygänger, die vor dem Club standen oder von anderen Events kamen und zufällig gerade vorbeiliefen. Die Schaulustigen drehten sich zu uns um und blieben stehen, um sich das Spektakel anzuschauen. Es wurde mit jeder Sekunde peinlicher. Ich musste diese Cholerikerin hier wegschaffen – und zwar schnell! Andrea wollte mich mit ihrem Auftritt offenbar zwingen, sie statt Lena mitzunehmen, um meine volle Aufmerksamkeit zu haben. Das schien leider auch nötig zu sein, allein schon deshalb, um sie vor sich selbst zu schützen und zu verhindern, dass sie eine große Dummheit beging. Sie war einfach nicht mehr zurechnungsfähig. Lena verabschiedete sich sichtlich verängstigt und trat allein den Heimweg an. Daraufhin packte ich Andrea am Arm und zog sie über die Straße in Richtung Tram. Ich war richtig wütend auf sie. Diese Zicke hatte den ganzen Abend zerstört und Lena verscheucht – und das, obwohl sie mir zuvor im Restaurant noch ins Ohr geflüstert hatte, dass es für sie absolut okay sei, wenn ich mit Lena etwas anfangen würde.

Als wir bei mir in der WG waren, schrie Andrea erneut herum und war äußerst aggressiv. Wie von Dämonen besessen, so benahm sie sich. Ich drohte ihr, dass ich die Polizei rufen würde, falls sie sich nicht beruhigen sollte. Und das war auch mein voller Ernst. Mein Handy hatte ich schon in der Hand, und nichts wäre mir in diesem Moment lieber gewesen, als sie in einer Ausnüchterungszelle zu wissen. Zum Glück beruhigte Andrea sich langsam und legte sich irgendwann in mein Bett. Die Ereignisse hatten mich aufgewühlt. Ich konnte die Nacht kaum schlafen, setzte mich mit dem Notebook auf die Couch und surfte im Internet oder spielte PC-Games. Am nächsten Morgen schickte ich Andrea nach Hause, ohne dass wir noch ein Wort darüber verloren, was am letzten Abend passiert war. Ich wollte nichts mehr von der Sache wissen und meinen Schlaf nachholen.

Die Geschichte war damit vorerst erledigt für mich, doch die ganze Wahrheit über diesen Abend und Andreas perfides Schachspiel kannte ich noch immer nicht.

Das gesamte Ausmaß ihrer Intrige erfuhr ich erst ein paar Monate später. Moe und Andrea waren inzwischen offiziell zusammen, und Moe erzählte mir irgendwann im Vertrauen, dass Andrea Lena deshalb zu ihrer Party eingeladen hatte, um uns zu verkuppeln. Andrea hatte gewusst, dass Lena mein Typ war und hatte sie schon vorher auf mich aufmerksam gemacht. Sicher hatte sie Lena vorgeschwärmt, was für ein toller Typ ich sei, um so ihr Interesse an mir zu wecken und die Grundlage für sexuelle Anziehung zu schaffen. Andrea wusste ganz genau, wie die Menschen um sie herum tickten und nutzte das geschickt für ihre Zwecke aus. Mit meinem Interesse an Lena und dem Kuss hatte ich Andreas Köder geschluckt und war mitten in ihre Falle getappt. Die Annäherung zwischen Lena und mir war Teil ihres Spiels gewesen, um für sich selbst die Bahn freizumachen für eine Beziehung mit Moe. Indem sie Lena und mich verkuppelt hatte, hatte sie Moes schlechtes Gewissen beseitigt. Er hatte damit seine Bedenken ablegen können, dass er mir Andrea möglicherweise ausgespannt hätte. Gleichzeitig konnte Andrea mir gegenüber ihre Beziehung zu Moe rechtfertigen, indem sie im Streitfall immer darauf verwiesen hätte, dass ich zuerst etwas mit einer anderen Frau angefangen hatte, nämlich Lena. Alles war also geplant gewesen, bis auf ihren cholerischen Wutanfall.

Ich warnte Moe, dass sie eine gefährliche Intrigantin für mich sei und er ebenfalls aufpassen solle. So wie die meisten Männer, die auf Wolke sieben schweben, hörte er sich meine mahnenden Worte an und stimmte diesen zu, aber ließ sich nicht davon abbringen, mit ihr weiterhin eine Beziehung zu führen. Man konnte es ihm auch nicht übel nehmen. Andrea war seine erste richtige Freundin und ich tolerierte ihre Gegenwart aus Rücksicht auf Moe. Als sie jedoch versuchte, ihm einzureden, dass er sich nicht mehr mit mir treffen sollte, da ich ein schlechter Umgang sei, war für mich endgültig Schluss. Ich wollte Andrea nie wieder sehen; auch auf Partys mied ich den Kontakt zu ihr.

Heiße Flirts an heiklen Orten

In meiner Ausbildung ging unser gesamter Kurs einmal in die Bayerische Staatsbibliothek in München. Es war eine der größten Bibliotheken Deutschlands, in deren Regale Millionen von Büchern zu finden waren, hauptsächlich wissenschaftliche Fachliteratur. Entsprechend imposant war der geschichtsträchtige Bau, der im Mittelalter errichtet und über die Jahrhunderte immer wieder umgebaut und erweitert wurde. Wenn man auf die breite Eingangstreppe des Gebäudes zuging, blickten einen die Statuen vier antiker Gelehrter an, im Münchener Volksmund auch als „vier Heilige Drei Könige" bezeichnet. Diese Männer aus Stein sollten offenbar den Wissensdurst der Besucher wecken. Auch im Inneren war die Bibliothek mit ihren vielen Abteilungen teilweise prunkvoll eingerichtet; allein die Eingangshalle mit ihrem hohen Deckengewölbe und den Säulen war einen Besuch wert.

Wir waren allerdings nicht als Touristen, sondern zu Lernzwecken hergekommen. Also liefen wir in der Eingangshalle die breite steinerne Treppe hinauf zu den Leihbeständen, griffen vielversprechende Literatur aus den Regalen und machten uns auf den Weg in den großen Lesesaal. Dort angekommen, nahmen wir an einfachen Tischen Platz, die an ein Klassenzimmer in der Schule erinnerten. Der riesige Saal war so gestaltet, wie ich es von Abschlussprüfungen kannte: Tisch an Tisch, Stuhl an Stuhl. Die seitlich gelegenen Fenster, die von der Decke bis fast zum Boden reichten, fluteten den Raum mit viel Tageslicht. Während all meine Kurskollegen sich an den Medizinbüchern erfreuten, überkam mich ein ganz anderer Gedanke: Ich wollte hier Frauen kennenlernen, denn ein neuer Hotspot zum Flirten war gefunden. In Reih und Glied um mich herum saßen circa einhundert Studenten über Schriften gebeugt und bereiteten sich auf eine Prüfung vor oder recherchierten eifrig. Darunter befanden sich natürlich auch viele attraktive Frauen. Die Sache hatte jedoch einen großen Haken: Hier im Saal herrschte eine unheimlich konzentrierte Atmosphäre. Es war mucksmäuschenstill, bis auf vereinzeltes leises Husten und Räuspern. Niemand sagte etwas; jeder Einzelne war tief in seine Materie versunken. In dieser Stille hätte man nicht nur einen Bleistift oder Kugelschreiber, sondern auch eine Stecknadel fallen hören können, so kam es mir jedenfalls vor. Die Rahmenbedingungen waren also denkbar ungünstig, um eine Frau anzusprechen. Allerdings hockten hier so viele interessante Studentinnen auf einem Fleck, dass ich mich kaum entscheiden konnte, auf welche ich zuerst zugehen sollte. Ich wollte aber nichts überstürzen, sondern mir zunächst einen Schlachtplan zurechtlegen und anschließend wiederkommen. Vorerst hielt ich mich deshalb zurück und widmete mich ebenfalls den Medizinbüchern, doch die Sache mit dem Flirten ging mir nicht mehr aus dem Kopf. Sehr angetan von diesem Hotspot, rief ich abends Bernhard an und sagte:

»Ich habe die perfekte Location gefunden, wo wir Frauen kennenlernen können.«

»Und wo?«, fragte Bernhard interessiert.

»In der Staatsbibliothek. Dort wimmelt es nur so von Studentinnen. Das einzige Manko ist die Lautstärke: Es ist super leise da. Aber ich habe schon eine Idee, wie wir das umgehen können. Lass uns morgen mal da hin. Hast du Zeit?«

»Klar, lass uns nachmittags hingehen, dann wird mehr los sein als abends.«

Wie vereinbart begaben Bernhard und ich uns am nächsten Tag zur Bibliothek. Voller Erwartung und etwas nervös betraten wir die Eingangshalle, von wo aus uns nur eine Tür vom großen Lesesaal trennte. Hier angekommen, drehten wir zunächst eine Kontrollrunde durch den Raum, so wie wir es auch bei unseren Clubbesuchen immer taten. Langsame Schritte ermöglichten uns, die Sitzanordnung der Besucher genau zu sichten. Wir achteten darauf, ob ein Platz neben einer Auserwählten frei war, was sie gerade machte und wo wir das wenigste Aufsehen erregen würden.

»Okay, und wie ist jetzt der Plan?«, flüsterte Bernhard.

»Also, die Kunst hierbei ist, dass wir die Frau ansprechen und möglichst schnell dazu bringen, mit in die Eingangshalle zu kommen. Da kann man sich dann auch in Ruhe unterhalten. Hier drinnen würden wir nur unnötig Aufsehen erregen.«

»Hmm. Das ist eine üble Komfortzone-Übung.«

»Ja, ich finde das auch nicht so easy und mir ist etwas mulmig dabei. Aber egal.«

Auch wenn wir zuvor schon hunderte Frauen angesprochen hatten, war diese Situation eine komplett neue Herausforderung für uns. Wir mussten zu den ausgewählten Studentinnen im Lesesaal möglichst diskret Kontakt aufnehmen und sie dann in einem kurzen Dialog dazu bringen, zum Reden mit uns rauszugehen. Schafften wir das nicht, würden wir aufgrund der Stille im Raum ein Störfaktor für andere Studenten sein und viel Aufmerksamkeit auf uns ziehen. Die Frau würde sich dadurch im Gespräch ziemlich unwohl fühlen. Gerade dann, wenn neugierige Augen und Ohren hier im vollbesetzten Lesesaal einen offensiven Flirtversuch mit Komplimenten mitbekämen, würde das für die Frau höchst peinlich werden.

Um sich dieser unangenehmen Situation zu entziehen, würde sie versuchen, uns möglichst schnell abzuwimmeln – selbst dann, wenn sie Bernhard oder mich eigentlich interessant fände. In der Psychologie gibt es für solche Phänomene einen Begriff, nämlich „sozialer Druck". Diesen erlebt man beim Flirten in der Öffentlichkeit an allen Orten mit unerwünschtem Publikum, zum Beispiel auch in Bus und Bahn. Um diese Gefahr des sozialen Drucks hier im Lesesaal zu minimieren, mussten wir die Frau daher leise ansprechen, sodass es möglichst wenige Leute mitbekommen würden. Wir mussten es außerdem innerhalb weniger Sekunden schaffen, mit ihr die Örtlichkeit zu verlassen, um die Konversation in der Eingangshalle ungestört weiterführen zu können.

Bernhard hatte eine ganz bestimmte Frau ins Auge gefasst und legte los. Ohne zu zögern, so wie man ihn kannte, ging er auf sie zu. Gerade als er sich in Bewegung setzte, wurde neben ihr ein Platz frei. Was für ein Glückspilz, dachte ich. Er setzte sich neben seine Auserwählte, eine Blondine, die in ein Buch vertieft war.

»Hey, das mag etwas verrückt klingen aber ich fand dich voll süß«, flüsterte Bernhard ihr zu.

Aus der Konzentration gerissen, schaute sie Bernhard mit glasigen Augen an. Sie musste sich kurz sammeln, dann lächelte sie und antwortete:

»Danke. Aber du hast ja gar keine Bücher. Hast du dich jetzt extra neben mich gesetzt, um mir das zu sagen?«

»Ich habe einen Kumpel hier getroffen und wollte gerade rausgehen. Und dann habe ich dich gesehen und dachte, ich komme mal rüber.«

»Ah okay. Wahrscheinlich ist das eine Masche und du sprichst hier ständig Frauen an«, erwiderte sie kritisch.

Bernhard ließ sich von diesem Vorwurf nicht aus dem Konzept bringen, sondern neckte sie spielerisch:

»Natürlich, du bist heute schon die achtzehnte. Nein, mal im Ernst, ich spreche normalerweise fremde Frauen nicht an, aber bei dir musste ich eben eine Ausnahme machen. Wie heißt du?«

Das Gespräch nahm seinen Lauf, und nach ein paar Minuten kam Bernhard mit ihrer Handynummer im Gepäck zurück. Nicht schlecht für den ersten Versuch. Er hatte aber auch dank dem leeren Stuhl neben ihr leichtes Spiel gehabt. Ich hingegen suchte mir eine Frau aus, neben der kein Platz mehr frei war. Deshalb ging ich auf sie zu und kniete mich neben ihr am Tisch nieder. In diesem Moment spürte ich, wie mein Herz immer heftiger pochte. Da ich dieses Gefühl aber sehr gut kannte und wusste, wie ich damit umzugehen hatte, ließ ich mich nicht von meinem Plan abbringen. Ich flüsterte ihr von der Seite zu:

»Pssst.«

Sie schaute mich etwas irritiert an.

»Sorry, ähm, ich war gerade auf dem Weg nach draußen und fand dich einfach total sympathisch.«

»Oh. Das ist ja nett, danke schön. Ich muss aber weiter lernen, ich muss morgen eine Arbeit abgeben«, antwortete sie.

»Kein Problem. Ich habe auch nicht viel Zeit, aber was hältst du davon, wenn wir kurz zwei Minuten rausgehen und uns unterhalten?«

»Also ich weiß nicht so recht …«

»Ich habe jetzt so viel Mut zusammengenommen, um dich anzusprechen und du willst diesen besonderen Moment jetzt einfach so verstreichen lassen?«, fragte ich sie grinsend.

»Okay, überredet. Aber nur zwei Minuten.«

Sie packte die wichtigsten Sachen in ihre Tasche, ließ die geliehenen Bücher an dem Platz und kam mit in die Eingangshalle. In normaler Lautstärke sprachen wir miteinander weiter, aber es stellte sich schnell heraus, dass wir nicht miteinander harmonierten. Es passte aus unbegreiflichen Gründen nicht; sie hatte auch einen ganz anderen Humor als ich. Und so verabschiedete sie sich nach circa fünf Minuten Gespräch, lief zur Tür und verschwand wieder im Lesesaal. Ich hatte zwar keine Handynummer bekommen, war aber trotzdem stolz auf mich. Immerhin hatte ich mich an diesem schwierigen Ort zum Ansprechen überwunden und die Frau aus dem Saal führen können, und das mit nur wenigen Sätzen.

Die nächsten Tage verbrachten Bernhard und ich wiederholt eine Stunde in der Staatsbibliothek, um im Lesesaal Studentinnen anzusprechen. Für uns war das eine äußerst lehrreiche Phase. Einerseits hatten wir zum Kennenlernen attraktiver Frauen eine Möglichkeit entdeckt, auf die so gut wie keine anderen Männer jemals kamen. Das Ansprechen an diesem heiklen Ort war zugleich eine hervorragende Übung, um unsere Komfortzone nochmal ein großes Stück zu erweitern. Auch deshalb, weil wir einen geeigneten Weg hatten finden müssen, die Frauen in kürzester Zeit zum Ortswechsel vor die Tür zu bewegen. Und zu guter Letzt konnten wir diese Flirt-Strategie auch erfolgreich auf vergleichbare Situationen übertragen, in denen ebenfalls ein hoher sozialer Druck herrschte. Wir schworen, uns im Alltag nie wieder die Chance zum Ansprechen einer hübschen Frau entgehen zu lassen – egal ob in einer stillen Bibliothek oder bei der Fahrt in einer vollbesetzten Bahn.

VOM VERFÜHRER ZUM MENTOR

Unser erster Fall

Sie lachte. Ich lachte. Es funkte, und das schon nach den ersten drei Sekunden, nachdem ich sie in der Einkaufsstraße nahe dem Stachus angesprochen hatte. Sie war eine Russin mit einem süßen Lächeln auf den Lippen. Während wir vor den Geschäften standen und uns angeregt unterhielten, sah ich aus dem Augenwinkel plötzlich eine Gruppe von einheitlich pink gekleideten Frauen auf uns zusteuern. Eine in der Clique lief jedoch komplett in Weiß und trug einen Korb mit vielen kleinen Präsenten um den Bauch. Sofort war mir klar, dass es sich hierbei um einen Junggesellinnenabschied handelte und die Braut ihre Kleinwaren an den Mann oder die Frau bringen musste. Verdammt, dachte ich. Die fröhliche Mädelstruppe würde dazwischenfunken und mir den Flirt mit der Russin vermiesen, wenn ich nichts unternahm. Höchste Zeit also, die Damen abzuschütteln, noch bevor sie Kontakt mit uns aufnehmen konnten.

»Wir spielen jetzt ein Spiel, und das heißt flüchten. Auf drei rennen wir rüber auf die andere Seite«, sagte ich zu meiner Gesprächspartnerin.

»Du bist ja verrückt!«, lachte sie.

»Ich weiß. Eins … zwei … drei!«

Ich packte sie am Arm und wir liefen gemeinsam auf die gegenüberliegende Seite der Einkaufsstraße, um vor dem Junggesellinnenabschied zu flüchten. Während sie das ziemlich lustig fand und die Mädels uns hinterherschrien, war ich froh, mir keine Schnäpse und Kondome andrehen lassen zu müssen. Immer wenn ich am Wochenende unterwegs war, traf ich auf mindestens zwei Junggesellenabschiede, und nach ein paar

Monaten nervte es mich nur noch. Die Frauengruppe kam uns zum Glück nicht hinterher, sondern setzte ihren Weg fort, sodass die Russin und ich uns weiter ungestört unterhalten konnten.

»Also ich muss sagen, du bist mindestens genauso verrückt wie ich. Lass uns doch morgen Abend in ein gemütliches Café gehen und etwas trinken«, schlug ich vor.

»Ich glaube, das ist keine gute Idee«, lehnte sie ab, aber grinste mich schon fast verliebt an.

Ja, manchmal testen Frauen einen Mann, den sie attraktiv finden. Und das hier war ein solcher Test. Sie wollte mit ihrem Korb herausfinden, ob ich gleich aufgeben und mich abwimmeln lassen oder hartnäckig bleiben würde. Mit ihren Worten gab sie mir zwar zu verstehen, dass sie kein Treffen wollte, ihre Mimik zeigte aber sehr deutlich, dass sie sich über ein Wiedersehen freuen würde. Jetzt aufzugeben wäre so, als würde ich kurz vor der Ziellinie stehenbleiben. Doch warum unterzog sie mich diesem Test? Ganz einfach: Die allermeisten Frauen wünschen sich einen starken und selbstbewussten Partner an ihrer Seite und stellen uns Männer dahingehend beim Kennenlernen auf die Probe. Das war sicher auch jetzt bei dieser Russin so. Denn durch das mutige Ansprechen und die anschließende Flucht vor der Frauengruppe hatte ich ihr gegenüber ein großes Selbstbewusstsein an den Tag gelegt. Mit ihrem spielerischen Korb wollte sie nun herausfinden, ob ich wirklich der selbstbewusste Mann war, als der ich mich in diesem Moment präsentierte – oder ob alles nur oberflächlicher Schein war.

Als Schaumschläger wäre ich bei ihrer scherzhaften Abfuhr sicherlich eingeknickt und hätte mich damit als schwacher Mann erwiesen, der nicht für eine Partnerschaft mit ihr geeignet wäre.

Wie reagierte ich also auf den Korb? Ich erwiderte ganz selbstbewusst, dass ich ihr ansehen könne, wie gerne sie mich wiedersehen wolle und dass wir jetzt Handynummern tauschen sollten. Und es klappte. Warum? Weil ich mich an eine bestimmte Regel hielt:

„Achte immer zuerst auf die Körpersprache einer Frau – und erst als zweites darauf, was sie mit ihren Worten sagt."

Die nonverbalen – das heißt, die körpersprachlichen – Signale haben also eine höhere Bedeutung als das gesprochene Wort. Hätte sie meinen Vorschlag, die Handynummern zu tauschen, verneint und zugleich die Arme verschränkt, wäre die Ablehnung deutlich gewesen. Da sie mich aber zugleich angelächelt hatte, war das ein gemixtes Signal. Das bedeutet, ihre aufgeschlossene Körpersprache hatte im Widerspruch zum geäußerten Nein gestanden. In solchen Fällen bezog ich mich immer auf die nonverbalen Signale der Frau, denn unser Körper kann nicht lügen und ist daher die zuverlässigste Informationsquelle für die Befindlichkeit eines Menschen.

Als ich ihre Handynummer eingespeichert hatte und weiter durch die Einkaufsstraße zog, kamen ein paar Jungs auf mich zu und sprachen mich darauf an. Sie hatten alles beobachtet und waren total begeistert. Sie fragten mich Löcher in den Bauch, wie ich es geschafft hatte, das Mädel zu überzeugen, was ich zu ihr gesagt hatte, was ich sonst noch alles beim Flirten tat und vieles mehr. So etwas kam in letzter Zeit öfter vor. Bernhard und ich waren zu jeder Jahreszeit unterwegs, egal wie heiß oder kalt es draußen war, egal ob es regnete, stürmte oder schneite. Wir machten uns nicht von äußeren Faktoren abhängig, sondern waren stets *innerlich* motiviert, unser Ziel zu erreichen und die besten und tollsten Frauen in unser Leben zu ziehen. Und das erfolgreiche Flirten in einer belebten Einkaufsstraße sorgte natürlich für Aufmerksamkeit bei Männern, die das zufällig mitbekamen. Die meisten Jungs, die uns ansprachen und um Rat fragten, waren jene, die selbst draußen unterwegs waren, um Frauen im Alltag kennenzulernen. Nicht immer, aber in den meisten Fällen waren es sympathische Kerle, die eine Freundin finden wollten. Sie hatten bei der Partnersuche exakt dieselben Probleme wie ich vor ein paar Jahren. Weil ich ihre Situation daher bestens nachvollziehen konnte, half ich jedem von ihnen, so gut ich konnte. Oft blieb es nicht bei einmaligen Ratschlägen auf der Straße, sondern ich tauschte mit den Jungs Kontaktdaten aus und betreute sie eine längere Zeit. Dabei ließ ich mir von ihren Fortschritten berichten und gab weitere Hilfestellungen. Ich wusste aus eigener Erfahrung, dass ihr Weg steinig war. Deshalb wollte ich ihnen diesen Weg erleichtern, indem ich ihnen ein paar Steine aus dem Weg räumte.

Auch Jannis ersuchte mich auf der Straße um Rat und ich erklärte ihm die Grundlagen der Verführung. Er fragte, ob wir auch Coachings anbieten würden. Interessante Frage. Darüber hatte ich noch nie nachgedacht, aber machbar wäre es. Wir einigten uns auf insgesamt sieben Stunden Flirttraining für ein kleines Taschengeld, denn wir hatten als Coaches bisher null Erfahrung. Natürlich war Bernhard auch dabei; denn wir beide wollten einfach herausfinden, ob das Coaching etwas für uns war. Nur weil wir selbst Frauen verführen konnten, hieß das noch lange nicht, dass wir auch als Flirtcoaches geeignet wären. Diese verantwortungsvolle Aufgabe verlangte viel Empathie von uns – also die Fähigkeit, uns in jeden unserer Schützlinge hineinzuversetzen, um ihn wirklich zu verstehen. Erst wenn uns das gelingen würde, könnten wir seine Probleme richtig erkennen und ihm anschließend die richtigen Flirt-Methoden beibringen, die ihn bei der Partnersuche am schnellsten zu seinem Ziel führen.

Samstagvormittag in der Einkaufsstraße wurde es ernst. Jannis kam durch die Menschenmenge auf uns zu, voller Erwartung, was er an diesem Tag lernen würde. Er war IT-Student, hatte kurze gegelte Haare und eine schlanke Statur. Von der Kleidung her gab es noch Luft nach oben. Er trug einen Mix aus grellen und hellen Farben, vor allem sein T-Shirt war optisch nicht gerade ansprechend. Aus dem Grund ging es direkt in ein Bekleidungsgeschäft. Jannis probierte verschiedene Sachen an und wir kauften schließlich das Passende: dunkle Jeans und ein schwarzes Langarm-Shirt. Ein Armband aus Metall und Baumwolle rundete seine optische Erscheinung ab. Im neuen Look ging es nun zurück auf die Einkaufsstraße ins Jagdrevier. Das Wetter war zu dieser Tageszeit bereits angenehm mild und ein warmer Sommertag stand uns bevor. Das Gute hieran: Die Temperaturen lockten auch viele attraktive Ladys in die Innenstadt, an die sich unser Schüler heranwagen konnte. Was man Jannis hoch anrechnen musste, war, dass er schon vor dem Coaching eine Menge Frauen angesprochen hatte. Dadurch tat er sich zu Beginn relativ leicht damit, auf fremde Mädels zuzugehen.

»Und, wie lief's?«, fragte Bernhard, als Jannis nach einem Flirtversuch zu uns zurückkehrte.

»War gut. Aber irgendwie wusste ich dann nicht mehr weiter«, antwortete Jannis.

»Okay. Und was meinst du, woran lag es?«, hakte ich nach.

»Ich weiß nicht. Ich wusste einfach nicht, was ich noch sagen sollte.«

Das war das Problem vieler Männer: Wenn sie ihre Schüchternheit überwunden hatten und Frauen ansprachen, wussten sie im nächsten Schritt oft nicht, wie sie die

Unterhaltung fortsetzen konnten. Wir statteten Jannis mit ein paar Kommunikationstechniken und Gesprächsthemen aus, die er verwenden konnte, wenn ihm einmal die Worte fehlten. Es sollte ihm die Angst vor einem peinlichen Schweigen nehmen und ein Gefühl von Sicherheit geben, wenn er Frauen ansprach. Und das tat es auch. Nach ein paar weiteren Anläufen wurden seine Gespräche länger und waren nicht mehr so holprig wie zuvor. Etwas erschöpft, legten wir alle irgendwann eine kleine Pause ein und gönnten uns ein paar Burger von einem Fastfood-Restaurant. Das Wetter war im Tagesverlauf zunehmend heißer geworden und auch ein kaltes Getränk aus dem Pappbecher tat uns gut. Nachdem wir uns draußen am Stachus gestärkt hatten, ging es weiter. Diesmal wollten wir noch tiefer in die Gesprächspsychologie eintauchen und Jannis' Dialoge Wort für Wort auseinandernehmen. Zu diesem Zweck hängte sich Jannis seine In-Ear-Kopfhörer vom Handy, die ein integriertes Mikrofon hatten, um den Hals. Bernhard rief ihn an, und sobald die Verbindung zwischen den Handys stand, wagte sich Jannis an die nächste Frau in der Einkaufsstraße. Bernhard und ich lauschten dem Gespräch in ein paar Metern Entfernung; dieser Versuch schien ziemlich gut zu laufen. Jannis setzte alle einzelnen Schritte um, die wir ihm für die Kommunikation beigebracht hatten.

Es lief besser als erwartet, schon fast nach Lehrbuch. Als Jannis von dem Mädel zu hören bekam, dass sie nichts Bestimmtes vorhabe und gerade ziellos durch die Stadt schlendere, ergriff er die Chance: Er schlug ihr vor, in ein Café zu gehen, um die Konversation in angenehmer Atmosphäre bei einem leckeren Eis fortzuführen. Bernhard und ich beobachteten aus sicherer Entfernung, wie sie zusammen ein Stück die Fußgängerzone hinunterliefen und dann in ein Café verschwanden. Sie hatten nach fünf Minuten Gespräch auf der Straße ein Date, grandios!

Den beiden nach drinnen zu folgen wäre zu riskant gewesen, schließlich wollten wir nicht auffliegen und Jannis' Date zerstören. Wir blieben also draußen und hörten weiter am Handy zu, wie unser Lehrling sich machte. Es dauerte nicht lange, bis Jannis an einen Punkt kam, wo ihm die vorher zurechtgelegten Satzbausteine ausgingen und er eigenständig weiterreden musste. Ab hier merkten wir deutlich, dass Jannis Dinge sagte, die seine männliche Attraktivität schmälerten, anstatt sie zu steigern. Er redete sich um Kopf und Kragen. Höhepunkt war, als Jannis der Frau zu erzählen begann, in welchem Waschprogramm er welche Kleidungsstücke wusch. Dieses Gesprächsthema war wohlgemerkt keine Überleitung. Er erzählte ihr mehrere Minuten davon, als hinge die gesamte Weltgeschichte davon ab. Dass die Frau davon gelangweilt war, erstaunte uns nicht.

Nach fast einer Stunde beendete Jannis das Date. Ihre Handynummer konnte er zumindest noch ergattern, ehe er zu Bernhard und mir zurückkam. Jannis sprach nach diesem Erlebnis ein paar weitere Frauen an, dann schlossen wir alle – erschöpft aber zufrieden – das Coaching ab. Bevor es nach Hause ging, wollten wir uns allerdings noch ein Feedback von unserem Schüler holen.

»Wie fandest du das Coaching mit uns?«, fragte Bernhard.

»Ich fand es super. Habe eine Menge gelernt und das mit dem Date war definitiv noch das Sahnehäubchen«, antwortete Jannis strahlend.

»Super, das freut uns. Hast du sonst noch eine Frage?«, warf ich ein.

»Ja, habt ihr noch Feedback für mich, woran ich arbeiten sollte?«

Ich wollte ihm noch einen guten Tipp mit auf den Nachhauseweg geben und erklärte:

»Also beim Date solltest du mehr über deine Persönlichkeit kommunizieren. Wer du bist, was du für Ziele hast. Vermeide langweilige Themen, das erzeugt keine Spannung.«

Jannis bedankte sich, gab uns die Hand und ging davon. Bernhard und ich waren auch ziemlich platt von dem Tag. So ein Coaching war auch für uns anstrengend. Wir mussten stets aufmerksam sein, jedes Detail analysieren und waren ständig in Bewegung. Für uns war es aber erstmals die Bestätigung, dass wir nicht nur selbst gut mit Frauen umgehen konnten, sondern auch in der Lage waren, dieses Wissen weiterzuvermitteln. Damit hatten wir die notwendigen Fähigkeiten, um anderen Männern zu mehr Erfolg bei Frauen zu verhelfen.

Eine neue Ära beginnt

Bernhard war gerade mit dem Umzug nach Berlin beschäftigt. In München fühlte er sich nicht mehr wohl und brauchte daher dringend einen Tapetenwechsel.

»Hast du Zeit, mir zu helfen, die Bude in Berlin einzurichten?«, fragte Bernhard am Telefon.

»Ganz schlecht. Ich stecke mitten in den Prüfungsvorbereitungen. Bald beginnt das Examen und außerdem ist die Strecke München-Berlin kein Katzensprung. Sorry!«, antwortete ich.

Ich hatte wirklich keine Zeit, beim besten Willen nicht. Mein größtes Problem war, dass ich mich die letzten Jahre in der Ausbildung durchgemogelt hatte. Es gab so viel Lernstoff, den ich nachholen musste. Anatomie und Krankheitslehre waren meine absoluten Genickbrecher. Ich war mit Abstand der Schlechteste in unserem Kurs, was beide Fächer anging. In Psychologie und Kommunikation musste ich hingegen nie etwas lernen; hier war ich Musterschüler. Allerdings brachte einem das nur bedingt etwas, wenn man einen medizinischen Beruf erlernte. Um den wichtigen Stoff nachzuholen, der mir für die Prüfungen fehlte, hatte ich zum Glück eine Lösung gefunden: Ich hatte schon immer versucht, mir bei Menschen etwas abzuschauen, die in ihrer Entwicklung viel weiter waren als ich, denn das führte zu einem schnelleren Lernprozess. Das würde auch in diesem Fall helfen, hatte ich mir gedacht. Und so hatte ich mit meiner liebsten Kurskollegin verabredet, gemeinsam zu lernen.

Wir trafen uns regelmäßig in Cafés und hockten dort über unseren Büchern und Aufzeichnungen. Sie genoss es, mir ihr

Wissen weiterzuvermitteln, während ich es begierig aufsog. Eine Win-Win-Situation sozusagen. Diese Unterstützung durch meine Kurskollegin hatte ich aber auch bitter nötig. Ich wollte nämlich nicht nur einfacher Pflegehelfer, sondern Gesundheits- und Krankenpfleger werden, und hierzu musste ich das Examen unbedingt bestehen. Ich setzte daher alles auf eine Karte und lernte jeden Tag, um mein berufliches Ziel zu erreichen. Frauen ansprechen? Das musste erstmal warten. Die Zeit verging wie im Flug und die praktische Prüfung stand bevor. Diese bestand darin, vor den Augen der Prüfer einen Patienten zu pflegen und damit zu zeigen, dass man die Aufgabe beherrschte. Ich war von Natur aus jemand, der Herausforderungen nicht scheute, jedoch kannte ich dabei manchmal meine eigenen Grenzen nicht. Und so entschied ich mich, eine ältere, teils aggressive demente Dame zu pflegen. Sie lag im Krankenhaus, da sie große, klaffende Wunden an beiden Beinen hatte, die schwierig zu versorgen waren. Die Stationsleitung, das Wundmanagement und alle anderen Kollegen rieten mir davon ab, diese Patientin für die praktische Prüfung auszuwählen. Ich ließ mich aber nicht davon abbringen und forderte damit das Schicksal heraus.

Nach dieser praktischen Prüfung standen noch die schriftliche und zuletzt die mündliche Prüfung an. Die Ergebnisse waren niederschmetternd:

Praktische Prüfung: durchgefallen.

Schriftliche Prüfung: bestanden.

Mündliche Prüfung: durchgefallen.

Da ich in der praktischen Prüfung durchgerasselt war, würde ich den dritten und letzten Kurs ein halbes Jahr lang wiederholen müssen, um dann erneut zur Prüfung zugelassen zu werden. Ich wusste nicht, was ich tun sollte. Ein Gefühl in mir sträubte sich davor, noch ein halbes Jahr in die Ausbildung zu investieren. Ob das Angst war? Vermutlich. Die Dozentin, die mich auch praktisch prüfte, kam nach der Bekanntmachung der Prüfungsergebnisse auf mich zu:

»Tut mir leid, aber Sie haben in der praktischen Prüfung so viele fatale Fehler begangen, das konnte ich nicht tolerieren.«

»Ich bin Ihnen deswegen nicht böse«, antwortete ich, »Sie müssen das nun mal fachlich beurteilen. Aber was mich mehr interessieren würde: Finden Sie, dass ich als Gesundheits- und Krankenpfleger geeignet wäre?«

»Wissen Sie, Sie haben das Charisma, mit Menschen umzugehen, aber als Krankenpfleger sehe ich Sie nicht. Eher als Verkäufer.«

Verkäufer? Eher als Coach, dachte ich mir. Ich wollte den Menschen helfen. Aber ihre Worte gaben mir eines: Gewissheit. Tief im Herzen wusste ich schon lange, dass der medizinische Bereich äußerst interessant war, aber nicht zu mir passte. Seitdem ich jedoch angefangen hatte, mich mit Psychologie und Kommunikation auseinanderzusetzen, war eine tiefe Leidenschaft für diese Themen entstanden. Was sollte ich also tun? Ich brauchte jetzt ein paar Tage Zeit für mich und musste im Kopf erstmal alles durchgehen, um nichts zu überstürzen. Als meine Eltern erwartungsvoll anriefen und ich ihnen die Hiobsbotschaft überbrachte, dass ich durchgefallen war, stand für sie fest, dass ich die Prüfung wiederholen müsse. Ich verneinte. Sie wandten ein, ich hätte auf dem Arbeitsmarkt ohne abgeschlossene Berufsausbildung keine Chance, außerdem wären die drei Lehrjahre dann umsonst gewesen. Mein Bruder hielt mich sogar für einen Vollidioten; auch meine Freunde verstanden mich nicht. Ich hatte wieder so gut wie niemanden auf meiner Seite, so wie damals, als ich angefangen hatte, Frauen anzusprechen. Irgendwie suchte mich diese Erfahrung immer wieder heim.

Die meisten meiner Ausbildungskollegen hatten das Examen bestanden. Ich war einer der wenigen Durchgefallenen und musste jetzt eine Entscheidung treffen. Wie sollte es weitergehen? Prüfung wiederholen? Neue Ausbildung? Ein Job als Fließbandarbeiter? Nein. Ich hatte schon länger einen Traum, der sich seit dem Tag mit Jannis immer weiter manifestiert hatte: Ich wollte als Flirtcoach arbeiten und die Geschlechter zueinander führen. Mein Entschluss stand fest. Ich würde diesen Weg gehen und es zu meiner Lebensaufgabe machen, unglücklichen Männern beim Finden der Liebe zu helfen. Diesen Plan verriet ich allerdings so gut wie niemandem. Weder Freunde noch meine Familie wussten, was ich da aussheckte. Die einzigen Eingeweihten waren meine Kumpels Bernhard und Moe, mit denen ich regelmäßig loszog, um Frauen kennenzulernen.

Bernhard und ich hatten schon vor längerer Zeit eine Webseite gebaut, als wir gerade angefangen hatten, Männern unverbindlich beim Flirten zu helfen. Genauer gesagt, hatte Bernhard die Webseite erstellt, denn als Informatiker beherrschte er das Programmieren im Schlaf. Nun würde ich ebenfalls nach Berlin ziehen und mit Bernhard, der dort bereits wohnte, das Coaching-Unternehmen auf ein neues Level heben. Es lagen viele Aufgaben vor uns. Wir brauchten ein neues Webdesign und wollten unser Angebot bewerben, um Klienten aus ganz Deutschland herbeizutrommeln, denen wir helfen würden. Das war dringend notwendig, denn uns kannte man bisher nur in München – und das auch nur, weil wir dort fast täglich unterwegs gewesen waren.

Küsse auf den ersten Blick

Berlin war anders als München. Nicht besser, aber auch nicht schlechter. Anders eben. Vor meinen Prüfungsvorbereitungen für das Examen war ich mit Bernhard schon einmal in Berlin gewesen. Wir hatten dort einen Kumpel von ihm besucht und lernten jede Menge neuer Leute kennen. Hier in Berlin lebten viele Menschen, die so wie ich einen Traum hatten und dafür alles andere aufgegeben hatten. Ich konnte mich noch gut an einen Musiker erinnern, den ich auf einer anderen Reise zuvor einmal bei einer Mitfahrgelegenheit kennengelernt hatte. Er hatte mir gesagt, dass er keinen anderen Job machen wolle und immer Musiker bleiben würde, selbst wenn er dafür am Existenzminimum leben müsse. Das fand ich sehr mutig. Jemand, der seiner Bestimmung folgte und dies auch lebte, inspirierte mich.

Mir war außerdem klar, dass Berlin sehr tolerant und bodenständig war und nicht so konservativ wie München mit seiner Schickeria. Irgendwie gefiel mir das. Und da Bernhard sowieso schon in Berlin wohnte und wir unser Unternehmen ausbauen wollten, war die Entscheidung ohne jegliche Bedenkzeit gefallen. Eines Abends kam ich per Mitfahrgelegenheit bei Bernhard im Stadtteil Neukölln an. Er empfing mich bereits vor dem Haus und gemeinsam gingen wir hoch in seine Zweizimmerwohnung. Sie war schick eingerichtet, damit sich hier auch der Damenbesuch wohlfühlen konnte. Im Flur fielen mir drei einzelne farbige Bilder an der Wand auf, die nebeneinander angeordnet waren und zusammen eine Weltkarte darstellen sollten. Ich zog meine Schuhe aus und betrat das Wohnzimmer, wo ich mich auf eine braune Couch setzte. Ein kleiner Kronleuchter verschaffte uns Helligkeit zur späten Stunde.

»Wie sieht dein Plan für morgen aus?«, fragte Bernhard.

»Naja, ich habe morgen zwei WG-Besichtigungen, eine vormittags und eine nachmittags.«

Jeder sagte mir, dass Berlin aus allen Nähten platzte, was die Wohnungssituation anging. Aus dem Grund hatte ich vorgesorgt und schon ein paar Tage vor der Anreise nach Berlin, als ich einen mehrtägigen Zwischenstopp bei meinen Eltern eingelegt hatte, die beiden Besichtigungstermine vereinbart. Fürs Erste konnte ich zum Glück bei Bernhard schlafen. Wir aßen noch etwas, dann legte ich mich auf einer Luftmatratze zur Ruhe. Am nächsten Tag machte ich mich auf den Weg und schaute mir die Wohnungen an. Diese waren gar nicht übel, allerdings bekam ich kurz darauf die Absagen. Es gab einfach eine riesige Menge weiterer Interessenten für die Wohnungen, und in beiden Fällen hatte jemand anders den Zuschlag bekommen. Hier in Berlin ein neues Zuhause zu finden war offenbar wie eine Verlosung – und ich hatte zweimal eine Niete gezogen. Es blieb mir also nichts anderes übrig, als am nächsten Tag weiterzusuchen.

Und so ging das die ganze Woche: Ich recherchierte im Internet auf Immobilienbörsen nach Wohnungsangeboten und nahm alle Termine an, die ich bekommen konnte. Belohnt wurde die Mühe nicht, da ich jedes Mal abgelehnt wurde. Nach einer Woche fuhr ich zu meinen Eltern, schließlich wollte ich Bernhard nicht zur Last fallen. Ich blieb eine kurze Zeit in Bayern, machte neue Termine für Wohnungsbesichtigungen aus und fuhr wieder nach Berlin. Dieses Spiel wiederholte sich ebenfalls mehrere Male; ich kam mir vor wie ein Nomade ohne echten Rückzugsort.

Es vergingen mit Sicherheit ein bis zwei Monate, ehe ich die Zusage für ein WG-Zimmer in Berlin-Neukölln hatte. Es war eine helle Wohnung mit zwei Schlafzimmern. Sie bestand zudem aus einer kleine Küche mit Esstisch und zwei Stühlen sowie einem langen Flur mit großem Spiegel an der Wand. Meine Mitbewohnerin hatte das größte und schönste Zimmer, sogar mit Balkon. Meine Räumlichkeit war hingegen etwas trist, was mich aber keineswegs störte. Als es zur Unterzeichnung des Mietvertrages kam, war ich froh, dass die Suche endlich beendet war. Einziehen konnte ich allerdings erst ab dem nächsten Monat. Ich musste also ein paar Wochen warten und bis dahin bei meinen Eltern übernachten. Die perfekte Übergangszeit, um mich auf Jobsuche zu begeben. Unsere Firma steckte noch in den Kinderschuhen und die Einnahmen aus dem Flirtcoaching würden nicht reichen, um meinen Lebensunterhalt zu bestreiten. Deshalb bestand der einfachste Ausweg darin, erstmal in meinem alten Beruf zu bleiben. Da ich das Examen zwar versemmelt hatte, aber drei Jahre Berufsausbildung nachweisen konnte, waren viele Kliniken und Sozialstationen gewillt, jemanden wie mich als Pflegehelfer einzustellen. Ich würde demnach weniger verdienen und Tätigkeiten erledigen dürfen, für die ich mich überqualifiziert sah angesichts meiner Fähigkeiten. Aber so war das nun mal. Meine Bestimmung lag sowieso woanders – nicht in der Medizin, sondern im Coaching.

Während ich in der alten Heimat bei meinen Eltern saß und nach freien Stellen in Berlin suchte, rief mich plötzlich Bernhard an und fragte, ob wir nicht nach Krakau reisen wollten. Ich war selbst noch nie in Polen gewesen, aber von Berlin aus war der Weg nicht weit, circa sechs Stunden Fahrzeit. Bernhard und ich waren in der Vergangenheit oft gereist. Ich kannte niemanden, der so ein ausgeprägter Weltenbummler war wie er. Mindestens viermal im Jahr packte ihn das Fernweh. Dann musste er seine Koffer packen und abdüsen. Wenn wir gemeinsam auf Reisen gingen, interessierten wir uns weniger für die Städte. Typische Touristenziele suchten wir selten auf. Die entscheidenden Sehenswürdigkeiten waren für uns die Frauen, die wir dort auf der Straße ansprachen, damit sie uns dann die Umgebung zeigten. Wir waren schon in Sankt Petersburg, Budapest, Prag und Kiew gewesen – und jetzt war Krakau dran. Auf unseren Reisen erlebten wir immer etwas Verrücktes und somit konnte ich Bernhards Vorschlag nicht ablehnen.

Bernhard buchte für uns ein Zimmer in einem Hostel. Zwei Einzelbetten zum günstigen Preis. Mir kam das sehr entgegen, da ich ohnehin schon hohe Kosten hatte, vor allem für den bevorstehenden Umzug und die Mietkaution. Sieben Nächte waren in Krakau geplant. Das sollte ausreichen, um die Stadt auf den Kopf zu stellen. Ende Oktober ging es los; per Mitfahrgelegenheit fuhren wir von Berlin nach Krakau. Ich freute mich tierisch auf den Stadtbesuch. Ich hatte über mehrere Monate kaum Frauen angesprochen und war etwas eingerostet. Nach all dem Stress würde mir das jetzt guttun.

Nachts kamen wir im Hostel an und wurden von einer freundlichen, brünetten Angestellten Mitte Zwanzig an der Rezeption empfangen. Das Haus war nicht nur von außen, sondern auch hier im Inneren sehr schlicht, doch das war uns von vornherein klar gewesen. Schließlich waren wir auch nicht auf Luxusreise, sondern wollten Frauen kennenlernen. Bernhard fing an, mit der Rezeptionsdame rumzualbern. Ich merkte sofort, dass sie sein Typ war. Nach der Fahrt war ich einfach nur müde und froh, als sie uns den Zimmerschlüssel übergab, damit wir uns endlich ausruhen konnten. Nach einer kurzen und letzten Einweisung in englischer Sprache marschierten wir auf unser Zimmer. Der Raum war sehr klein und spärlich ausgestattet mit zwei Einzelbetten und einem langen Nachttisch. Der Boden war mit einem dunkelroten Teppich ausgelegt, vermutlich deshalb, weil hierauf Verschmutzung weniger auffiel und es die pflegeleichteste Lösung war. Für den Preis hatten wir auch nicht mehr erwarten können und waren zufrieden. Nachdem wir unser Zimmer kurz in Augenschein genommen hatten, zog mich die Müdigkeit in Richtung Bett. Ich streifte meine Klamotten ab, legte mich ins Bett und schlief fast sofort ein.

Frühmorgens schien uns die Sonne dieses goldenen Oktobers mitten ins Gesicht. Zeit aufzustehen und zu frühstücken. Nachdem wir uns bei einer einfachen Mahlzeit gestärkt und frisch geduscht hatten, begaben wir uns zum Wahrzeichen Krakaus: dem Hauptmarkt. Er war so etwas wie das Herzstück dieser Stadt, ein zentraler Ort, wo sich unzählige Menschen tummelten. Der Platz war riesig. Überall liefen Touristen umher, aber auch Einheimische, Künstler und Straßenhändler. In der Ferne erblickten wir eine weiße Pferdekutsche, die das historische Erscheinungsbild der Bauwerke unterstrich. Besonders markant waren die Tuchhallen, ein längliches Bauwerk im Renaissance-Stil, das zusammen mit dem alten Rathausturm in der Mitte des Platzes thronte. Um den Hauptmarkt herum befanden sich Kirchen und weitere bedeutende Bauten. Von der ersten Sekunde an fühlte ich mich mit dieser wunderschönen Stadt verbunden. Irgendwie erinnerte sie mich auch ein bisschen an Regensburg. Ich wusste nicht, ob das an der Architektur lag oder an der glücklichen Stimmung, die die Leute hier ausstrahlten. Mit polnischen Frauen hatte ich bisher noch nie Kontakt gehabt, und umso mehr war ich gespannt darauf, wie diese waren. Lange mussten wir nicht suchen; der Marktplatz und die umliegenden Straßen

Küsse auf den ersten Blick

waren voller hübscher Mädels, von denen viele wie Studentinnen wirkten. Bernhard sprach eine im grauen Wollmantel mit weißem Schal und weißer Mütze an, während ich eine Blondine mit einer großen braunen Handtasche in ein Gespräch verwickelte. Sie war Lehrerin von Beruf, wie ich erfuhr.

Während wir redeten, lächelte sie süß und strich sich oft mit ihren Fingern durchs Haar, was ein klares Anzeichen für Interesse war. Ich liebte jetzt schon polnische Frauen; sie waren offenbar sehr feminin, warmherzig und lustig. Eine Kombination, die mich magisch anzog – und nicht nur mich. Bernhard war ebenfalls total begeistert. Irgendwie tat es gut, nach Wochen der Abstinenz wieder mit Frauen zu flirten und ihnen ein Lächeln ins Gesicht zu zaubern, selbst wenn es mit dem Nummerntausch nicht klappen sollte. Mir ging es mittlerweile auch nicht mehr so stark um Resultate. Es musste nicht unbedingt jedes Mal eine Handynummer oder ein Date herauskommen; ich wollte einfach Spaß haben und nichts erzwingen. Während Bernhard und ich die Straße entlang liefen, kam uns eine junge Lady entgegen: kastanienrot gefärbtes, schulterlanges Haar, blauer Mantel und High Heels.

»Was ist mit der?«, fragte Bernhard, »Ist die nicht genau dein Typ?«

»Oh ja, das ist sie«, antwortete ich freudig.

Ich ließ sie an uns vorbeilaufen, machte kehrt und rannte ihr hinterher. Sie wirkte aufgrund ihrer Haare auffällig und das weckte meine Neugier. Den meisten Frauen stand diese Haarfarbe nicht, aber bei ihr passte es hervorragend. Ich überholte sie von hinten, drehte mich zu ihr herum, sodass ich nun direkt vor ihr stand, und machte eine Stoppgeste mit der

Hand, so wie es normalerweise nur Polizisten tun. Natürlich mit einem breiten Grinsen, schließlich sollte es nicht so aussehen, als ob ich sie verhaften wollte.

Die Rothaarige blieb stehen, und als ich ihr auf Englisch erklärte, dass ich sie umwerfend hübsch fände, war sie sichtlich gerührt. Ich hatte selten so etwas erlebt, aber zwischen uns entstand innerhalb weniger Sekunden eine Blase der Vertrautheit. Es war, als hätte man eine Glocke über uns beide gestülpt, unter der es nur noch sie und mich gäbe. Alles um uns herum verschwamm und geschah wie in Zeitlupe, wenn wir es denn überhaupt noch wahrnahmen. Ich hörte und sah weder die Straßenbahn noch die Passanten, die an uns vorbeigingen. Es fühlte sich wirklich so an, als würde die Welt nur noch aus uns beiden bestehen. Wir lachten, schauten uns verliebt in die Augen und neckten einander. Die Verbundenheit zwischen uns war so stark, dass wir ganz vergessen hatten, uns einander vorzustellen.

»Ich heiße übrigens Marta«, sagte sie.

»Schön, dich kennenzulernen, Marta. Ich bin der Andy.«

Die Anziehungskraft zwischen uns war so magisch, dass ich den nächsten Schritt wagte und zum Kuss ansetzte. Es war überwältigend. Ich glaubte zwar nicht an Schicksal, aber jedem, dem ich von diesem Erlebnis später erzählte, stimmte mir zu, dass es ein Art Schicksal gewesen sein musste. Marta schaute mich ebenfalls mit verträumten Augen an und erwiderte meinen Kuss voller Leidenschaft. Wie musste das für Außenstehende wirken: Zwei Menschen, die sich vor ein paar Minuten noch nicht kannten, knutschten wild auf der Straße rum, als wären sie ein Paar, das sich nach langer Zeit endlich wiedersah. Das war einfach das größte Gefühl, das ich je erlebt hatte.

»Du bist sowas von verrückt, weißt du das?«, sagte Marta lächelnd.

»Nein, wir sind beide verrückt.«

Marta blickte kurz auf ihr Handy und wurde unruhig. Sie war ohnehin schon spät dran gewesen und durch meine Aktion würde sie es keineswegs mehr pünktlich zur Vorlesung schaffen. Sie studierte ein wirtschaftliches Fach. Was genau, hatte ich leider nicht verstanden. Wir tauschten noch schnell die Handynummern aus, gaben uns einen flüchtigen Kuss und da war sie auch schon weg. Die Frau, die mir total den Kopf verdreht hatte. Vielleicht hatte ich ihn mir aber auch selbst verdreht, schließlich neigen wir Menschen aufgrund unserer Hormone oft dazu, gewisse Dinge überzuinterpretieren. Das ist die berühmte rosarote Brille.

Anschließend traf ich Bernhard wieder, der alleine weitergezogen war, seit ich losgerannt war, um Marta anzusprechen. Wir gingen in ein polnisches Lokal und bestellten dort Pierogi, eine traditionelle Speise, die uns der Kellner empfahl. Während wir die kleinen gefüllten Teigtaschen aßen, erzählte ich Bernhard von Marta. Er berichtete mir ebenfalls von einer Lady, die er angesprochen hatte und am nächsten Tag treffen wollte. Bernhard und ich hatten einen tollen Tag hinter uns. Marta ging mir gar nicht mehr aus dem Kopf; auch als wir das Restaurant verlassen hatten und schon längst wieder im Hostelzimmer waren, musste ich ständig an sie denken. Ich hatte es selten erlebt, eine so starke emotionale und zugleich sexuelle Anziehung zu jemandem zu spüren. Andere hätten das als „Liebe auf den ersten Blick" bezeichnet, doch mir hatte dieser Begriff noch nie gefallen. Ich war der Überzeugung, dass das Gefühl von Liebe erst im Laufe der Zeit entsteht, wenn man den anderen besser kennenlernt, sich öffnet und dadurch auch verletzlich macht. Stattdessen nannte ich das, was ich mit Marta erlebt hatte, mittlerweile „Anziehung auf den ersten Blick". Denn genau das war es auch gewesen: Zwei Menschen begegnen sich, empfinden sofort eine starke Sympathie füreinander und kommen sich innerhalb kürzester Zeit näher. Wer so etwas selbst schon mal erlebt hat, kennt dieses magische Gefühl. Es harmoniert alles mit diesem anderen Menschen, von Anfang bis Ende. Und eines stand fest: Ich musste Marta unbedingt wiedersehen – und zwar noch während meines Aufenthalts hier in Krakau. Die Zeit, die wir miteinander verbracht hatten, war zwar intensiv, aber auch sehr kurz gewesen. Sie wusste lediglich meinen Namen und dass ich aus Deutschland kam und demnächst nach Berlin ziehen würde. Aber nicht nur sie sollte mich näher kennenlernen, auch ich wollte genauer wissen, wer sie war.

Am nächsten Vormittag versuchte ich den Kontakt herzustellen. Während wir durch die Stadt liefen, rief ich sie an, doch sie nahm nicht ab. Vermutlich ist sie in der Uni, sitzt in der Vorlesung und hat gerade keine Zeit, dachte ich. Also schrieb ich ihr eine SMS. Obwohl der Klingelton meines Handys laut gestellt war, blickte ich fast stündlich auf mein Smartphone, um mich zu versichern, dass ich keinen Rückruf verpasst hatte. Normalerweise wäre ich entspannter gewesen, aber irgendwie lag mir zu viel an Marta. Während Bernhard sein Date mit der Lady vom Vortag hatte, ging ich weiter auf die Pirsch im Zentrum Krakaus und machte mir damit eine wichtige Regel zu eigen:

„Mache dich beim Flirten niemals abhängig von einer bestimmten Frau, sondern schaffe dir Alternativen, denn Bedürftigkeit wirkt unattraktiv."

Natürlich verband ich mit Marta ein stärkeres Erlebnis als mit den meisten Frauen, aber ich musste nach Möglichkeiten suchen, mich nicht in Abhängigkeit von ihr zu begeben. Denn was, wenn sie sich nicht melden würde? Wenn wir uns niemals wiedersehen würden? Ich konnte mich nicht darauf verlassen, dass ein Treffen mit Marta zustande kam, auch wenn ich unsere erste Begegnung unbedingt fortsetzen wollte. Also sprach ich weitere Frauen auf der Straße an, holte mir die eine oder andere Handynummer und kehrte irgendwann, als mir vom Herumlaufen schon die Füße wehtaten, in unsere Unterkunft zurück. Mittlerweile war es Abend geworden und die Sonne war längst untergegangen. Als Bernhard zu später Stunde ebenfalls ins Hostel zurückkam und sich zu mir aufs Bett setzte, fragte ich ihn um Rat. Marta hatte sich überhaupt nicht gemeldet. Es kam mir schon fast so vor, als würde sie mich ignorieren. Irgendwann würde sie doch sicher Zeit finden, eine SMS zu schreiben? Spätestens auf dem Heimweg hätte sie die Gelegenheit dazu gehabt. Vielleicht war ihr unsere Begegnung einfach zu verrückt gewesen. Wer küsste schon eine wildfremde Frau nach ein paar Minuten am helllichten Tag? Normal war das nicht. Bernhard wusste leider auch nicht weiter. Er meinte, ich solle es am nächsten Tag noch einmal probieren. Gut, dachte ich, morgen Vormittag rufe ich sie noch einmal an. Vielleicht klappt es ja.

Am nächsten Tag startete ich tatsächlich einen erneuten Anruf, doch wieder war Marta nicht erreichbar. Was sollte ich jetzt tun? Noch eine SMS zu schreiben wäre keine gute Idee. Ich wollte ihr schließlich nicht das Gefühl geben, dass ich ihr hinterherrannte. Es blieb mir also nichts anderes übrig, als abzuwarten und zu hoffen. Ungefähr zwanzig Minuten später vibrierte mein Handy – und ich sah auf dem Display „Marta" stehen. Kaum zu fassen! Ich ging sofort ran, und Marta erklärte mir, dass sie viel zu tun habe. Irgendwie wirkte sie nicht mehr so herzlich und reizend wie ich sie von unserem magischen Moment des ersten Kennenlernens in Erinnerung hatte. Mir kam es so vor, als ob etwas vorgefallen wäre. Einem Wiedersehen stimmte sie auch nicht zu. Das machte mich ganz schön verrückt. Ich wusste, dass ich in gut zwei Tagen Krakau verlassen würde. Wenn wir uns nicht auf ein Date treffen würden, wäre die Sache zwischen uns zum Scheitern verurteilt. Also redete ich wie mit Engelszungen, setzte meine ganze Überzeugungskraft ein und konnte Marta schließlich ein einstündiges Treffen am Hauptmarkt nach ihrer Vorlesung abringen. Wie erleichtert ich war! Am darauffolgenden Tag wartete ich wie verabredet nachmittags vor einer der Kirchen am Marktplatz. Mit ein paar Minuten Verspätung kam Marta um die Ecke geschossen und streckte mir lachend die Hand entgegen. Sie war unheimlich neckisch – eine Art, die mir gefiel. Ich nahm ihre Hand, zog sie zu mir heran und versuchte sie zu küssen. Leider ohne Erfolg; sie drehte ihren Kopf zur Seite und hielt mir die linke Wange entgegen. Na gut, dachte ich, dann erstmal nicht.

Ihre Zurückweisung musste ich akzeptieren. Wahrscheinlich ging es ihr viel zu schnell, was ich ihr auch nicht verübeln konnte. Wir gingen gemeinsam in ein kleines, aber gemütliches Café und unterhielten uns bei einem Heißgetränk. Ich erzählte ihr von meinem Leben, sie von ihrem. Langsam entstand wieder dieses magische Kribbeln, das ich schon bei unserer ersten Begegnung verspürt hatte. Und dann, als wir einander zugewandt am Tisch saßen, passierte es: Wir küssten uns erneut. Trotzdem musste ich herausfinden, wieso sie am Tag zuvor so abweisend gewesen war.

»Du warst gestern so kühl zu mir am Telefon. Das hat sich komisch angefühlt. Gibt es denn irgendetwas, das dich bedrückt?«, fragte ich.

»Ja, irgendwie schon. Aber ich weiß nicht, ob ich dir das erzählen soll.«

»Wie du magst. Du musst nicht.«

Ich wollte es nicht aus ihr herauskitzeln, auch wenn ich äußerst neugierig war. Vielleicht gab es etwas, das zwischen uns stand. Klar, ich hätte jetzt das Gedankenkarussell in Gang setzen und spekulieren können, was sie belastete. Aber hätte mich das weitergebracht? Sicher nicht. Stattdessen genoss ich weiter dieses entspannte Gefühl, das ich hatte, seit wir uns bei diesem Treffen wieder nähergekommen waren. Nicht sexuell, eher emotional. Das Vertrauensband zwischen uns wurde umso stärker, je mehr Zeit wir miteinander verbrachten und je mehr wir dem anderen von unserer Jugend und unseren Leidenschaften erzählten. Doch auch diese angenehmen Momente im Café sollten bald vorübergehen, da der Abschied nahte. Und so bezahlte ich ihren Kaffee und meinen Tee. Wir zogen unsere Jacken an, verließen das Café und traten wieder nach draußen in die Kälte. Dann nahmen wir uns in die Arme und küssten uns ein letztes Mal innig, bevor unsere Wege sich endgültig trennten. Ob ich Marta jemals wiedersehen würde? Das stand in den Sternen, aber ich hoffte es von ganzem Herzen.

Eine Enthüllung und viel Schlepperei

Wir schleppten unser Gepäck die Treppen zu Bernhards Wohnung hinauf und waren froh, nach der langen Heimfahrt endlich zurück in Berlin zu sein. Der Trip nach Krakau steckte uns noch ein wenig in den Knochen, und so gingen wir ins Wohnzimmer, um es uns dort gemütlich zu machen. Ich legte mich auf die aufblasbare Schlafmatratze, während Bernhard auf seinem Bürostuhl Platz nahm. Mit dem Smartphone in der Hand wartete ich auf einen ganz besonderen Videoanruf. Ich konnte es kaum erwarten und war auch etwas aufgeregt – aber nicht aus Unsicherheit, sondern vor Freude. Es klingelte! Ich tippte mit meinem Finger auf das entsprechende Symbol, um den Anruf mit Videofunktion entgegenzunehmen.

»Hallo Marta, cool dass es geklappt hat. Ich freue mich echt riesig, dich zu sehen!«, sagte ich.

Sie lächelte mich auf dem Display meines Handys an und war ganz die warmherzige Frau, die ich aus Krakau kannte. In ihrem Notebook war eine Webcam integriert und sie schwenkte es herum, um mir ihr Zimmer zu zeigen, das sie sich während ihres gesamten Studiums mit einem anderen Mädel teilte. Der Raum war recht klein, ein paar Poster hingen an der Wand und es sah halbwegs ordentlich aus. Viel Platz für Privatsphäre hatte sie dort allerdings nicht. In meiner Zeit in München in einer WG zu leben war für mich schon teilweise die Hölle gewesen. Aber über Jahre hinweg mit jemand anderem sogar in demselben Zimmer hausen? Das würde mich unglücklich machen. Für Marta schien das jedoch ganz normal zu sein, und wie sich herausstellte, war das in Polen so üblich.

Während ich mit Marta redete, ging Bernhard in die Küche und führte ebenfalls ein Videotelefonat mit seiner Polin, die er so wie ich in Krakau kennengelernt hatte. Allerdings hatte er mit seiner Bekanntschaft noch eine Nacht verbringen können, während ich mit Marta nur rumgeknutscht hatte. Das war aber kein Problem. Marta wusste schließlich, dass das zwischen uns keine Freundschaft werden sollte und ich mehr von ihr wollte. Und sie hatte, wie ich glaubte, genau dasselbe im Sinn. Allerdings offenbarte sie mir plötzlich etwas, das mir den Magen umdrehte:

»Weißt du noch, als du mich gefragt hast, ob etwas nicht stimmt?«

»Ja«, antwortete ich.

»Also, ich muss es dir jetzt sagen: Ich habe einen Freund und er will mich heiraten. Er hat mir auch schon einen Antrag vor längerer Zeit gemacht, aber ich habe abgelehnt. Ich fühle mich zu ihm irgendwie nicht mehr hingezogen, aber er versucht mit allen Mitteln, mich zu erobern. Deswegen war ich in einem Dilemma, als das mit dir passiert ist.«

Verrückt. Hätte ich nicht gerade auf meiner Luftmatratze gelegen, wäre ich womöglich vor Schreck umgefallen. Das musste ich erstmal verarbeiten. Spannte ich diesem Typen indirekt Marta aus? Ich hatte bis dato gar nichts von ihm gewusst, aber dass sie sich auf mich eingelassen hatte, verriet eindeutig, dass sie nicht mehr mit ihm zusammen sein wollte. Also brauchte ich keine moralischen Bedenken deswegen zu haben. Gott sei Dank! Die Entscheidung sollte jedoch allein Marta treffen. Es ging hier nicht um ihren Freund oder um mich, sondern um Marta. Sie musste schließlich selbst wissen, was sie glücklich machte und ihren Herzen folgen. Dass ich allerdings am längeren Hebel saß, weil sie mehr für mich empfand als für ihn, war mir trotzdem klar.

»Er wohnt auch nicht in Krakau, sondern etwas weiter weg in Polen. In einer halben Stunde wollte er auch mit mir per Video telefonieren«, sagte sie.

Marta klang so, als wenn sie das wirklich mit ihm vorhatte. Schließlich war sie auch offiziell noch mit ihm zusammen. Jetzt eifersüchtig zu reagieren wäre kein guter Schachzug, denn Druck erzeugt bekanntlich immer Gegendruck und hätte sie womöglich vergrault. Also antwortete ich:

»Kein Problem. Wir können ja danach noch einmal telefonieren. Oder morgen, wie du magst.«

Natürlich wollte ich Marta erobern. Aber hätte sie jetzt einen Schlussstrich mit mir gezogen, hätte ich das voll und ganz akzeptiert. Stattdessen reagierte sie positiv und war weiterhin offen, mich näher kennenzulernen. Und das gab mir die nötige Sicherheit, weiterzumachen. Wir alberten noch etwas herum, neckten uns gegenseitig und dann stand auch schon ihr Freund in den Startlöchern fürs Videotelefonat mit Marta. Schweren Herzens drückte ich auf den roten Button und beendete damit das Gespräch, um das Feld zu räumen.

Alle paar Tage telefonierten wir und ich war auch schon wieder auf dem Weg in die Heimat zu meiner Familie. Ich musste meinen Umzug vorbereiten und hatte dementsprechend viel zu tun. Hin und wieder schrieb mir Marta aufgelöst, ob wir reden könnten. Ihr Freund bedränge sie, endlich zu heiraten. Charakterlich hatten Marta und ich ähnliche Züge: Wenn uns jemand einengte oder zu etwas zwingen wollte, wurde der Fluchtinstinkt in uns aktiv. Das war sicher auch einer der Gründe, warum sie nicht mehr mit ihrem Freund zusammen sein wollte. Er war zu penetrant und gab ihr nicht die Zeit, die sie brauchte. Marta machte das ganz schön zu schaffen und sie hatte kein gutes Bild mehr von ihm. Sie wollte die Beziehung beenden, wobei ich ihr psychisch Halt gab. Für mich war das natürlich die perfekte Ausgangslage. Sobald sie diesen Kerl, der ihr nicht guttat, zum Teufel gejagt hätte, würde sie komplett offen und frei für mich sein. Eine Mauer, die bisher zwischen uns stand, würde endlich zerbröseln. Und so kam es, wie es kommen musste. Etwas traurig, aber dennoch erleichtert übermittelte sie mir ein paar Tage später per Videotelefonie die Nachricht: Sie hatte die Partnerschaft tatsächlich beendet. Für mich ein Moment zum Aufatmen. Ich hatte jetzt nur noch zwei Ziele im Kopf.

Erstens: Meinen Umzug nach Berlin.

Zweitens: Ein persönliches Wiedersehen mit Marta.

Mir fehlte es, Marta in den Arm zu nehmen, ihren Kopf zu tätscheln und sie liebevoll zu küssen. Außerdem war ich gespannt darauf, wie der Sex mit ihr sein würde. Aber eins nach dem anderen, dachte ich mir. Erstmal musste ich mein neues Zuhause in Berlin beziehen. Also begann ich bei meinen Freunden in der alten Heimat nachzufragen, wer mir beim Umzug helfen könne. Die meisten mussten arbeiten oder waren schon anderweitig verplant. Der einzige, der mir dabei unter die Arme greifen wollte, war Michi. Auf ihn konnte man sich immer verlassen, das fand ich ziemlich cool. Rückblickend war ich ihm sogar sehr dankbar, denn nur mit seiner tatkräftigen Unterstützung war es möglich, die ganze Aktion in einer Rekordzeit von zwei Tagen über die Bühne zu bringen. Für den Umzug lieh ich mir das 90 PS starke Auto meiner Eltern, das ich bis zum Rand mit Kartons und Taschen vollstopfte. Dann fuhren Michi und ich von Regensburg aus zu meiner neuen Adresse in

Berlin-Neukölln und schleppten alle Sachen die Treppe hinauf bis in mein WG-Zimmer im zweiten Stock. Am nächsten Tag besuchten wir noch gemeinsam ein Möbelhaus. Dort kaufte ich die notwendigsten Möbel, die wir ebenfalls in die Wohnung schleppten und in mühsamer Fleißarbeit montierten: ein Doppelbett samt Federkernmatratze, eine Kommode mit drei Schubladen und einen großen Spiegel. Meine neue Mitbewohnerin organisierte mir zudem einen kleinen runden Couchtisch und gab mir ihren alten Kleiderständer. Eine passende Couch besorgte ich mir ein paar Wochen später gebraucht über ein Kleinanzeigen-Portal. Das Werk war vollbracht! Jetzt war mein Zimmer zwar immer noch sehr bescheiden eingerichtet, aber das Wichtigste war vorhanden. Ich war überglücklich, denn alles lief bestens: Nun war ich endgültig in Berlin angekommen und konnte hier richtig leben. Zudem zeigte Marta immer mehr Gefühle für mich. Jedes Mal, wenn wir miteinander telefonierten, sagte sie mir, wie sehr sie mich vermisse. Was wollte man da noch mehr?

Die Strapazen einer Fernbeziehung

Mit Marta hatte ich weiterhin intensiven Kontakt. Alle zwei Tage machten wir abends einen Videocall und es wurde nie langweilig. Einmal erzählte sie mir, dass sie ein Geschenk für mich habe. Es sei ein reizendes Foto; so etwas habe sie noch keinem Mann geschickt. Sofort musste ich daran denken, wie sie in Dessous aussehen würde. Oder war es gleich ein Nacktfoto? Ich war total neugierig und nach längerem Hin und Her schickte sie mir eine Fotodatei. Als ich diese mit großen Augen öffnete, erblickte ich auf dem Bild eine Marta, die vor der Kamera stand und mir grinsend ihren Mittelfinger entgegenstreckte. Bekleidet natürlich. Ich musste bei diesem Anblick ziemlich verwirrt geschaut haben, da sie sich vor Lachen auf dem Boden kugelte. Als ich realisierte, dass sie mich wieder einmal verarscht hatte, musste ich ebenfalls lachen. Das war typisch für sie: erst hohe Erwartungen schüren und dann die Seifenblase platzen lassen, um sich an einem enttäuschten Gesicht zu erfreuen. Aber genau diese Art hatte ich bisher bei keiner anderen Frau erlebt. Sie war immer humorvoll und lustig – und genau das sorgte dafür, dass nie Langeweile zwischen uns aufkam.

Da mein WG-Zimmer mehr oder weniger fertig eingerichtet war, wurde es Zeit, Marta zu empfangen. Durch unseren regelmäßigen Kontakt war so viel Vertrauen entstanden, dass sie per Fernbus von Krakau nach Berlin kommen wollte. Ein ganzes Wochenende würden wir zusammen verbringen. Freitag gegen Mitternacht würde sie ankommen, sofern es der Verkehr zuließ, und Sonntag wieder abreisen. An diesem Freitag hatte zudem Bernhard Geburtstag, der zu Hause eine Party schmiss. Ich hatte Marta zuvor schon davon erzählt und ihr vorgeschlagen, gemeinsam dort hinzugehen. Sie schien jedoch nicht sonderlich begeistert von der Idee zu sein; vermutlich wollte sie die Zeit lieber mit mir allein verbringen. Somit stand die Planung für mich fest: abends erst zur Party von Bernhard und anschließend zum Busbahnhof, um Marta abzuholen und sie mit zu mir nach Hause zu nehmen. Ich konnte es kaum erwarten, bis es soweit war, und zählte die Tage runter. In der Zwischenzeit versuchte ich, mein Zimmer weiter zu verschönern, und zwar mit Bildern und Postern. Doch was ich auch tat, so wirklich stylisch sah meine Bude nicht aus. Ich hatte auch kein Talent für Inneneinrichtung. Das Einzige, worauf ich achtete, war, dass die Farben zueinander passten. Trotzdem hoffte ich, Marta würde sich in meinem steril wirkenden Zimmer wohlfühlen.

Als der Tag endlich gekommen war, schrieb Marta mir im Reisebus alle paar Stunden eine SMS. Sogenannte Statusberichte. Sie hatte natürlich auch etwas Angst, denn sie war zuvor noch nie in Berlin gewesen, sprach kein Wort Deutsch und wäre ohne mich aufgeschmissen. Daher war es ihr sehr wichtig, Kontakt per SMS zu halten. Das gab ihr ein Gefühl von Sicherheit. Während sie noch einige Stunden Fahrt vor sich hatte, war ich schon bei Bernhard zu Hause auf seiner Party, wo wir alle mit einem Glas Sekt anstießen. Ich unterhielt mich angeregt mit zwei Kumpels von Bernhard, die sich ebenfalls intensiv mit dem Thema Flirten und Verführung beschäftigten. Manchmal hatte ich das Gefühl, dass man die Geister nicht loswurde, die man einst rief. Aber natürlich waren sie sehr sympathische Kerle und wir hatten sofort einen guten Draht zueinander. Als ich den beiden die Geschichte mit Marta erzählte, schienen sie recht beeindruckt zu sein. Irgendwie kreisten meine Gedanken nur noch um Marta, ich war bis über beide Ohren verliebt. Wir hatten uns zuletzt vor knapp einem

Monat persönlich gesehen. Eine lange Zeit, und das steigerte die Sehnsucht ins Unermessliche.

Zum ersten Mal konnte ich nachempfinden, wie es Paaren gehen muss, die in einer dauerhaften Fernbeziehung leben und sich nur alle zwei Wochen treffen. Überrascht blickte ich auf die Uhr. Durch die Gespräche mit den beiden Jungs war der Abend wie im Flug vergangen. Es wurde langsam Zeit, sich auf den Weg zu machen, um pünktlich am Busbahnhof zu sein. Viele der Partygäste verstanden anfangs nicht, wieso ich nach ein paar Stunden schon wieder abdampfen wollte, und versuchten mich zum Bleiben zu überreden. Doch nach einer kurzen Erklärung, dass ich meine polnische Freundin abholen müsse, hatte jeder Verständnis dafür. Verrückt, aber ja, ich bezeichnete sie schon als meine Freundin. Dieses Wort fühlte sich nun mal gut an, denn genau das empfand ich auch für Marta. Sie war nicht irgendein polnisches Mädchen, das mich besuchen kam, sondern meine verrückte und zugleich lustige Freundin. Nachdem ich mich von allen Gästen verabschiedet hatte, zog ich meine schwarzen Stiefeletten und meinen Mantel an. Mit einem kurzen Blick in den Spiegel überzeugte ich mich davon, dass meine Frisur noch saß. Und los ging es. Ich schloss Bernhards Wohnungstür hinter mir, durch die noch die gedämpften Klänge der Partymusik drangen, lief die Treppe hinunter und verschwand in die Dunkelheit der Nacht.

Am Busbahnhof angekommen, musste ich noch knapp zwanzig Minuten bis zu Martas Ankunft totschlagen. Daher setzte ich mich in der Wartehalle in einen der vielen orangefarbenen Plastiksitze, von wo aus ich die überdachten Busstellplätze gut im Blick hatte. Um mich herum saßen vereinzelt Leute mit ihren Trolleys und warteten teils ungeduldig, teils schläfrig auf ihren Bus. Marta schrieb ich noch nicht, dass ich da war. Ich wollte sie im Unklaren lassen und überraschen. Besser gesagt: erschrecken. Das mochte zwar etwas gemein sein, aber ich musste Marta eine Retourkutsche verpassen und sie etwas zurückärgern. Wie du mir, so ich dir, dachte ich. Und da kam er vorgefahren, der große Bus eines polnischen Reiseunternehmens. Das Fahrzeug fuhr durch die überdachte Kurve des Busbahnhofs und bremste am vorgesehenen Stellplatz. Ich blickte geradeaus durch die Glasscheiben der Wartehalle und beobachtete, wie ein Passagier nach dem anderen ausstieg, sich vor den Gepäckraum des Busses stellte und auf die Herausgabe der Koffer wartete.

Dann sah ich Marta; ich erkannte sie sofort an ihrem kastanienroten Haar. In dunkelblauem Mantel und einer engen Jeans ging sie die letzten Treppenstufen des Busses hinunter, bis sie festen Boden unter den Füßen hatte. Sie begab sich wie die anderen Fahrgäste zum Gepäckfach, um dort ihren Trolley entgegenzunehmen. Etwas aufgeregt setzte ich mich in Bewegung, schlängelte mich an den anderen Ankömmlingen vorbei und umklammerte Marta von hinten. Sie erschrak, schrie leise auf und zog ihren Kopf ruckartig nach hinten. Dabei stieß sie unglücklich gegen meine Nase; es fühlte sich an wie ein Hieb beim Boxen. Das tat richtig weh.

»So begrüßt du mich also?«, sagte ich lächelnd.

»Oh, sorry! Das war keine Absicht«, entschuldigte Marta sich, »du hast mich einfach erschreckt.«

Als der Schmerz langsam nachgelassen hatte, fasste ich sie an der Hüfte und zog sie zu mir heran. Ich wollte unserer anfänglich misslungenen Begrüßung noch einen positiven Beigeschmack verpassen. Und was wäre wohl besser dafür geeignet als ein leidenschaftlicher Kuss? Unsere Lippen berührten sich – und die

Gefühlswoge, die mich dabei überkam, ließ mich meine ramponierte Nase vollends vergessen. Als wir uns mitten in der Nacht Händchen haltend zu meiner WG begaben, sagte sie mir, wie verrückt das zwischen uns sei. Vor allem deshalb, weil wir uns noch gar nicht so gut kennen würden und sie einfach so nach Berlin gekommen sei. So etwas habe sie zuvor noch nie gemacht. Ich konnte mir sehr gut vorstellen, dass die Reise sie viel Überwindung gekostet hatte. Doch letztendlich hatte sie diesen Schritt gewagt, wobei sicherlich auch die Hormone und die daraus entstandene Sehnsucht nach mir geholfen hatten.

Als wir endlich in meiner WG angekommen waren, zog Marta hastig ihre Schuhe aus und eilte sofort zur Toilette. Mir fiel in der Zwischenzeit auf, dass die Schuhe meiner Mitbewohnerin nicht da waren und auch in ihrem Zimmer kein Licht brannte. Vermutlich war sie unterwegs, was mir persönlich sehr zusagte. So würde ich mit meiner Freundin ungestört sein. Ich nahm Martas Trolley und stellte ihn in meinem Schlafzimmer an der Wand ab. Als Marta ebenfalls in mein Zimmer kam, blickte sie sich kurz um, begutachtete die Bilder und dann küssten wir uns innig. Was ich mir so lange gewünscht hatte, wurde nun endlich wahr: Wir verbrachten unsere erste gemeinsame Nacht miteinander.

Am nächsten Morgen angelten wir unsere Klamotten vom Boden, die wir uns in der Nacht stürmisch vom Leib gerissen hatten, und stärkten uns bei einem Frühstück. Anschließend ging es nach draußen, um Marta die Sehenswürdigkeiten Berlins zu zeigen. Gemeinsam nutzten wir das gesamte Wochenende und fuhren wie Touristen mit öffentlichen Verkehrsmittel zu sämtlichen Attraktionen. Wir schauten uns die Siegessäule und das Brandenburger Tor an. Auch ganz oben im Fernsehturm waren wir und knipsten Selfies. All die Zeit verbrachten wir mal umarmend, mal knutschend – wie wir gerade Lust hatten. Das Wochenende verging rasend schnell, war jedoch unheimlich intensiv. Umso schwerer fiel mir der Abschied, als Marta wieder in den Bus stieg, um nach Krakau zurückzufahren. Am liebsten hätte ich sie hierbehalten, aber das war natürlich nicht möglich. Und so pendelte sich eine klassische Fernbeziehung ein, in der wir uns alle zwei oder drei Wochen abwechselnd besuchten.

Eineinhalb Monate nach Martas erstem Besuch in Berlin fuhr ich per Mitfahrgelegenheit nach Krakau und mietete ein Hotelzimmer für ein gesamtes Wochenende. Ich wusste, dass Marta in der Stadt war. Von meiner spontanen Anreise hatte ich ihr allerdings nichts erzählt; es sollte eine Überraschung werden. Erst als ich im Hotel war, kündigte ich mich per SMS an:

»Hey Darling :-) Überraschung, ich bin in Krakau.«

»Echt? Du verarschst mich, oder? :-)«, antwortete sie zehn Minuten später.

»Nein, wirklich. Lass uns heute treffen, ich habe uns ein Hotel mitten im Zentrum organisiert.«

Sie packte ihre Tasche und wir trafen uns nachmittags vor einer der Kirchen am Hauptmarkt. Dann schlenderten wir zum Hotel und gingen ins Zimmer. Dort hatte ich eine weitere Überraschung für sie vorbereitet: ein Geschenk. In einen Bilderrahmen hatte ich ein Foto von uns beiden eingelegt, das ich mit einem Bildbearbeitungsprogramm zugeschnitten und anschließend mit einem Sepia-Effekt versehen hatte, sodass es wie eine nostalgische, vergilbte Schwarz-weiß-Fotografie aussah. Auf dem Bild waren Marta und ich zu sehen, wie wir uns innig küssten, im Hintergrund die Siegessäule von Berlin. Ein Foto, das sehnsüchtige Erinnerungen weckte. Ich überreichte Marta den Bilderrahmen.

»Na toll! Jetzt muss ich immer an dich denken, wenn ich das Bild in meinem Zimmer sehe«, sagte sie neckisch, aber dennoch sehr erfreut.

»Ja. Damit du immer an mich denkst, wenn ich nicht hier bin.«

Mit meinem Geschenk konnte ich einen emotionalen Anker bei Marta setzen. Ich wusste: Jedes Mal, wenn sie auf das Bild schauen würde, würde sie gedanklich in unsere erste gemeinsame Zeit in Berlin zurückversetzt. Dann würde sie in Erinnerungen schwelgen und an all die lustigen Dinge denken, die wir an diesen Tagen erlebt hatten. Das würde helfen, ihre Bindung an mich – und damit unsere Beziehung insgesamt – zu stärken.

Mittlerweile war es schon spät abends und ich bekam großen Hunger. Die Freude, Marta zu überraschen war so groß gewesen, dass ich meinen Appetit komplett verdrängt hatte. Es wurde also Zeit, aufzubrechen und etwas essen zu gehen. Marta führte mich in ihr neues Lieblingsrestaurant: einen amerikanischen Laden mit Burger, Fingerfood und Cola. Kalorienreich, aber sättigend. Genau das, was ich nach meiner langen Anreise brauchte. Als wir das Restaurant betraten und im ersten Stock Platz nahmen, schaute ich mir den Laden genauer an. Ich wollte wissen, was Marta hieran so gefiel. Die Wände waren aus Backstein und es gab eine große Bar; im Hintergrund der Bar befand sich sogar ein Weinschrank. Dank der vielen kleinen Lampen an Decke und Wänden war das Restaurant hell erleuchtet und wirkte dadurch sehr einladend. Es sah gar nicht typisch amerikanisch aus. Aber irgendwie hatte es Charme und war ganz anders als die Filialen der üblichen Schnellimbissketten, wie man sie kannte.

Marta und ich bestellten uns jeweils einen Cheeseburger; dazu gab es noch eine ordentliche Portion Pommes und eine Cola. Ein schönes Gefühl, seinen Magen mit Nahrung zu füllen, während man von einer tollen Frau angelächelt und unterhalten wird, dachte ich. Als wir gesättigt waren, bezahlte Marta das Essen. Sie bestand darauf, diesmal die Rechnung zu übernehmen – schließlich hatte ich eine lange Reise, die mit einigen Kosten verbunden war. Ich liebte es, wenn Frauen Initiative zeigten und auch mal den Mann einluden. Es ging mir hierbei nicht ums Geld, sondern um eine wundervolle Geste der Wertschätzung des anderen. Eine Beziehung war für mich immer ein Geben und Nehmen, was mit Marta hervorragend funktionierte. Als das erledigt war, verließen wir das Restaurant und gingen wieder in unser Hotelzimmer. Wir entkleideten uns und duschten gemeinsam. Anschließend hatten wir zärtlichen, romantischen Sex, so wie ihn frisch verliebte Pärchen genießen. Danach schmiegte Marta sich an mich und wir schliefen aneinandergekuschelt in der Löffelchenstellung ein.

Meine Augen waren geschlossen. Und meine Sinne waren durch den Halbschlaf ganz betäubt. Dennoch hörte ich ein Rasseln, das von lauten Atemgeräuschen begleitet wurde. Ob ich wohl träumte? Ich wälzte mich etwas auf der Matratze herum und drückte mein Gesicht noch tiefer in das Kissen. Geräusche im Hotel zu hören war schließlich auch nichts Ungewöhnliches. Also weiterschlafen. Doch dann wurde das Atmen immer lauter und ich musste herausfinden, was los war. Ich tastete mit den Händen neben mich und versuchte Marta zu berühren, doch sie lag nicht im Bett. Erschrocken streckte ich meinen Arm aus, schaltete die Nachttischlampe an und sah sie mit blassem Gesicht in der Ecke des Zimmers stehen. Sofort fragte ich sie, was los sei. Sie klagte, dass sie etwas schlecht Luft bekomme, es aber gleich wieder besser werde. Ich machte mir unheimlich große Sorgen und öffnete das Fenster, um die Sauerstoffzufuhr zu erhöhen. Was sollte ich tun? Die Rezeption verständigen, um den Notarzt zu rufen? Nach ein paar Minuten beruhigte sich die Situation und Marta ging es besser. Ihr Gesicht bekam wieder Farbe, aber so wirklich wohl war mir nicht dabei. Marta erklärte mir, dass sie das schon seit einer Woche habe und damit auch beim Arzt gewesen sei. Dieser habe aber weder am Herzen noch an der Lunge irgendwelche Erkrankungen feststellen können. Aus dem Grund müsse sie weitere Untersuchungen durchführen lassen, um die Ursache des Übels zu finden. Etwas besorgt ging ich wieder ins Bett und Marta legte sich neben mich. Zur Beruhigung streichelte ich ihr den Rücken. Als sie endlich eingeschlafen war, wurde ich ebenfalls entspannter und gab mich meiner Müdigkeit hin, bis ich wieder im Schlaf versunken war.

Das gemeinsame Wochenende verging wie im Flug. Am Samstagvormittag nach der Schreckensnacht besuchten wir einen Trödelmarkt und schauten uns dort jede Menge Stände an. Von Kunst und Handwerk über Kleidung bis hin zu Imbissbuden gab es alles, was das Herz oder der Magen begehrte. Abends trafen wir noch ein paar Freunde von Marta, deren Bekanntschaft ich bei meinen letzten Besuchen in Krakau gemacht hatte. Ihre beste Freundin Anja war allerdings nicht dabei. Zum Glück. Sie hatte mich schon ab der ersten Sekunde, als wir uns kennengelernt hatten, nicht ausstehen können. Ich hingegen fand sie ganz nett, aber es herrschte immer eine gewisse Spannung zwischen uns. Marta erklärte mir, dass Anja etwas schwierig sei und ich mir keine Gedanken machen müsse. Am Sonntag war es leider wieder soweit; meine Abreise stand bevor. Wir checkten aus dem Hotel aus und wussten, dass wir uns bald voneinander würden verabschieden müssen. Das waren immer die Momente, in denen ich wünschte, ich könnte die Zeit zurückdrehen. Aber leider war ich nicht im Besitz einer Zeitmaschine, und so mussten wir pünktlich los, damit ich meine Fahrt antreten konnte. Für die Heimreise hatte ich wieder eine Mitfahrgelegenheit organisiert. Marta und ich liefen zur vereinbarten Adresse, wo ich sie noch einmal leidenschaftlich küsste und dann ins Auto stieg. Als der Wagen losfuhr, winkte ich meiner Freundin durch die Scheibe hinterher, bis schließlich auch unsere Blicke endgültig getrennt waren.

Als ich wieder in meiner Heimat war, hielten Marta und ich unseren Kontakt per Videotelefonie aufrecht, so wie wir es immer getan hatten. Ein paar Wochen später besuchte sie mich dann wieder in Berlin. Doch als wir in meinem Zimmer saßen, war irgendetwas anders als sonst. Marta war wie ausgewechselt; die Lebensfreude war von ihr gewichen. Ob das an ihrer Krankheit lag? Sie meinte allerdings, es habe seit dieser Nacht im Hotel keine weiteren Anfälle mehr gegeben, so als wären diese wie von selbst verschwunden. Aber irgendetwas musste sein. Es tat mir im Herzen weh, sie so zu sehen. Das war einfach nicht die Marta, die ich kannte. Sie hatte weder Lust etwas zu unternehmen noch suchte sie den liebevollen Körperkontakt zu mir. Als ich mit etwas Nachdruck herausfinden wollte, was los war, erzählte sie mir, dass sie ihren Vater vermisse und sich Sorgen um ihn mache. Er sei beruflich oft in Deutschland unterwegs und habe zudem Krebs. Ich war ganz schön erschüttert; diese Nachricht hatte gesessen. Das Wochenende war somit von Traurigkeit geprägt. Gerne hätte ich sie getröstet, doch viel mehr, als sie zu umsorgen, konnte ich für Marta nicht tun.

In die Hölle verbannt

Mittlerweile war eine Woche vergangen, seit Marta und ich uns das letzte Mal gesehen hatten. Seit diesem letzten Treffen hatte sie kein Lebenszeichen von sich gegeben. Ich schrieb ihr jede Menge SMS und rief sie zehnmal am Tag an, aber es gab weiterhin keine Reaktion. Sie war wie vom Erdboden verschluckt. In ihrer letzten Nachricht hatte sie mir mitgeteilt, dass sie gut in Krakau angekommen sei. Das war alles. Ich bekam Angst und fing an zu grübeln, ob ihr etwas passiert sein könnte. Vielleicht wurde sie entführt? Oder hatte sie erneut einen Anfall mit Atembeschwerden gehabt, so wie damals im Hotel? Oder was, wenn ihr Vater verstorben war und sie Suizid begangen hatte? Meine Gedanken wurden jeden Tag fürchterlicher; ich geriet in eine negative Abwärtsspirale aus Angst und Paranoia. Tief im Herzen wusste ich, dass ich etwas dagegen tun musste. Da fiel mir plötzlich etwas ein: Anja, ihre beste Freundin, die mich äußerst unsympathisch fand, hatte ich vor langer Zeit auf Facebook geaddet. Der Grund war, dass Marta über meinen Facebook-Account mit Anja kommunizieren konnte, wenn sie bei mir zu Besuch war, da sie in Deutschland so gut wie immer Probleme mit dem Netzempfang hatte. Einen eigenen Facebook-Account hatte Marta nicht. Also schaltete ich mein Notebook an, loggte mich in Facebook ein und schrieb Anja folgende Nachricht:

»Hey Anja, ich habe von Marta schon seit einer Woche nichts gehört. Weißt du, was mit ihr los ist?«

Anja war so gut wie immer in Facebook online. Es dauerte nicht lang und sie antwortete mir, dass Marta keinen Kontakt mehr haben wolle. Eine Begründung bekam ich nicht und irgendwie schenkte ich Anjas Worten wenig Vertrauen. Sie würde sich sicherlich freuen, wenn das zwischen Marta und mir in die Brüche ginge. Aber eines war mir jetzt klar: Wenn auch nur ein Funken Wahrheit in ihrer Antwort steckte, lebte Marta. Damit verblassten die schlimmsten Szenarien in meinem Kopf. Mir wurde schnell bewusst, dass Anja keine große Hilfe war. Also nutzte ich eine bestimmte Funktion in Facebook und durchforstete die Kontaktliste von Anja, um die Freunde von Marta zu identifizieren, die ich an einem Abend in Krakau kennengelernt hatte. Doch meine stundenlange Suche war vergebens. Was mit Marta wirklich los war, blieb weiterhin ein Rätsel. Und dann keimte doch noch Hoffnung auf, als ich ein paar Tage später plötzlich eine SMS von Marta zu lesen bekam:

»Hey Andy, sorry dass ich mich so lange nicht gemeldet habe. Ich möchte ehrlich sein. Die Geschichte mit meinem Vater, der Krebs hat, war gelogen. Ich liege aktuell mit der Diagnose Brustkrebs im Krankenhaus. Mir geht es ganz gut, bitte mach dir keine Sorgen. Ich möchte, dass du mit einer anderen Frau glücklich wirst. Das mit uns hat keine Zukunft. Marta.«

Ich war geschockt. Aber Brustkrebs? Sie hatte mir mal flüchtig erzählt, dass ihre Mutter auch Brustkrebs gehabt habe, und durch meine medizinische Ausbildung wusste ich, dass hierbei eine genetische Vererbbarkeit nicht ausgeschlossen ist. Ganz im Gegenteil: Diese ist sogar relativ hoch. Es gibt unterschiedliche Therapieformen und in vielen Fällen wird die vom Krebs befallene Brust operativ entfernt. Ich konnte Marta nicht ihrem Schicksal überlassen. Wie belastend das Ganze für sie sein musste! Mitte zwanzig, das Leben noch vor sich und dann die Diagnose Brustkrebs. Mir war es völlig egal, wenn sie eines Tages ein Brustimplantat tragen würde. Ich wollte *sie*, in guten wie in schlechten Zeiten. Also versuchte ich verzweifelt, den Kontakt herzustellen. Ich schrieb ihr eine SMS, um zu erfahren, in welchem Krankenhaus sie lag, denn ich wollte sie besuchen kommen. Als das nichts half, schlug ich ihr vor, wenigstens miteinander zu telefonieren. Doch all meine Versuche lehnte sie ab.

Ich verstand nicht, wieso sie von heute auf morgen den Kontakt einfach so abbrechen wollte. Sie hätte mit mir reden können; gemeinsam hätten wir sicher eine Lösung gefunden. Meine Überforderung mit dieser Situation war nicht weiter verwunderlich: Selbst der empathischste Mensch kann nicht nachempfinden, was eine schwerkranke Person durchlebt. Vermutlich konnte auch ich das in diesem Moment nicht, selbst wenn Einfühlungsvermögen eine meiner großen Stärken war. Ich konnte höchstens versuchen, Martas Beweggründe zu verstehen. Obwohl Marta sich dem Kontakt zu mir komplett entzog, schrieb ich jede Woche eine SMS an sie mit der Frage, wie es ihr ging. Ich tat dies nicht in der Hoffnung sie zurückzugewinnen, sondern um mir Klarheit zu verschaffen. Wenn dies das Ende der Beziehung sein sollte, dann sollte es so sein. Ob ich eine Antwort bekam? Nein.

Nach einem halben Jahr wagte ich einen erneuten Versuch und kontaktierte Anja über Facebook. Sie sagte mir, dass Marta keinen Brustkrebs gehabt habe, sondern schwanger gewesen und jetzt Mutter sei. Wie bitte? Kein Brustkrebs, dafür schwanger und jetzt ein Kind? Schon wieder drehte ich völlig durch. Ich sagte Anja, sie solle mich nicht verarschen. Als Antwort schickte sie mir ein Bild von einem süßen kleinen Baby. Mein Herz pochte. War Marta wirklich schwanger gewesen oder versuchte Anja, mich psychisch fertig zu machen? Ich fragte sie, ob Marta einen anderen Freund neben mir habe oder ob das Baby von mir sei. Anja drehte die Sache so geschickt hin, als wäre ich der Vater des Kindes. Deswegen müsse ich mit Marta ganz dringend sprechen, drängte sie mich.

Mir wurde langsam schlecht. Hätte ich sie doch nur nicht angeschrieben! Was sollte ich jetzt als Nächstes tun? Eigentlich hätte ich dieses längst abgeschlossene Kapitel mit Marta nie wieder öffnen sollen, doch in mir kamen alte Erinnerungen hoch – und vor allem wünschte ich mir Gewissheit bezüglich meiner möglichen Vaterschaft. Genau dieses Bedürfnis trieb mich nun auch an, einen neuen Anlauf zu starten und Marta abermals zu kontaktieren. Alles vergebens. Die nächsten Nächte konnte ich nicht schlafen. Ich wusste einfach nicht, was ich tun sollte. Hatte Marta mich angelogen oder war es doch Anja gewesen, die nicht die Wahrheit gesagt hatte? Was war das eigentlich für ein krankes Spiel? Allmählich wurde mein Blick wieder klarer und mir wurde bewusst, dass das Kind nicht von mir sein konnte. Marta und ich kannten uns viel zu kurz und es wäre wegen der Verhütungsmaßnahmen sehr unwahrscheinlich gewesen, sie zu schwängern. So langsam beruhigte ich mich und ließ die Sache auf sich beruhen.

Ein Jahr später schaute ich mir alte Bilder an und fand natürlich auch die von Marta und mir. Sofort kamen all die positiven, aber auch die negativen Erinnerungen in mir hoch – einschließlich der Behauptung, ich sei der Vater eines Kindes. Ich wollte es ein letztes Mal probieren und rief Marta an. Das Handy klingelte, doch sie ging nicht ran. Wie durch ein Wunder bekam ich zwei Stunden später eine SMS von ihr:

»Du hast mich angerufen?«

»Ja, ich habe gerade unsere Pärchenfotos von damals am PC gesehen und mir die SMS durchgelesen, die wir uns damals geschickt haben. Da dachte ich mir, ich rufe dich mal an und frage, wie es dir so geht? Lass mich raten, du bist verheiratet und hast Kinder? ;-)«

Hier bediente ich mich einer subtilen Fragestellung. Ich wollte sie nicht direkt fragen, ob wir ein Kind hatten. Das hätte seltsam gewirkt, zumal ich nicht wusste, ob Anja mir eine Lüge aufgetischt hatte. Eine solche Frage hätte die Konversation schon von Anfang an in eine negative Bahn gelenkt. Das wollte ich unter allen Umständen vermeiden.

»Ich habe weder einen Freund noch bin ich verheiratet oder habe Kinder. Ich lebe mittlerweile in Warschau und konzentriere mich auf meine Karriere. Und wie geht es dir so?«

Puh, dachte ich erleichtert. Also hatte ich richtig gelegen: Sie hatte gar kein Kind. Wahrscheinlich hatte Anja irgendein pixeliges Bild im Internet herausgesucht und abgespeichert, um es mir anschließend zu schicken und mich damit psychisch zu malträtieren. In den nachfolgenden Nachrichten bekam ich zu lesen, dass es Marta gesundheitlich bestens ging. Ob sie wirklich Brustkrebs gehabt hatte, fragte ich sie nicht. Irgendwie reichte es mir, zu wissen, dass alles in Ordnung war und sie keine Kinder hatte. Wie sehr hatten mich diese Spielchen der beiden Frauen in ein Seelenchaos gestürzt! Sie hatten es doch tatsächlich geschafft, mir schlaflose Nächte sowie Monate der quälenden Ungewissheit und Grübelei zu bereiten. Anhand der Erfahrungen mit Anja wurde mir klar, dass ich mir als Mann stets der folgenden Gefahr bewusst sein musste:

„Frauen, die manipulativ sind und diese Fähigkeit destruktiv einsetzen, sind immer eine Gefahr für eine Beziehung."

So manch eine Frau, die einen Mann nicht ausstehen kann, wird alles dafür tun, ihn psychisch unter Druck zu setzen. So war es bei Anja und mir gewesen. Sie hatte negative Gefühle in mir erzeugt und gewollt, dass ich Marta links liegen lasse. Natürlich hatte sie auch viel Einfluss auf Marta und ich war mir sicher: Anja war die treibende Kraft hinter Martas Kontaktabbruch zu mir gewesen. Doch warum das Ganze? Aus Neid, weil sie selbst keinen Freund gehabt hatte und sie es nicht hatte hinnehmen können, dass ihre beste Freundin Marta glücklich war? Das war reine Spekulation. Mir wurde nur eines klar: Frauen wie Anja sind Meisterinnen der psychologischen Kriegskunst, die uns Männer komplett zerstören können. Dessen sollte man sich stets bewusst sein.

Mein Coming-out

Mittlerweile gaben Bernhard und ich an Wochenenden regelmäßig Flirttrainings. Wir bauten unser Unternehmen aus und erschlossen ganz Deutschland, sowohl mit Einzelcoachings als auch mit Gruppen-Workshops. Wir waren in Stuttgart, München, Köln, Frankfurt, Hamburg und Berlin vor Ort, um Männer in die Kunst des Flirtens und der Verführung einzuweihen. Die Anreisen gestalteten sich immer sehr aufwendig. So fuhren wir beispielsweise mit der Bahn um fünf Uhr früh von Berlin nach Köln, gaben dort ein Coaching und am selben Abend ging es mit dem ICE wieder zurück. Dies war sehr anstrengend, schließlich mussten wir auch Performance zeigen. Dieser Belastung hielten wir vor allem deshalb stand, weil wir liebten, was wir taten. Wir hatten Spaß daran, Männern zu mehr Erfolg beim anderen Geschlecht zu verhelfen. Und ganz nebenbei profitierte auch die Frauenwelt davon. Wie oft hatten wir uns in der Vergangenheit schon anhören müssen, dass viele Frauen Single seien, weil kein Mann sie im Alltag anspreche? Im digitalen Zeitalter fand die Annäherung mittlerweile zunehmend im Internet statt. Sehr schade, wie wir fanden. Genau dem wollten wir mit unseren Coachings entgegenwirken, indem wir Männern Mut machten, offener auf die Mädels zuzugehen. Flirten an der Bushaltestelle, beim Einkaufen, einfach überall: Das ist es, was auch viele Frauen seit jeher wertschätzen.

Obwohl wir einen guten Job machten, wusste so gut wie niemand davon – weder Bernhards noch meine Familie. Nur ganz wenigen engen Freunden hatten wir bisher davon erzählt. Der Grund für unsere Verschwiegenheit war, dass wir Angeberei nicht mochten. Diejenigen Menschen, die sich nach außen als überaus erfolgreich darstellen, sind in den meisten Fällen Schwätzer. Es steckt leider nur heiße Luft dahinter. Ich verglich das immer mit einem Millionär: Jemand, der wirklich erfolgreich ist, muss niemandem etwas beweisen. Er muss keine großartigen Geschichten erzählen oder mit dem Porsche Samstagvormittag in der Innenstadt bei Designerläden vorfahren, denn irgendwann strahlt er den Erfolg ganz von selbst aus.

Auch wenn wir noch nicht wirklich erfolgreich waren, wollten Bernhard und ich uns von so einem wichtigtuerischen Gehabe abgrenzen. Wir wollten erst dann eine große Ankündigung machen, wenn wir nach unseren eigenen Maßstäben Erfolg hätten. Doch wie so oft, kam es auch diesmal anders. An einem Tag Ende November klingelte vormittags das Telefon.

»Ja, hallo?«, nahm ich das Gespräch entgegen.

»Hallo. Hier ist die RTL-Redakteurin; wir hatten gestern per E-Mail kommuniziert.«

Das hatten wir in der Tat. Es ging um eine Drehanfrage für eine Kurzreportage. Ein Kamerateam und eine Reporterin von RTL sollten uns einen ganzen Tag lang bei einem Flirtcoaching begleiten. Da das Filmmaterial bald gedreht werden solle, sei es von Vorteil, wenn wir selbst einen Teilnehmer finden könnten, erklärte die Redakteurin. Ich musste erst mit Bernhard darüber sprechen, bevor ich der Dame grünes Licht geben konnte. Etwas nervös, aber dennoch euphorisch rief ich Bernhard an:

»Mich hat gerade die Redakteurin von RTL angerufen. Die würden am liebsten mit uns den Dreh machen. Wir müssten aber einen Coaching-Teilnehmer auftreiben.«

»Okay. Also bei den privaten Fernsehsendern bin ich immer etwas skeptisch. Die können ja am Ende etwas zusammenschneiden, was uns blöd dastehen lässt«, antwortete Bernhard.

»Ja, ich weiß. Aber das Risiko müssen wir eingehen, immerhin ist das eine große Chance.«

Bernhard war misstrauisch, aber ich konnte ihn am Ende doch noch davon überzeugen, die Drehanfrage anzunehmen. Gemeinsam gingen wir eine Liste an Klienten durch. Wir brauchten jemanden, der im besten Fall in Berlin oder Umgebung wohnte und nicht kamerascheu war. Zwei Jungs fielen uns ein. Also rief ich beide nacheinander an: Marco aus Hamburg und Gregor aus Berlin. Beide hatten schon einmal ein Einzelcoaching bei uns absolviert und waren sehr sympathische Kerle. Sofort erklärten sich beide bereit, an dem Dreh mitzuwirken. Da Marco aber nicht nach Berlin kommen konnte und das Drehteam die Aufnahmen am Alexanderplatz machen wollte, fiel die Entscheidung schlussendlich auf Gregor. Per E-Mail vereinbarte ich mit der zuständigen Redakteurin alle Einzelheiten. In gut einer Woche würden wir vormittags im Alexa zusammenkommen, einem großen Einkaufszentrum am Alexanderplatz. Dort würde eine Reporterin uns eine Stunde lang mit Fragen löchern. Anschließend würden wir Gregor treffen, um in den praktischen Teil des Flirtens überzugehen und Frauen anzusprechen.

Ein paar Tage vor dem Drehtermin bereiteten Bernhard und ich uns gründlich vor. Neben einem Friseurbesuch stellten wir alle möglichen Fragen zusammen, auf die wir eine schlagfertige Antwort parat haben wollten. Wir hatten noch nie an einem Dreh mitgewirkt und mussten auf das Schlimmste vorbereitet sein. Provokante Fragen, subtile Manipulationen, um uns in eine

Ecke zu drängen und als Frauenverächter darzustellen – wir wussten einfach nicht, was uns erwartete. Da diese Situation für uns neu war, waren wir natürlich unsicher. Sollte allerdings eine starke Unsicherheit in Angst umschwenken, konnte dies zu einem Blackout führen. Dieses Risiko musste ich minimieren. Also wurde es Zeit, mein Selbstvertrauen zu stärken, und zwar mit der Visualisierungstechnik.

Die meisten Menschen malen sich ein negatives Bild von bevorstehenden Ereignissen aus. Horrorvisionen, was alles schiefgehen könnte, wenn man zum Beispiel im Alltag eine Frau anspricht. Hierbei hatte ich schon die absurdesten Sachen gehört: angefangen von „alle umstehenden Passanten bleiben stehen und lachen mich aus" bis hin zu „sie holt eine Pistole aus der Handtasche und erschießt mich". Ja, bekanntlich sind der Fantasie keine Grenzen gesetzt und auch ich hatte mich in meiner Regensburger Anfangszeit solchen Vorstellungen hingegeben. Das große Problem aber ist, dass man durch diese inneren Schreckensbilder negative Erwartungen einprogrammiert, welche die Angst nicht dämpfen, sondern verstärken. Leider sind sich die wenigsten Menschen dieser Dynamik bewusst und steigern sich durch ihr Kopfkino in diese Befürchtungen hinein, bis hin zu einer regelrechten Panik. Was kann man also besser machen? Ganz einfach: Man verkehrt den Prozess ins Gegenteil und malt sich im Kopf ein positives Erlebnis aus, um sich auf Erfolgskurs zu programmieren. Statt etwa einer schallenden Ohrfeige von der Frau sollte man sich bildlich vorstellen, wie sie einen anlächelt und sich freut, wenn man sie anspricht, sodass man am Ende des Gesprächs sogar ihre Handynummer bekommt.

Zum bevorstehenden Dreh entwarf ich mithilfe der Visualisierungstechnik ein inneres Bild, das in etwa so aussah:

Wir trafen uns mit dem Kamerateam und der Reporterin und jeder war gut gelaunt. Uns wurden Fragen gestellt, die wir fachkompetent beantworten konnten und die für Aha-Momente bei der Reporterin sorgten. Anschließend gingen wir mit Gregor raus auf den Alexanderplatz. Er sprach Frauen selbstbewusst an, bekam eine Handynummer nach der anderen und das gesamte Kamerateam war verblüfft darüber. Insgesamt überzeugten Bernhard und ich mit unserem TV-Auftritt als sympathische und leidenschaftliche Flirtcoaches, die ihr Handwerk nicht nur verstanden, sondern es auch anderen Männern beibringen konnten.

Dies alles waren keine überzogenen Bilder, sondern realistische Ereignisse, die im besten Fall wirklich so ablaufen würden.

Und dann war es soweit: Bernhard und ich trafen uns an der Weltzeituhr am Alexanderplatz. Wie es sich für einen Fernsehauftritt gehörte, hatten wir uns schick angezogen. Ich trug eine dunkle Jeans zu einem schwarzen Baumwollpullover, darüber einen Mantel und einen grauen Schal. Bernhard hatte seine schwarze Lederjacke, ein schwarzes Langarmshirt und eine rote Hose für den Dreh ausgewählt. Etwas bewölkt war der Himmel an diesem Tag, aber zum Glück war es trotz der spätherbstlichen Jahreszeit nicht sonderlich kalt. Wie das ganze Jahr über, wimmelte es hier von Menschen, die Einkäufe tätigten oder auf Sightseeing-Tour waren.

Während wir zum Einkaufszentrum Alexa mit seiner auffällig rosaroten Fassade hinüberliefen, gingen wir noch einmal die letzten Instruktionen durch, was wir an welcher Stelle alles tun und sagen wollten. Dann betraten wir das Gebäude, fuhren die Rolltreppe hinauf und warteten im zweiten Stock vor einem Fastfood-Laden. Kurze Zeit später kam auch schon das Kamerateam. Es waren zwei Männer: ein großer, schlanker

Kameramann und ein Tontechniker, der schon auf den ersten Blick sympathisch wirkte. Wir machten uns miteinander bekannt, bevor wenig später die Reporterin hinzustieß, eine ältere Dame um die fünfzig.

Sehr freundlich, aber auch resolut und bestimmend, gab sie die Richtung vor. Wir fuhren mit dem Aufzug im Einkaufszentrum ganz nach oben und begaben uns dort in eine Lounge. Als erstes wurde für die Aufnahme umgeräumt, denn nichts sollte in das Bild hineinragen. Stattdessen sollte der Fokus ganz auf Bernhard und mir liegen. Anschließend setzten wir uns auf einen Stuhl. Hinter uns war eine rote Wand mit zwei Lampen und abstrakten Kunstbildern zu sehen. Dann bekamen wir jeweils ein Ansteckmikrofon, das ich an meinem Schal und Bernhard an seinem Langarmshirt befestigte. Ein paar kurze Testaufnahmen, und dann ging es los. Die Reporterin setzte sich uns gegenüber und zückte ein paar Karten, auf denen Fragen notiert waren.

»Also Andy, ich fange mit Ihnen an. Haben wir Menschen aufgrund der Smartphones verlernt, miteinander zu kommunizieren beziehungsweise andere Menschen anzusprechen?«.

»Sehr gute Frage. Die Smartphones haben die Art der heutigen Kommunikation verändert, aber das bedeutet nicht, dass wir aufgrund der Smartphones verlernt hätten, andere Menschen anzusprechen. Schon früher, als es noch keine Smartphones gab, haben die Menschen auf Zugfahrten Zeitung gelesen, statt sich mit den anderen Fahrgästen zu unterhalten. Die Ursache für die Entfremdung ist eine ganz andere.«

»Okay, und welche Ursache ist dafür verantwortlich?«

»Das ist sehr komplex. Zum einen spielt die Erziehung eine große Rolle, denn viele Eltern verbieten ihren Kindern förmlich, mit Fremden zu reden, weil das unhöflich sei. Dann sind da noch die Erfahrungen, die wir im Laufe unseres Lebens sammeln. Wer einmal eine schmerzhafte Abfuhr bekommen hat, fühlt sich häufig nicht wertgeschätzt und beginnt, an sich selbst zu zweifeln. Vor solchen negativen Erfahrungen möchten wir uns zukünftig schützen. Viele Menschen entwickeln deshalb eine gewisse Angst und vermeiden es, ihr Gegenüber anzusprechen, weil sie fürchten, erneut abgelehnt zu werden.«

Das Interview ging circa eine Stunde. Frage für Frage wurde beantwortet. Einmal war Bernhard dran und dann wieder ich. Immer abwechselnd. Ich war lediglich in den ersten paar Minuten ein bisschen aufgeregt, danach fühlte ich mich relativ gelassen. Das lag sicher an meiner Vorbereitung, denn durch die Anwendung der Visualisierungstechnik kam mir alles so vor, als hätte ich es schon einmal erlebt.

Nachdem die Reporterin auf all ihre Fragen eine Antwort bekommen hatte, wurde die Aufnahmetechnik abgeschaltet und Bernhard und ich konnten aufatmen. Wir waren beide stolz darauf, dass wir so viele Fragestellungen adäquat hatten beantworten können. Und dann kam auch schon Gregor zu uns in die Lounge. Bevor das Interview losgegangen war, hatte ich ihm kurz in einer SMS geschrieben, wo wir uns aufhielten. Wir begrüßten uns und ich freute mich, Gregor zu sehen. Er trug eine braune Hose und einen Mantel mit Schal, außerdem hatte er eine Wollmütze auf dem Kopf. Hier drin war es zwar warm, aber die Winterkleidung konnte er gut gebrauchen, wenn es gleich zum Flirten nach draußen ging. Unser ehemaliger Coaching-Teilnehmer war, wie er sich selbst bezeichnete, eine Rampensau – und ich war sehr froh, dass er sich für den Dreh extra Zeit genommen hatte. Als wir mit dem Aufzug wieder ins Erdgeschoss gefahren waren und vor das Einkaufszentrum ins

Freie traten, ging es direkt weiter. Gregor bekam eine braune Umhängetasche, die mit einer versteckten Kamera ausgestattet war. Er wurde von Bernhard und mir kurz instruiert, was er tun sollte. Dann stürzte er sich ins Getümmel und sprach die erste Frau mitten auf dem Alexanderplatz an. Diese sah in der Ferne schon das Kamerateam stehen, das versucht hatte, sich unauffällig zu postieren. Sofort blockte sie ab und lief davon, ohne ein weiteres Wort mit Gregor zu wechseln. Das steckte er leicht weg; Abfuhren oder skeptische Reaktionen der Mädels nahm er nie persönlich. Das war ein großer Vorteil beim Dreh, da er so nie in ein Motivationsloch fallen und sich entmutigen lassen würde.

Bei den nächsten Frauen klappte es besser. Gregor bekam zwar keine Handynummer, aber führte ein paar kürzere, humorvolle Gespräche. Als das Kamerateam ein paar Szenen im Kasten hatte, holten wir uns einen kleinen Snack zur Stärkung und dann ging es direkt weiter. Jetzt sollte es eine Steigerung geben: Ich bekam einen Kopfhörer mit Mikrofon und war mit Gregor nun sprachlich verbunden. Damit sollte ich den gesamten Flirt mitbekommen und meinem Schützling direkt Anweisungen geben. Klar war das cool; was aber niemand vom Drehteam bedachte, war, dass das schnell Verwirrung stiften konnte. Gregor musste sich auf das Gespräch mit der Lady konzentrieren und würde gleichzeitig Ratschläge von mir eingeflüstert bekommen, die er erstmal verstehen und dann auch noch umsetzen musste. Mir war von Anfang an klar, dass lange Sätze ihn aus der Bahn werfen würden. Also hielt ich mich sehr bedeckt, während Gregor mit den Frauen sprach, und wenn ich etwas zu ihm sagte, waren es nur wenige Worte. Wie erwartet brachten ihm meine Anweisungen so gut wie gar nichts. Aus dem Grund verwendeten Bernhard und ich normalerweise immer ein Diktiergerät in unseren Coachings, um die Gespräche aufzuzeichnen – so wie wir es damals in München schon bei uns selbst getan hatten. Dadurch konnte sich der Coaching-Teilnehmer beim Flirten voll und ganz auf die Frau konzentrieren und im Nachgang durch die Gesprächsanalyse neue Erkenntnisse gewinnen.

Die Abenddämmerung begann und langsam wurde es auch etwas kälter. Wir gingen rüber ins Einkaufszentrum, wo alles wie am Schnürchen lief. Gregor bekam drei Handynummern von tollen Frauen. Jedes Mal, wenn er eine Nummer ergattert hatte, sprang das Kamerateam herbei – und die Reporterin ging direkt auf die Frau zu, um ihr Feedback einzuholen. Fast immer gab es positive Rückmeldungen. Selbst die Reporterin war überrascht, wie gut es jetzt lief. Der Tontechniker witzelte, dass er seine Ehe beenden werde, um bei uns ein Coaching machen zu können. Gegen achtzehn Uhr beendeten wir den Dreh und verabschiedeten uns von der Reporterin und dem Kamerateam. Gregor, Bernhard und ich standen noch eine Weile zusammen, um den Tag Revue passieren zu lassen. Bernhard ergriff als erster das Wort:

»Also, ich muss sagen, das lief heute echt top! Mit dem Videomaterial können die uns nicht in die Pfanne hauen.«

»Ja, ich fand's auch super. Besser als gedacht«, antwortete ich.

Nach getaner Arbeit gingen wir noch in eine Pizzeria und luden Gregor ein. Er war für uns der Held, schließlich hatte er sich verdammt gut geschlagen. Und egal, was beim Flirten vorgefallen war und wie viele Körbe er kassiert hatte, er hatte sich nie aus der Ruhe bringen lassen. Gemeinsam ließen wir den Abend bei leckerem Essen und kühlen Getränken ausklingen, bevor wir alle zufrieden nach Hause gingen.

Eine Woche nach dem Drehtermin meldete sich die Redakteurin per SMS und gab mir Bescheid, dass die Ausstrahlung an diesem Abend erfolgen werde. Als ich die Nachricht bekommen hatte, verständigte ich sofort Bernhard, Gregor, ein paar Freunde, die unser kleines Geheimnis kannten und natürlich unsere anderen Klienten. Da ich keinen Fernseher besaß, nutzte ich den RTL-Livestream im Internet. Ich bekam Herzrasen vor lauter Spannung und Ungeduld, als es endlich soweit war. Etwas mehr als fünf Minuten wurde über uns berichtet. Es war ein kurzer Zusammenschnitt dieses Tages, bestehend aus dem Interview sowie den anschließenden Flirts auf der Straße und im Einkaufszentrum. An sich war die Kurzreportage ganz okay, aber wie sie Gregor in ein schlechtes Licht rückten, gefiel Bernhard und mir gar nicht. Am Ende des Filmchens hieß es, Gregors einziger Erfolg sei gewesen, dass er seine Ängste vor dem Ansprechen von Frauen überwunden habe. Das war aber nur eine Seite der Medaille. Gregor hatte schließlich auch drei Handynummern ergattert – ein wichtiges Detail, das die Redaktion in dem Beitrag unterschlagen hatte. Mich machte das ziemlich wütend, aber rückgängig machen konnten wir die Sache natürlich nicht. Der Beitrag war ausgestrahlt und die Halbwahrheit über Gregor damit in die Welt gesetzt.

Während ich ganz alleine in meinem WG-Zimmer die Reportage verfolge, bemerkte ich gar nicht, dass etliche Leute versuchten mich anzurufen, mir SMS schrieben oder in Facebook eine Message hinterließen. Erst als der Beitrag zu Ende war, las ich Nachrichten wie:

»Du im Fernsehen und dann auch noch Flirtcoach? Ich glaub's nicht!«

»Das machst du also, Flirtcoachings geben :-)«

Meine Tarnung war aufgeflogen und bei Bernhard sah das ähnlich aus. Auch meine Eltern hatten davon Wind bekommen, aber nicht selbst beim Fernsehen, sondern durch einen Hinweis meines Opas. Meine Mutter rief mich deshalb noch zu später Stunde an und fragte aufgeregt:

»Sag mal, was ist los? Opa hat mich gerade angerufen und war völlig außer sich. Er meinte, er habe dich gerade im Fernsehen gesehen. Stimmt das?«

Ja, ich war allen eine Erklärung schuldig, denn nicht nur mein Opa hatte sich danach erkundigt, sondern auch meine Tante und etliche andere Verwandte, wie meine Mutter am Telefon erzählte. Also beichtete ich ihr endlich, womit ich nebenberuflich mein Geld verdiente. Sie nahm es ohne besondere Regung zur Kenntnis und ich versprach ihr, demnächst persönlich bei einem Besuch mit ihr darüber zu reden, bevor wird das Telefongespräch beendeten. Die Katze war nun aus dem Sack und ich hatte vielen zu erzählen, was genau mein Job war. Dass so etwas wie ein Flirtcoach in der heutigen Zeit vonnöten war, konnten viele meiner Verwandten nicht verstehen. Allerdings waren sie auch in einer anderen Zeit aufgewachsen. Man hatte sich im Studium oder über Freunde kennengelernt und blieb ein Leben lang zusammen. In meiner Familie hatte es nie eine Trennung gegeben; alle hatten sich früh kennengelernt, geheiratet und Kinder bekommen. Die Vorstellung, dass ich erwachsenen Männern um die dreißig das Flirten beibrachte, war für sie völlig absurd. Vielleicht wäre es das früher auch gewesen, aber die Zeiten hatten sich geändert. Und so war auch die Zeit reif geworden, mich öffentlich zu meiner Tätigkeit zu bekennen.

2014: Die Eroberung der Löwin

Nun kennst Du meine Geschichte, wie ich vom schüchternen Jungen aus dem Dorf bei Regensburg zum professionellen Flirtcoach wurde. Aber wir sind noch nicht am Ende, sondern kehren noch einmal zum Anfang der Erzählung zurück: zu Lalo, der Frau, die ich in der U-Bahn-Station am Alexanderplatz angesprochen und an ihrem Arbeitsplatz in der Näherei besucht hatte. Weißt Du noch? Lalo war eine besondere Frau, an die ich gerne zurückdenke. Sicher wirst Du Dich auch noch daran erinnern, wie sie viel zu spät zum vereinbarten Treffpunkt am Donut-Laden gekommen war. Das Kapitel mit ihr wäre damals um ein Haar zu Ende gegangen, hat aber dann eine überraschende Wendung genommen. Und darüber bin ich sehr froh.

Lalo und ich überquerten gemeinsam die Kreuzung, nachdem wir uns vor dem Donut-Imbiss begrüßt hatten. Es war dunkel und kalt. Überall strömten uns Menschen entgegen, die aus den Ausgängen der U-Bahn-Station kamen. Auf der Suche nach einem gemütlichen Café führten wir Small Talk. Kein wirklich anregendes Gespräch, eher eine gezwungene Konversation. Kein Wunder, schließlich war ich darauf konzentriert, ein passendes Lokal zu finden, wo wir uns ein wenig aufwärmen konnten. Nach einem etwas längeren Fußmarsch betraten wir ein Café an der Hauptstraße. Darin war es ziemlich leer, lediglich ein paar vereinzelte Gäste saßen an ihren Plätzen. Sofas und Stühle in einem beige-braunen Mix sowie braune Tische aus edel wirkendem Holz sorgten für ein ansprechendes Interieur. Alle paar Meter war eine Wandlampe angebracht, zudem standen große Pflanzen in den Ecken. Ein sehr helles Café mit angenehmem Ambiente, genau richtig für unser Date.

Hier fühlten wir uns von der ersten Sekunde an wohl und die Kellnerin gab uns zu verstehen, dass wir freie Platzwahl hätten. Ein wenig abseits von den anderen Gästen setzten wir uns hin und bestellten etwas zu trinken. Wir verfielen in eine tiefergehende Unterhaltung und ich spürte, wie wir uns emotional langsam näherkamen. Nach einiger Zeit schauten wir uns tief in die Augen. Ich nahm Lalos Hand und erklärte ihr, warum die meisten Menschen einen Ring am Ringfinger trügen:

»Weißt du, woher der Brauch kommt, einen Ehering am Ringfinger zu tragen? In der Antike haben die Menschen geglaubt, dass von diesem Finger eine Ader direkt bis zum Herzen führt.«

Während ich den letzten Satz aussprach, strich ich gleichzeitig mit meiner Hand ihren Arm hinauf, um den Verlauf der Ader anzudeuten. Es war eine meiner absoluten Lieblingstechniken, bei der es hauptsächlich darum ging, die Berührungen beim Date zu steigern. In Verbindung mit einem tiefen Augenkontakt sollte eine starke erotische Anziehung entstehen, das berühmte Knistern. Und tatsächlich: Lalo schaute mich für ein paar Sekunden mit verliebten Augen an. Dann zog sie ihre Hand zurück und grinste leicht verlegen. Ich konnte ihr ansehen, dass sie etwas für mich übrig hatte. Doch trotz der aufkommenden Romantik ging unser erstes Date bald zu Ende, denn Lalo hatte leider nicht viel Zeit mitgebracht, weil sie am nächsten Morgen wieder früh zur Arbeit in die Näherei musste. Um in Kontakt zu bleiben, tauschten wir allerdings noch Handynummern aus. Mit langsamen und beschwerlichen, aber sicheren Schritten ging es also vorwärts bei der Annäherung. Kurz bevor wir das Lokal verließen, erzählte Lalo noch, dass sie an demselben Tag, an dem wir uns in der U-Bahn-Station am Alexanderplatz kennengelernt hatten, von einem weiteren Typen angesprochen worden sei. Ihm habe sie gesagt, dass sie einen Freund habe, was natürlich nicht stimmte. Aber warum hatte sie das getan? Aufschluss hierüber gab mir die folgende Regel:

„Wenn eine Frau erklärt, einen Freund zu haben, kann es drei Gründe hierfür geben. Erstens: Sie hat wirklich einen Freund. Zweitens: Sie will den Mann abwimmeln. Drittens: Es ist nur ein Test, um zu schauen, ob der Mann sich durch diese Antwort verunsichern lässt oder hartnäckig bleibt."

Mir passierte es ebenfalls oft, dass Frauen beim Ansprechen auf der Straße sagten, sie hätten einen Freund, daher konnte ich die Situation dieses Typen gut nachvollziehen. Doch ein Gespür dafür zu entwickeln, woran man jetzt wirklich war, fiel auch mir manchmal noch schwer. Wenn eine Frau sagte, sie habe einen Freund und dabei ein Funken Begeisterung für diesen mitschwang, glaubte ich ihr das. Wenn sie mich abwimmeln wollte, wurde das zusätzlich durch eine desinteressierte und abweisende Körpersprache deutlich. Bei einem Test hingegen sendete die Frau in den meisten Fällen gemischte, also widersprüchliche Signale. Mit ihrer Äußerung gab sie vor, einen Freund zu haben, doch nonverbal – also mit ihrer Körpersprache – zeigte sie ein ganz klares Interesse. Das konnte beim Ansprechen auf der Straße zum Beispiel so aussehen, dass die Frau mich anlächelte und die Beine überkreuzte, als Zeichen, dass sie weiterhin bei mir stehenbleiben wollte. Zum Glück wusste ich mittlerweile, wie ich reagieren sollte, wenn die Frau vorgab, bereits vergeben zu sein: Ich versuchte einfach, mich von der Antwort „Ich habe einen Freund" nicht aus der Bahn werfen zu lassen. Statt sofort wie ein geprügelter Hund davonzuziehen, war eine schlagfertige Reaktion gefragt, die zeigte, dass ich das Ganze nicht so wichtig nahm. Beispielsweise konterte ich mit Sprüchen wie: „Das macht dich jetzt aber nicht weniger interessant" oder „Alles andere wäre ja auch komisch. Dass du einen Freund hast, zeigt ja nur, wie attraktiv du bist". Wenn die Frau tatsächlich keinen Freund hatte, lachte sie in den meisten Fällen über meine Antwort und blieb stehen, um sich weiter mit mir zu unterhalten.

Lalo und ich verabschiedeten uns mit einer herzlichen Umarmung vor dem Café und jeder machte sich auf seinen Weg nach Hause. Unterwegs rief ich noch Bernhard an und erzähle ihm von dem Date. Für mich fühlte es sich toll an, auch wenn es nur langsam voranging. Mir war klar, dass ich bei dieser zurückhaltenden Frau nichts überstürzen durfte. Lalo beim ersten Treffen zu küssen wäre zu voreilig gewesen, das hatte ich gemerkt. Sie brauchte viel Vertrauen – und ich musste mich ihrem Tempo anpassen, um dieses zarte Pflänzchen des zu Anfang gesäten Vertrauens nicht wieder zu zerstören. Aber einen gewissen Fortschritt bei der Annäherung musste es dennoch geben, um am Ende nicht in der Friendzone zu landen. Daher nahm ich mir vor, beim nächsten Date einen Kuss zu landen, sofern sich die passende Situation ergeben würde.

Es vergingen ein paar Tage, in denen wir intensiven Kontakt pflegten. Lalo schickte mir Bilder von sich, wie sie mit ihrem kleinen Cousin spielte. Sie hatte ein großes Herz für Kinder, das spürte ich sofort, als sie mir erzählte, was sie alles mit ihm unternahm. Das machte sie schlagartig noch attraktiver für mich. Frauen, die Kinder lieben, schätzte ich sehr. Nicht jetzt, aber irgendwann später wollte ich auch gerne Kinder – und dafür brauchte ich die Gewissheit, die richtige Frau an meiner Seite zu haben. Nach einem kurzen Hin und Her fragte mich Lalo, wann wir uns wiedersehen würden. Das war toll. Normalerweise war ich derjenige, der diese Frage stellte, doch nun zeigte sie zum ersten Mal Initiative. Wir vereinbarten, uns am übernächsten Abend bei mir zu treffen. Einen Film schauen, gemütlich den Tag ausklingen lassen. Das war der Plan. An besagtem Abend holte ich Lalo zu Fuß von der U-Bahn-Station ab und wir liefen gemeinsam zu mir nach Hause. Als wir in meiner WG angekommen waren, zog sie ihren Mantel und ihre Schuhe aus. Darunter kamen ein langer schwarzer Pullover und ein Rock mit Strumpfhose zum Vorschein. Mit anmutigen Schritten ging sie in mein Zimmer, dicht gefolgt von mir.

»Hast du das Fenster offen gelassen? Hier ist es ja total kalt!«, rief sie.

»Ähh, ja! Ich wollte ein bisschen frische Luft reinlassen. Ich mache es eben zu und schalte die Heizung an«, antwortete ich.

Wie fies von mir. Mein Zimmer war aufgrund der winterlichen Außentemperaturen eisig kalt geworden. Natürlich war das geplant. Ich wollte, dass wir uns mein Notebook schnappen und einen Film starten würden, um uns gemeinsam unter die Bettdecke zu kuscheln. Das schlug ich ihr auch vor. Mein Plan ging auf, aber etwas anders als gedacht. Lalo lehnte die Idee mit dem Bett ab und fragte, ob ich stattdessen eine kleine Decke hätte, dann sei das mit der Kälte im Zimmer halb so schlimm. Irgendwo hatte ich noch meine Wolldecke liegen. Ich fand sie unter dem Bett in einer großen blauen Tüte. Die Decke war groß genug für uns zwei, also setzten wir uns auf mein schwarzes Sofa und deckten uns damit zu. Dicht nebeneinander gekauert, zeigte ich ihr ein paar persönliche Dinge auf meinem Notebook: Urlaubsfotos aus Portugal und mein verrücktes Video, wie ich einen Bungee-Jump aus über fünfzig Metern Höhe gemacht hatte. Lalo schien Gefallen daran zu finden, mich beim Springen schreien zu hören. Vor kurzer Zeit hatte ich zudem meine alte Akustikgitarre an die Wand gehängt. Gespielt hatte ich bestimmt schon ein Jahr nicht mehr. Lalo bestand trotzdem darauf, dass ich ihr etwas vorspielte. Also holte ich meine Gitarre von der Wand und fing an, mein erstes Lied zu spielen, das ich mir selbst beigebracht hatte: „Nothing Else Matters" von Metallica. Ein Zupflied, das ich am besten konnte. Trotzdem griff ich ein paar falsche Saiten bei der privaten Vorführung, doch Lalo bemerkte das nicht und lächelte mich nur an, als ich das Ende des Songs verkündet hatte.

Nachdem ich meine Gitarre beiseitegelegt hatte, war der magische Moment gekommen. Wir blickten uns tief in die Augen und ich strich ihr mit meiner Hand langsam übers Gesicht. Es knisterte ganz gewaltig zwischen uns. Ich kam ihr näher, schloss meine Augen und küsste sanft ihre Lippen. Damit war die Brücke zwischen Freundschaft und Liebe endgültig geschlagen. Wir knutschten rum und erforschten den Körper des anderen mit unseren Händen. Etwas zögerlich wagte ich den Versuch, ihren Pullover auszuziehen. Doch keine Chance. Lalo blockte ab, indem sie meine Hände sanft mit ihren Händen griff. Sehr geschickt; ein charmantes, aber dennoch sehr deutliches Zeichen, wo ihre rote Linie war. Mir wurde allmählich klar, dass ich heute nicht weiterkommen würde. Es würde beim Küssen bleiben. Wir schauten uns noch einen Film an, dann musste Lalo die Heimfahrt antreten. Ich begleitete sie zur U-Bahn-Station und gab ihr einen Abschiedskuss, bevor unsere Wege sich trennten.

Und so lief es Treffen für Treffen: Entweder gingen wir indisch oder italienisch essen und anschließend zu mir, oder ich bekochte sie direkt bei mir zu Hause mit arabischen Gerichten. Natürlich hatte ich keine Ahnung von der orientalischen Küche. Doch so zeigte ich ihr, dass ich offen dafür war und mich auch für ihre Kultur interessierte, denn sie stammte aus dem Nahen Osten, wie sie mir schon früh erzählt hatte. Nach dem Essen schauten wir jedes Mal einen Film auf meinem Sofa, aber zum Sex kam es immer noch nicht. Jedes Mal, wenn ich sie langsam auszog, ließ sie es schrittweise bis zu einem gewissen Punkt zu. Doch sobald Lalo bewusst wurde, worauf das alles hinauslaufen sollte, sprang sie urplötzlich wie von der Tarantel gestochen auf und stürmte aus dem Zimmer. Im Flur zog sie dann hastig ihren Mantel an und sagte:

»Sorry, ich kann das nicht; ich muss jetzt gehen!«

Und das tat sie dann auch wirklich. Sie ging, besser gesagt, *rannte* davon. Später schrieb sie mir jedes Mal eine SMS, in der sie sich für ihr Verhalten entschuldigte. Dieses Szenario lief so oft zwischen uns ab, dass ich schon genau wusste, was als Nächstes kommen würde. Wegen ihrer Erregung, die sie bei jedem Treffen zeigte, war mir einfach bewusst, wie sehr sie den Sex mit mir wollte. Aber ihre Zurückweisung machte zugleich deutlich, dass sie noch mehr Vertrauen brauchte, um sich mir körperlich ganz hingeben zu können. Dieses Vertrauen würde ich nur gewinnen, wenn ich folgende Regel beherzigte:

„Zeige Initiative bei der Annäherung, aber bedränge die Frau niemals. Akzeptiere jedes Nein und überlasse ihr die Entscheidung.“

Natürlich startete ich bei jedem Treffen einen erneuten Versuch, schließlich wollte ich mit Lalo die nächste Etappe in der Verführung erreichen. Doch sobald sie signalisierte, dass sie etwas nicht wollte, und meine Annäherung abblockte, hörte ich sofort auf. Zu einem zweiten Anlauf am selben Tag kam es so gut wie nie, da sie jedes Mal das Date beendete und die Flucht ergriff.

Zusätzlich versuchte ich zu verstehen, warum sie so reagierte. Da sie Muslima war und ich Christ, sah sie wahrscheinlich einen

Religionskonflikt zwischen uns. Die religiösen Unterschiede konnten aber nicht die einzige Erklärung für ihr ungewöhnliches Verhalten sein. Vermutlich war sie insgesamt sehr streng muslimisch erzogen und hielt sich dementsprechend zurück, was den sexuellen Kontakt zu Männern anging. Lalo verriet mir irgendwann, dass alle ihre Ex-Freunde Muslime gewesen seien und diese ebenfalls Sex mit ihr gewollt hätten. Doch immer wenn es ernst geworden sei, habe sie abgeblockt und die Beziehung beendet. In dieser Hinsicht war sie sehr radikal. Ich konnte mir aber auch vorstellen, dass sie Schluss gemacht hatte, weil ihre Ex-Freunde sie bedrängt hatten, obwohl sie noch Zeit gebraucht hatte. Ich hingegen gab ihr diese Zeit – und wurde nach über einem Monat belohnt. Es war mein Geburtstag, Ende Januar.

Lalo erzählte ihren Eltern, sie wolle bei einer Freundin übernachten. Ihre strenggläubigen Eltern hätten sie niemals an diesem Abend losziehen lassen, wenn sie erfahren hätten, dass ihre Tochter bei einem Mann schlafen wollte, und dazu noch bei einem Christen. Lalo war jedoch eine Rebellin und tat stets das, was sie glücklich machte. Und so kam es, dass sie bei mir übernachtete und ich mit ihr Geburtstagssex hatte. Als sie danach ihren Kopf auf meine Brust legte, während wir aneinandergekuschelt im Bett lagen, musste ich sie etwas fragen:

»Sag mal Lalo, als wir uns kennengelernt haben, hast du doch gesagt, wir sollten Freunde werden.«

»Ja, du warst einfach nicht mein Typ.«

»Okay. Aber wie kommt es, dass wir jetzt Sex hatten?«

»Ich habe keine Ahnung«, antwortete sie grinsend.

Meine Beharrlichkeit – gepaart mit Rücksichtnahme, Geduld, Einfühlungsvermögen und Verständnis – hatte sich ausgezahlt. Ich war happy. Für mich war klar, dass Lalo und ich eine Beziehung führen würden. Niemals hätte ich für einen One-Night-Stand oder eine lockere Affäre so viel Zeit und Energie investiert. Außerdem war sie eine wundervolle Frau; sie sprühte vor Lebensfreude und war unheimlich herzlich. Ich wollte sie unbedingt als feste Partnerin, so wie sie mich auch.

Doch irgendwann kam der Zeitpunkt, an dem ich Lalo erklären musste, was ich nebenberuflich machte. Bis dato wusste sie nur, dass ich in der ambulanten Pflege arbeitete. Von meinen deutschlandweiten Flirtcoachings, die ich hin und wieder gab, ahnte sie nichts. Natürlich war es auffällig, wenn ich ihr sagte, dass ich am Wochenende keine Zeit habe, weil ich beispielsweise nach Stuttgart reisen müsse. Aber sie ging immer davon aus, dass ich Freunde besuchte. Und da im Winter die Anfragen für Coachings sehr gering waren, schöpfte sie nie Verdacht oder wunderte sich über meine Abwesenheit. Trotzdem musste ich ihr reinen Wein einschenken. Sie musste wissen, mit wem sie zusammen war und welche Vision ich verfolgte.

Also erzählte ich Lalo, dass ich nebenbei als Flirtcoach arbeitete und anderen Männern beibrachte, wie sie ihre Traumfrau erobern konnten. Glücklicherweise nahm sie meine Erklärung neutral auf. Da fiel mir ein Stein vom Herzen, zumal in der Vergangenheit viele Frauen negativ auf diese Enthüllung reagiert hatten. Sie waren davon ausgegangen, dass ich jede Woche eine andere Frau im Bett hätte oder dass sie Opfer irgendwelcher manipulativer Spielchen geworden waren. Aber genau das war nicht der Fall. Ich war schon immer jemand gewesen, dem es darum ging, ehrlich zu sein und mit wenigen tollen Frauen eine intensive und schöne Zeit zu verbringen. Doch mein Gegenüber am Anfang des Kennenlernens davon zu überzeugen, war meist sinnlos gewesen. Das Vertrauen hatte einfach noch nicht ausgereicht. Also hatte ich daraus gelernt und erzählte den Frauen mittlerweile erst dann von meinem Nebenjob, nachdem wir uns näher kennengelernt hatten.

Lalo und ich lernten uns in den darauffolgenden Monaten immer näher kennen. Die Bindung wurde immer stärker und ich freute mich auf die gemeinsame Zukunft mit ihr. Mit der Zeit entdeckte ich auch eine Seite an ihr, die bis dahin noch gar nicht zum Vorschein gekommen war: ihr Selbstbewusstsein. Sie mochte zwar nach außen schüchtern wirken, innerlich war sie dennoch sehr gefestigt. Einmal erklärte ich ihr, dass ich am Wochenende nach Hamburg reisen müsse, um drei Männer in die Kunst des Flirtens einzuweisen.

»Es kann auch sein, dass ich in Hamburg Frauen ansprechen werde«, ergänzte ich noch.

»Das kannst du ruhig machen. Du weißt ja, wer die beste Frau für dich ist«, antwortete sie.

Ja, das wusste ich: Sie war es. Und sie sagte das nicht in einem arroganten oder zurechtweisenden Tonfall, sondern ganz gelassen. Sie war sich einfach im Klaren darüber, dass sie die Einzige für mich war und es keinen Grund für Verlustängste gab. So gut wie alle Frauen, die ich vorher kennengelernt hatte, waren unentspannt und extrem eifersüchtig. Lalo war anders, und das machte sie noch attraktiver für mich.

Allerdings kristallisierte sich im Laufe der Zeit ein anderes Problem heraus: Lalo wurde zur chronischen Lügnerin. Nicht mir, sondern ihrer Familie gegenüber. Immer wenn sie bei mir übernachtete, erzählte sie ihren Eltern, dass sie entweder bei einer Freundin schlafe oder auf einer Modenschau in einer anderen Stadt sei. Sie war ständig auf Veranstaltungen, bei denen es um Mode ging, und nutzte das als geschickte Tarnung für ihr Doppelleben. Auch wenn wir gemeinsam in Berlin-Neukölln unterwegs waren, hatte sie Angst, zufällig auf ihre Verwandten zu treffen, weshalb Händchenhalten die Ausnahme war. Wir lebten eine verbotene Liebe. Mir war bewusst: Ihre Familie würde mich aufgrund meiner Religionszugehörigkeit niemals akzeptieren. Das machte Lalo ganz schön zu schaffen. Eines Tages rief sie mich völlig aufgelöst an und sagte, wir müssten uns unbedingt treffen. Ich spürte, dass etwas in ihr brodelte. Also verabredeten wir uns an der Weltzeituhr am Alexanderplatz und gingen von dort aus gemeinsam ein Stück spazieren, bis wir an einer abgelegenen Stelle standen. Dann brach sie in Tränen aus und verlangte, dass ich unsere Beziehung sofort beende.

»Du willst, dass ich die Beziehung beende?«, fragte ich geschockt.

»Ja, ich kann das nicht. Also musst du das machen!«

»Lalo. Kannst du dir nicht etwas Leichteres wünschen? Einen Porsche zum Beispiel?«

Lalo wischte sich die Tränen vom Gesicht und lachte. Ich nahm sie in den Arm und sie sagte mir, sie wolle die Beziehung nicht beenden und es tue ihr leid, was sie gerade eben gesagt habe. Sie packe es einfach nicht, alle Lügen aufrecht zu erhalten und unsere Beziehung zu verschweigen. Ich konnte sie sehr gut verstehen. Sie war von Grund auf ein offener und ehrlicher Mensch – und jetzt tat sie etwas, das ihren Werten entgegenstand. In den darauffolgenden Monaten gab es hin und wieder ähnliche Vorfälle, dass sie einen Schlussstrich unter unsere Beziehung setzen wollte. Sie litt sehr stark unter dieser Heimlichtuerei und pflanzte mir den Gedanken ein, dass ich irgendwann eine andere Freundin finden würde. Das war Gift für die Liebe, die ich ihr gegenüber empfand. Und so brannte in mir nicht mehr das Feuer, das ich in unserer Anfangszeit gespürt hatte.

Ein paar Monate später im Sommer war ich mit Alex unterwegs, den ich über Bernhard kennengelernt hatte. Er war mittlerweile ein guter Kumpel geworden, der ebenfalls hin und wieder Frauen ansprach. Als wir an diesem Tag gemeinsam durch die Berliner Innenstadt schlenderten, war mir nicht wirklich nach flirten zumute; ich wollte lediglich die Sonnenstrahlen genießen, ein bisschen quatschen und mir die Beine vertreten. Ein paar Stunden später kam durch Zufall ein Bekannter von Alex hinzu und fragte mich, ob ich nicht eine Frau ansprechen könne. Er würde gerne sehen, welche Wirkung ich auf Frauen habe. Viele Menschen hatten hohe Erwartungen an mich als Flirtcoach, so als könnte ich hexen. Ich gab ihm zu verstehen, dass ich liiert war, aber wenn eine hübsche Frau um die Ecke komme, würde ich ihm den Gefallen tun. Nach einem ständigen Auf und Ab in der Friedrichstraße lief plötzlich eine blonde Schönheit an uns vorbei. Sie trug Ballerinas, eine helle Jeans und ein weißes Shirt. Ich setzte ihr nach und stoppte sie. Wie gewohnt machte ich ihr ein Kompliment und sagte ihr, sie habe eine sehr süße Erscheinung. Sichtlich erfreut erzählte sie mir, dass sie Amerikanerin sei und schon länger in Deutschland lebe. Unsere Konversation war relativ kurz, da sie gerade auf dem Sprung war, einen Mann zu treffen. Bevor wir uns verabschiedeten, tauschten wir noch Handynummern aus und dann ging ich zurück zu den beiden Jungs.

Obwohl meine Performance nur mittelmäßig gewesen war, zeigte sich der Bekannte von Alex sichtlich begeistert. Er meinte, bei mir habe das so einfach ausgesehen. Das stimmte, doch ich war kein Meister, der vom Himmel gefallen war. Mein Erfolg bei Frauen war das Ergebnis eines jahrelangen Lernprozesses, der damals im Einkaufszentrum von Regensburg begonnen hatte und dann in München durch die Bekanntschaft mit Bernhard zur vollen Entfaltung gekommen war. Dennoch war klar, dass es auch bei mir nicht immer klappte. Und das war völlig okay, denn eine hundertprozentige Erfolgsquote kann es niemals geben, bei keinem Mann auf der Welt, außer er hätte magische Kräfte. Nicht jede Frau passte eben zu mir. Manche waren glücklich vergeben, andere hatten kein Interesse oder fanden mich als Menschen nicht anziehend. Wieder andere waren im Moment des Ansprechens einfach nicht zum Flirten aufgelegt, weil sie andere Sorgen hatten. Über die Jahre hatte ich jedoch gelernt, Körbe nicht persönlich zu nehmen, sondern sie als natürlichen Bestandteil des Spiels zwischen Mann und Frau zu akzeptieren.

Ein paar Minuten später, als wir weitergezogen waren, läutete mein Handy. Wer das wohl sein mochte? Auf dem Display las ich den Namen Hannah. Sofort machte es klick: Das war die Amerikanerin, die ich eben angesprochen hatte. Was sie wohl wollte? Sicher hat sie sich verwählt, war mein erster Gedanke, als ich den Anruf entgegennahm.

»Hannah?«

»Hey Andy, ich habe dir doch gerade erzählt, dass ich einen Typen treffen wollte. Naja, ich war etwas zu spät dran und jetzt ist er beleidigt abgehauen. Wenn du willst, können wir uns jetzt treffen. Hast du Lust?«

Okay, das war jetzt irgendwie zu einfach. Sollte ich wirklich zusagen? Die Jungs wollten sowieso nicht mehr lange bleiben, demnach war der Zeitpunkt ideal. Doch ein Treffen mit Hannah wäre schon der erste Schritt fremdzugehen. Die Handynummer zu ergattern gehörte in gewisser Weise zu meinem Job, daher fand ich das nicht weiter verwerflich. Aber ein Date? Das war schon etwas anderes. Ich würde es bei einer Freundschaft belassen. Solange man sich nicht küsst, ist alles gut, sagte ich mir.

Also willigte ich ein. Zehn Minuten später trafen Hannah und ich uns vor einem Klamottenladen und liefen gemeinsam zum Alexanderplatz, um uns dort in ein Café zu setzen. Ich wusste nicht, was in mich gefahren war: Als wir uns nebeneinander auf der Couch niederließen, folgten Minuten später die ersten Berührungen, die ihren Höhepunkt in einem leidenschaftlichen Kuss fanden. Unglaublich! Es war alles so einfach, so fließend. Sofort plagten mich Gewissensbisse, Lalo fremdgegangen zu sein. Andererseits war ich empfänglich für andere Frauen geworden, weil Lalo daran glaubte, dass unsere Beziehung früher oder später in die Brüche gehen würde. Durch die andauernden Schwierigkeiten mit ihr und ihre ständigen Zweifel an uns war auch in mir das Feuer erloschen. Trotzdem hätte ich diesen Schritt mit Hannah nicht wagen dürfen, sondern hätte sofort aufstehen und das Café verlassen müssen. Doch ich konnte mich ihren Reizen nicht entziehen. Der Kuss mit Hannah an diesem Tag sollte nicht unser letzter gewesen sein. Er führte dazu, dass wir mehrere Wochen lang eine Affäre miteinander hatten und ich Lalo somit betrog.

Nun hatte ich zwei Frauen, die nichts voneinander wussten, aber mich paranoid machten. Immer wenn ich mit Lalo in der Stadt unterwegs war, hatte ich panische Angst davor, Hannah zu begegnen. Genauso umgekehrt. Sobald uns eine Frau entgegenkam, die auch nur entfernte Ähnlichkeit mit der jeweils verschwiegenen Zweitfreundin besaß, glaubte ich, im nächsten Moment würde mein Doppelleben auffliegen. Dann nahm ich meine Begleiterin jedes Mal an die Hand und zog sie schnell davon. Sexuell gesehen konnte ich mich nicht beschweren, aber ob es den Stress wert war? Das war es nicht. Umso erleichterter war ich, als Hannah verkündete, für mehrere Wochen in die USA zu fliegen, um dort ihre Familie und Freunde zu besuchen. Mit ihrer Abreise verabschiedete sich gleichzeitig auch meine Paranoia. Der Beziehung mit Lalo half das allerdings nicht. Woche für Woche spürte ich, wie die emotionale Anziehung zu ihr immer weniger wurde. Und dann passierte das, was sie schon lange vorhergesagt hatte: Die Partnerschaft musste ein Ende finden. Zu Hause in meinem Zimmer brachte ich ihr schonend bei, dass ich mich trennen werde. Sie heulte. Ich heulte. Es tat mir tief im Herzen weh; ich wollte sie nicht verletzen, aber genau das tat ich mit der Trennung. Von meiner Affäre mit Hannah habe ich ihr nie erzählt. Ich wusste, wie sehr sie das verletzt hätte und wollte ihr kein schlechtes Männerbild für ihren weiteren Lebensweg mitgeben. Ich hatte stets versucht, sie mit meiner Liebe zu umhüllen, aber irgendwann war auch diese Zeit vorbei gewesen. Das war die beste Entscheidung für uns beide – dachte ich zumindest, bis das Schicksal dafür sorgte, dass unsere Wege sich erneut kreuzten.

ENDLICH ANKOMMEN …

Das Gift in einer langjährigen Beziehung

Es vergingen einige Monate, bis ich im Dezember 2014 Rike in einem Einkaufszentrum kennenlernte. Als ich sie das erste Mal sah, eilte sie gerade mit hastigen Schritten durch das Gebäude in Richtung Ausgang, als ob sie unter hohem Zeitdruck stände. Sie war brünett und hatte einen blassen Teint. An diesem Tag trug sie einen schwarzen Mantel, blaue Jeans und schwarze Stiefeletten. Außerdem hatte sie einen Cellokoffer auf den Rücken geschnallt; offensichtlich war sie Musikerin. Als ich näherkam, fielen mir sofort ihre graublauen Husky-Augen auf, die mich in den Bann zogen. Und wie Du mich mittlerweile kennst, konnte ich nicht anders, als sie anzusprechen. Ich lief neben sie und eröffnete das Gespräch, doch sie ignorierte mich einfach und schaute beim Gehen weiter geradeaus, immer auf ihr Ziel fixiert. Da sie meine Neugier geweckt hatte, kam es aber gar nicht in Frage, mich so schnell abwimmeln zu lassen. Also lief ich weiter neben ihr her und begann, ihr Fragen zu stellen. Doch sie würdigte mich immer noch keines Blickes, eilte weiter und gab nur knappe Antworten zurück. Inzwischen hatten wir das Einkaufszentrum verlassen, warteten an einer roten Ampel und überquerten schließlich die Straße. Es schien zwecklos; sie hatte offenbar keine Zeit für mich und war einfach nicht in Stimmung. Vielleicht war ich auch gar nicht ihr Typ. Dennoch wollte ich ein letztes Mal testen, ob sie wirklich kein Interesse hatte. Deshalb versuchte ich, sie mit folgendem Abschiedssatz aus der Reserve zu locken:

»Okay, ich muss hier nach links gehen, du musst zur Tram-Bahn. Unsere Wege trennen sich also hier. Ich wünsche dir noch einen schönen Abend!«

»Wie, das war's jetzt?«, antwortete sie und schaute mich das erste Mal mit ihren graublauen Husky-Augen an.

»Was meinst du?«, erwiderte ich, nun doch ein bisschen überrascht von ihrem so eindeutigen Interessenssignal.

»Wollen wir nicht Handynummern tauschen?«

»Ich kann dir ja meine geben, und wenn du magst, kannst du dich ja melden.«

Also diktierte ich ihr meine Nummer, die sie in ihrem Handy abspeicherte. *Ihre* Nummer holte ich mir im Gegenzug nicht, denn für mich war klar: Weiter hinterherlaufen würde ich ihr nicht. Falls sie wirklich Interesse hatte, sollte sie sich bei mir melden. Sie verriet mir zum Abschied noch ihren Namen und verschwand dann in Richtung Tram-Haltestelle.

Tatsächlich meldete Rike sich noch am selben Abend bei mir mit einer Nachricht. Im Verlauf unserer Textkommunikation erzählte sie mir, dass sie bei unserer Begegnung gerade auf dem Weg zum Cellounterricht gewesen sei und dringend ihre Tram-Bahn erwischen musste. Das erklärte auch, warum sie so abweisend reagiert hatte. Für mich war das wieder einmal ein Beweis dafür, dass man anfängliche Zurückweisungen beim Ansprechen nicht persönlich nehmen sollte – und dass es sich auszahlen kann, trotzdem am Ball zu bleiben.

Unser erstes Date fand um zehn Uhr früh an einem Sonntag statt, da ich um zwölf Uhr mit der Mitfahrgelegenheit nach Bayern fahren wollte. Weihnachten stand vor der Tür, und das Fest der Liebe würde ich in meiner alten Heimat mit der Familie zelebrieren. Rike und ich trafen uns am Hermannplatz und fanden nach kurzer Suche zufällig ein schlichtes Café. Es war einer der wenigen Läden, die um diese frühe Uhrzeit überhaupt geöffnet hatten, daher blieb uns keine andere Wahl. Das Café war mit unbequemen Sitzbänken und einfachen weißen Tischen eingerichtet. Nicht besonders gemütlich, wie wir beim Hinsetzen sofort bemerkten. Aber das war uns egal, da wir beide eine ungeheuer starke Anziehung verspürten und nur Augen füreinander hatten. Wir redeten über Gott und die Welt und hatten schnell dieses wunderbare Gefühl von Vertrautheit, so als würden wir uns schon ewig kennen. Doch irgendwann im Verlauf des Gesprächs musste ich ihr dann doch noch eine simple Frage stellen:

»Wie alt bist du eigentlich, Rike? Ach, lass mich raten: bestimmt fünfundzwanzig.«

»Nein. Ich bin dreißig, und du?«

Da musste ich erstmal schlucken. Sie sah so jung aus, aber war bereits eine reife Frau. Im Vergleich zu ihr fühlte ich mich mit meinen dreiundzwanzig Jahren wie ein kleiner Junge.

»Wie alt schätzt du mich?«, fragte ich zurück.

»Du siehst noch recht jung aus. Wahrscheinlich bist du fünfundzwanzig.«

»Ja genau, so alt bin ich in etwa.«

Ich konnte ihr mein wahres Alter nicht sagen. Eine Beziehung mit sieben Jahren Altersunterschied hätte umgekehrt funktionieren können, wenn ich als Mann der Ältere von uns beiden gewesen wäre. Aber in diesem Fall? Ich änderte meine Aussage nicht mehr und ließ das Ganze so stehen. Rike hakte auch nicht mehr weiter nach, anscheinend spielte das Alter für sie keine große Rolle.

»Und was machst du beruflich, Andy?«

Die nächste heikle Frage, aber natürlich wurde sie mir beim Kennenlernen so gut wie immer gestellt. Deshalb hatte ich hierfür schon längst die passende Antwort zurechtgelegt:

»Weißt du, es gibt zwei Sorten von Menschen. Die einen finden es total cool, was ich mache. Und dann gibt es noch die anderen, die das nicht so toll finden. Ich will nicht, dass du aufgrund meines Berufs vorschnell über mich urteilst. Ich erzähle es dir, wenn die Zeit reif ist. Okay?«

»Okay.«

Sie selbst war Zahntechnikerin und hatte große Freude an ihrem Beruf. Ich wollte ihr aber noch nicht erzählen, dass ich als Flirtcoach arbeitete. Zu groß war meine Sorge, dass sie sofort gewisse negative Eigenschaften mit mir assoziieren würde, so wie es schon viele Frauen zuvor getan hatten. Trotz meiner kleinen Geheimnisse war es ein tolles erstes Date, auf dem eine tiefere seelische Verbindung zwischen uns entstand. Wir trafen uns von nun an regelmäßig, bis Rike mir nach zwei Monaten eines Tages plötzlich die berühmte Frage stellte:

»Sag mal, was ist das jetzt eigentlich zwischen uns?«

Wir standen gerade in der Küche und ich wusste genau, was ihre Frage bedeutete: Rike brauchte Sicherheit. Daher wollte sie mich noch stärker an sich binden und erwartete, dass ich nun eine feste Partnerschaft einleiten würde. Diese Zusage gab ich ihr nicht direkt, jedoch antwortete ich:

»Ich mag dich wirklich sehr und es passt perfekt zwischen uns. Wenn es weiterhin so gut mit uns läuft, kann ich mir sehr gut vorstellen, dass wir bald eine Beziehung führen werden.«

Kurze Zeit später erzählte ich Rike, was ich beruflich wirklich machte. Das verwunderte sie noch nicht mal und sie sah meine

Tätigkeit sogar sehr positiv, da ich anderen Männern hierdurch zu einem besseren Leben verhalf.

»Um ehrlich zu sein, bin ich jetzt sogar ein bisschen erleichtert«, sagte Rike noch am Ende unseres klärenden Gesprächs.

»Erleichtert, warum?«

»Ich hatte schon gedacht, du würdest als Stripper arbeiten oder einer anderen verrückten Tätigkeit nachgehen.«

Wir beide mussten lachen und ich nahm sie in den Arm.

Und so verging die Zeit. Wir verliebten uns immer mehr ineinander und kamen schließlich als Paar zusammen. Ich entdeckte eine Eigenschaft an ihr, die ich so noch nie erlebt hatte: Immer wenn Rike ausgelassen lachte, kullerten ihr zugleich Freudentränen übers Gesicht. Sie war einfach so emotional, dass sie von Endorphinen überwältigt wurde. Das zu erleben, versetzte auch mich jedes Mal in einen Glückszustand, denn ich wollte nichts weiter, als sie glücklich zu sehen.

Nach circa einem Jahr lernte ich ihre Eltern und ihre Schwester kennen. Eine sehr herzliche Familie, und ich verstand mich mit allen prächtig. Unsere Beziehung war so erfüllend, so großartig, dass wir nach zwei Jahren den nächsten großen Schritt wagten: Ich zog aus meiner WG aus und mit Rike gemeinsam in eine Zweizimmerwohnung. Endlich hatte ich das Gefühl, angekommen zu sein. Rike sprühte nur so vor Liebe – und das zeigte mir, dass sie die richtige Frau für mich war, mit der ich mir vorstellen konnte, mein Leben zu verbringen. Und da meine letzten Beziehungen alle nur von kurzer Dauer gewesen waren, blickte ich umso positiver in unsere gemeinsame Zukunft. Das erste Jahr unseres Zusammenlebens war schön. Rike unterstützte mich bei der Verwirklichung meiner Ziele, indem sie mir Zeit freischaufelte. Sie ging beispielsweise einkaufen und kochte, während ich meine Telefonate erledigte. Das gab mir viel mehr Freiraum, mich auf meine Aufgaben zu fokussieren. Umgekehrt unterstützte ich sie ebenfalls, wo ich nur konnte. Doch ich merkte sehr schnell, dass das Feuer zwischen uns bald nicht mehr so brannte wie einst. Wir sahen uns jeden Tag. Wir schliefen jeden Tag nebeneinander ein und wachten auch gemeinsam auf. Ich freute mich immer mehr, wenn sie zur Arbeit ging oder für längere Zeit weg war. Als ich mich bei diesen Gefühlen ertappte, erschrak ich über mich selbst. Zuerst schämte ich mich auch ein bisschen, denn eigentlich war sie doch meine Traumfrau, mit der ich jede gemeinsame Minute hätte genießen sollen. Gleichzeitig begriff ich aber, dass zu viel Nähe einer Beziehung schaden konnte und erkannte die tiefe Wahrheit in diesem simplen Spruch:

„Distanz schafft Nähe!"

Wie sollte man auch jemanden vermissen, wenn dieser Mensch ständig um einen herum war? In unserer Beziehung fehlte mir das Gefühl, sich auf den anderen zu freuen. Eine Sehnsucht zu entwickeln. Und so verstand ich auch, dass das Zusammenziehen einen hohen Preis hat. Man bekommt Sicherheit und weiß, dass der Partner immer nach Hause kommt und für einen da ist. Dafür verliert man aber die Aufregung, das Kribbeln und die Spannung. Der sogenannte graue Alltag erhält Einzug. Ein Gift, für jede Beziehung. Oder zumindest für meine. Rike hingegen störte diese ganze Situation nicht. Sie wollte lediglich jemanden haben, mit dem sie ihre Zeit teilen konnte. Sie suchte die Sicherheit, ich jedoch den Nervenkitzel in der Beziehung. Ich versuchte, mich wieder auf sie zu freuen, aber die Flamme der Liebe wurde immer kleiner und war irgendwann nur noch ein schwaches Glimmen. Ich merkte einfach, dass die Beziehung mir nicht mehr guttat.

Hinzu kam: Ich entwickelte mich in den Jahren immer weiter, während sie weiterhin die Rike war, die ich am ersten Tag kennengelernt hatte. Ich hatte den inneren Antrieb, immer neue Ziele zu erreichen, während sie sich treiben ließ. Und so hatten wir öfters Gespräche dieser Art:

»Und, hast du dir schon Ziele für dieses Jahr vorgenommen?«

»Ach, es soll einfach alles so bleiben wie es ist.«

Mit so einer Antwort zeigte sie mir, dass sie nichts hatte, wofür sie kämpfte. „Es soll alles so bleiben" bedeutete für mich Stagnation. Doch was nicht wächst, stirbt. Hieran merkte ich, dass wir beide einfach zu unterschiedlich waren. Sie machte mich zum Mittelpunkt ihrer Welt und wollte vor sich hinleben, während ich eine Frau wollte, mit der ich gemeinsam wachsen konnte. Und so kam es, dass meine Gefühle ihr gegenüber den absoluten Tiefpunkt erreichten. Ich spürte einfach nichts mehr – und im Jahr 2018, im vierten Jahr unserer Beziehung, wurde meine Welt durch eine große Krise erschüttert.

Alles begann damit, dass ich immer öfter an Lalo denken musste. Sie hatte damals die Ambitionen gehabt, etwas Eigenes auf die Beine zu stellen. Ich fragte mich zunehmend, ob sie nicht doch die Richtige für mich wäre. Aber um das herauszufinden, müsste ich sie treffen. Da ihre Handynummer nicht mehr aktuell war, wie ein kurzer Blick in WhatsApp verriet, suchte ich nach anderen Möglichkeiten, Kontakt aufzunehmen. Meine erste Anlaufstelle war Facebook. Doch hier stand lediglich, dass sie bei einem großen Online-Versandhandel für Bekleidung arbeitete. Ansonsten wirkte ihr Facebook-Profil eher wie eine Wüste, zudem schien es mit den ganzen alten Fotos ebenfalls nicht mehr aktuell zu sein. Und selbst wenn es das wäre: Lalo hatte mich sowieso als Kontakt entfernt, sodass wir auf Facebook nicht mehr miteinander befreundet waren und meine Nachrichten womöglich automatisch als Spam gefiltert würden. Erfolgversprechend war das alles nicht gerade. Also entschied ich mich, vorerst nichts zu tun und die Suche nach Lalo einzustellen.

Zur Osterzeit im Jahre 2019 war ich zu Besuch bei meinen Eltern in Bayern. Und der Gedanke, Lalo zu finden, ging mir nicht mehr aus dem Kopf. Als ich einmal nichts zu tun hatte und grübelnd bei meinen Eltern zu Hause saß, tippte ich Lalos Namen in die Suchmaschine ein. Wie der Zufall es so wollte, fand ich sie in einem sozialen Netzwerk für Business-Kontakte und schaute mir ihr Profil an. Anschreiben wollte ich sie vorerst doch nicht, da ich Gewissensbisse gegenüber Rike verspürte. Also beließ ich es bei einem neugierigen Blick in ihr Profil. Was ich allerdings nicht wusste, war, dass man als Nutzer der Business-Plattform seine Profilbesucher sehen konnte. Auf dem Rückweg mit der Bahn nach Berlin bekam ich plötzlich diese E-Mail-Benachrichtigung von dem Business-Portal: „Sie haben eine Anfrage von Lalo". In diesem Moment ging mir nur ein Gedanke durch den Kopf: Wenn ich diese Anfrage annehme, ist es besiegelt! Ich spürte instinktiv, worauf die Sache hinauslaufen würde: dass wir wieder Kontakt haben und uns treffen würden. Ob das fair gegenüber Rike war? Sicherlich nicht. Die Beziehung stand aber sowieso schon am Abgrund und ich musste Lalo unbedingt wiedersehen. Diesem Drang konnte ich einfach nicht widerstehen. Also nahm ich ihre Anfrage auf dem Business-Portal an und schrieb ihr eine Nachricht. Und so kam eins zum anderen: Lalo antwortete mir, wir tauschten Handynummern und vereinbarten ein Treffen.

Ein paar Tage später war es so weit. Ich stand an der Warschauer Straße und wartete auf Lalo. Ob sie sich sehr verändert hatte in den letzten Jahren? Ich hatte das Gefühl, fast zu platzen vor Neugier, Spannung und Vorfreude. Und dann kam sie angelaufen, so hübsch und süß wie damals. Nur sah sie inzwischen reifer aus. Nicht mehr so mädchenhaft, sondern wie eine erwachsene Frau. Das war auch nicht weiter verwunderlich, schließlich war sie nur ein Jahr jünger als ich und wir hatten uns fast fünf Jahre lang nicht mehr gesehen. Ihr Kleidungsstil hingegen hatte sich kaum verändert in all den Jahren. Wir umarmten uns sehr innig, lächelten uns an und spürten, dass zwischen uns noch immer die alte Magie von damals herrschte. Der Tag war sonnig, und so beschlossen wir, einen Spaziergang entlang der Spree zu machen.

»Wir haben uns so lange nicht mehr gesehen. Erzähl, was ist so passiert in deinem Leben?«, fragte ich Lalo, während wir am Ufer entlangschlenderten.

»Vieles. Ich war bis vor Kurzem mit einem Deutschen verlobt und habe mich getrennt.«

»Mit einem Deutschen? Ich dachte, deine Familie würde so etwas nie tolerieren.«

»Ganz im Gegenteil. Meine Familie hat ihn geliebt. Mein Vater meinte zu mir, dass es ihm lieber sei, wenn ich mit einem Deutschen zusammen wäre als mit einem Araber.«

»Aber als wir zusammen waren, war das doch noch anders?«

»Nein. Ich bin einfach nur davon ausgegangen, dass das so wäre, weil ich nie mit meinen Eltern darüber gesprochen habe. Das tut mir auch so leid, dass das unsere Beziehung damals belastet hat.«

Verrückt, dachte ich. Hätte Lalo damals doch nur ein offenes Wort mit ihren Eltern gesprochen, dann wäre unsere Beziehung sicher anders verlaufen! Nach einiger Zeit beendeten wir unseren Spaziergang am Spreeufer und suchten noch ein gemütliches Lokal in der Nähe auf. Dort setzten wir uns nebeneinander, um unsere intime Unterhaltung bei einem Glas Wein fortzuführen:

»Und was hat sich bei dir so getan, Andy?«

»Ich bin derzeit in einer Beziehung. Allerdings sehr unglücklich. Es passt einfach nicht mehr und ich will mich von ihr trennen.«

»Oh, okay. Und denkst du gerade an sie, während wir hier zusammen sind?«

»Nein.«

»Gut für mich«, sagte sie grinsend.

Und dann sprachen wir über unsere damalige Beziehung. Während wir in Erinnerungen schwelgten, holte ich mein Smartphone heraus und zeigte ihr unsere alten Pärchen-Bilder. Darunter war auch eines, auf dem wir gemeinsam auf einer Modenschau zu sehen waren. Auf diesem Bild wirkten wir glücklich. Durch unsere Gespräche und das Anschauen der Fotos versetzten wir uns gegenseitig in die damalige Zeit zurück und erweckten alte Liebesgefühle zu neuem Leben. Damit beherzigte ich folgende Regel:

„Wer seine Ex-Freundin zurück will, muss das positivste Gefühl in ihr auslösen, das beide gemeinsam in der Beziehung hatten!"

Mir war klar, dass solche positiven Emotionen die einzige Möglichkeit waren, um Lalo zurückzuerobern. Denn zu oft hatte ich schon erleben müssen, wie verlassene Männer ihre letzte

Chance verspielt hatten, indem sie ihre Ex bedrängten, unter Druck setzten und um einen Neuanfang bettelten. Und so geschah es: Die positiven Gefühle der gemeinsamen Erinnerungen führten dazu, dass Lalo und ich unsere Hände berührten und uns küssten. Es fühlte sich großartig an, fast so als wären wir wieder das Paar von früher. Natürlich war mir klar, dass dies nur ein erster Schritt war, um Lalo zurückzugewinnen. Allmählich neigte der Abend im Lokal sich dem Ende, sodass wir unseren Wein bezahlten und losgingen. Ich begleitete Lalo noch zur Tram-Bahn, verabschiedete sie mit einem Kuss und fuhr anschließend selbst nach Hause.

Meine Leidenschaft für Lalo war wieder voll entfacht und ich wollte sie unbedingt wiedersehen. Deshalb schrieb ich ihr am nächsten Tag eine WhatsApp-Nachricht. Doch irgendetwas war anders. Die Herzlichkeit, die wir bei unserem Treffen erlebt hatten, war weg. Lalo wirkte auf einmal sehr kühl und ging auch nicht auf meinen Vorschlag für ein erneutes Treffen ein. Für mich war das unerklärlich, bis sie mir folgende Nachricht schickte:

„Hey Andy, ich habe unser Treffen mal reflektiert. Ich schätze deine Ehrlichkeit mir gegenüber sehr und kann deine Situation in vielen Punkten nachvollziehen. Trotzdem möchte ich momentan kein Teil deines Lebens sein. Die Tatsache, dass du keine Gefühle für deine Freundin hast und die Beziehung noch nicht beendet hast, erschreckt mich etwas. Ich hoffe du hast Verständnis für meine Sicht auf das Ganze und wünsche mir für dich, dass du bald glücklich und frei bist. Bis dahin liebe Grüße :)"

Puh, das hat gesessen, dachte ich. Und ja, Lalo hatte vollkommen recht. Ich musste mit Rike Schluss machen, um wieder frei zu sein. Alle meine Freunde hatten mir das schon oft genug gesagt, aber bisher hatte ich einfach noch nicht die Stärke dazu gehabt. Doch das sollte sich jetzt ändern. Noch am selben Tag, an dem ich die Nachricht von Lalo bekam, fasste ich einen Entschluss: Ich werde die Beziehung noch heute beenden! Voller Unruhe saß ich nun im Wohnzimmer und wartete, bis Rike von der Arbeit nach Hause kommen würde. Wie sollte ich ihr die Trennung schonend beibringen? Ging das überhaupt, wenn man so viele Jahre zusammen war? Ich wusste es nicht. Spätabends betrat Rike schließlich die Wohnung, nichtsahnend, was gleich passieren würde.

»Und, wie war die Arbeit?«, fragte ich sie.

»War ganz okay im Labor. Nichts Besonderes. Und bei dir?«

»Auch nichts Besonderes … Du, wir müssen mal reden. Am besten wir setzen uns auf die Couch.«

Wir setzten uns zusammen aufs Sofa im Wohnzimmer und sie blickte mich erwartungsvoll an. Es kostete mich einiges an Überwindung, ihr die folgenden Sätze zu sagen:

»Ich habe schon länger das Gefühl, dass das zwischen uns nicht mehr funktioniert, und ich möchte die Beziehung beenden.«

»Aha. Und was genau funktioniert nicht?«

»Ach, ich weiß nicht. Irgendwie ist die Aufregung flöten gegangen und ich glaube, wir brauchen einfach Abstand.«

Rikes Blick erstarrte. Ich merkte, dass es in ihrem Kopf gewaltig ratterte. Mit jeder weiteren Sekunde wirkte sie zunehmend betroffen. Ihr Gesicht wurde kreidebleich und sie begann am gesamten Körper zu zittern. Als sie wortlos aufstand, um ihr Handy aus dem Nebenraum zu holen, bekam ich Angst, dass sie jeden Moment kollabieren würde. Ich konnte das nicht mit ansehen und bekam heftige Schuldgefühle. Was hatte ich nur getan? Ich war total überfordert mit der Situation.

»Du zitterst ja«, brachte ich hilflos hervor, während ich immer noch auf dem Sofa saß.

»Lass mich in Ruhe!«

Mit zittriger Hand schrieb sie eine Nachricht am Handy und ging anschließend ins Bad, um ihre Sachen zu packen. Ständig sprach sie sich selbst leise zu, dass sie das schaffen werde. Ich hatte gewusst, dass sie das mitnehmen würde, aber dass es so schlimm wird, hatte ich nicht kommen sehen. Ich fühlte mich in diesem Moment, als wäre ich der schlimmste Mensch auf Erden. Der Teufel persönlich. Nachdem Rike ihre Sachen gepackt hatte, zog sie sich an, griff die Autoschlüssel und knallte die Wohnungstür hinter sich zu. Ich folgte ihr durch das Treppenhaus auf die Straße, denn ich hatte Sorge, dass sie mit dem Auto wegfahren wollte. Das hätte ich in ihrem Zustand nicht zugelassen. Als ich sah, wie sie sich direkt auf den Beifahrersitz setzte, fiel mir ein Stein vom Herzen. Ich blieb draußen vor dem Auto stehen und nach ungefähr fünfzehn Minuten kam Rikes Schwester. Ihr hatte Rike offenbar die Nachricht geschrieben. Ihre Schwester stieg auf der Fahrerseite ein, startete den Motor und fuhr mit Rike davon. Als die beiden weg waren, ging ich zurück in die Wohnung. Dort angekommen, überwältigten mich die Gefühle. Ich weinte bitterlich und machte die ganze Nacht kein Auge zu. Wollte ich wirklich die Beziehung beenden? Wollte ich uns beiden solch einen Schmerz zufügen? Immerhin hatten wir auch schöne Jahre gehabt. Ich spürte, dass ich das nicht konnte. Ich konnte Rike nicht gehen lassen. In dieser Nacht wurde mir eines klar: Sie ist einer der wichtigsten Menschen in meinem Leben, den ich nicht missen möchte!

Am nächsten Morgen um Viertel vor zehn bekam ich folgende Nachricht von ihr:

»Ist das wirklich passiert?«

Als ich ihre Frage las, fragte ich mich dasselbe. Und ich vermisste sie, also schrieb ich sofort zurück:

»Ich weiß es selbst nicht. Lass uns nochmal darüber reden. Geht es dir besser?«

»Ich fühle mich leer. Und verloren.«

»Ich weiß, ich fühle mich auch leer. Ich will dich nicht verlieren. Komm nach Hause.«

Es vergingen einige Stunden, die sich qualvoll anfühlten, da ich nicht wusste, ob die Beziehung endgültig in die Brüche gehen würde oder nochmal zu kitten war. Und dann endlich kam Rike wieder nach Hause. Wir setzten uns aufs Sofa und redeten über alles. Ich erklärte ihr, dass ich sie nicht verlieren und weiterhin mit ihr zusammen sein wolle, aber unglücklich darüber sei, dass wir uns durch die gemeinsame Wohnung jeden Tag sähen. Und so kamen wir zum Entschluss, eine räumliche Trennung vorzunehmen – in der Hoffnung, dies würde unserer Beziehung neuen Schwung verleihen.

Ich bot ihr an auszuziehen und fing in den nächsten Tagen damit an, Anfragen für eine Wohnungsbesichtigung zu verschicken. Als ich meine erste Wohnungsbesichtigung hinter mir hatte, fing Rike an, ebenfalls zu suchen. Sie hatte ihre Meinung geändert und wollte nun doch nicht mehr in dieser Wohnung bleiben. Zu sehr waren diese Räume für sie mit der negativen Erinnerung verknüpft, wie ich hier die Beziehung endgültig hatte beenden wollen. Es vergingen allerdings noch ein paar Monate, bis Rike endlich eine eigene Wohnung hatte. In dieser Zeit lebten wir leidenschaftslos nebeneinander her wie zuvor. Als es schließlich so weit war, halfen ihre Eltern, ihre Schwester und ich ihr beim Umzug. Wir richteten in ihrer neuen Wohnung alles ein und ich fühlte mich endlich wieder frei. Zum ersten Mal gab es wieder Hoffnung. Es war einfach schön, Rike nicht mehr jeden Tag um mich herum zu haben. Dadurch würde das Feuer der Sehnsucht wieder neu entfacht werden. Wir würden uns bei unseren Treffen wieder mehr aufeinander freuen und die gemeinsame Zeit mehr zu schätzen wissen, so war jedenfalls meine Erwartung. Aber irgendwie merkte ich, dass ich sie gar nicht so sehr vermisste, wie ich es mir gewünscht hatte. Die Distanz zwischen uns schaffte keine Nähe, sondern nur noch mehr Distanz. Wahrscheinlich war die räumliche Trennung zu spät gekommen, um unsere Beziehung noch zu retten.

»Ich war beim Frauenarzt …«

Während ich mit Rike weiterhin zusammen war, bekam ich zunehmend mehr Interesse an anderen Frauen. Das lag einfach daran, dass ich emotional nicht mehr bei ihr war. Auch die Wohnung nun für mich allein zu haben, weckte die Versuchung in mir, mich auf andere Frauen einzulassen. „Sturmfreie Bude" hätte ich in meiner Teenager-Zeit dazu gesagt. Und so lernte ich über eine Dating-App eine Blondine namens Nora kennen. Nein, Nora war nicht wirklich mein Typ. Ich stand auf zierliche Frauen, Nora hingegen war eher normal gebaut. Auf der Straße hätte ich sie niemals angesprochen. Doch das Gefühl, nach all den Jahren einer anderen Frau schnell näher zu kommen, war eine Verlockung, der ich nicht widerstehen konnte.

Als wir unser erstes Date hatten, erzählte ich ihr nichts von Rike. Ich log sie sogar an und sagte ihr, ich sei schon länger Single. Allerdings verriet ich ihr von meiner Arbeit als Flirtcoach, wovon sie ganz begeistert war. Bei unserem zweiten Date, bei dem wir in ein tadschikisches Café gingen, meinte Nora daraufhin:

»Ich hab mir deinen gesamten Blog durchgelesen. Da sind echt gute Tipps.«

»Ach, du hast mich also gestalkt? Was hast du dir denn durchgelesen?«

»In einem Artikel stand, dass man die Frau beim zweiten Date küssen und beim dritten Date Sex haben sollte.«

»Ja, steht das da so drin?«, antwortete ich grinsend.

»Kennst du etwa deine eigenen Tipps nicht?«, lachte sie.

»Vielleicht, aber da wir ja unser zweites Date haben, müssen wir uns jetzt küssen.«

»Stimmt.«

Also küssten wir uns. Und ich spürte: nichts. Irgendwie war mir das egal, ob wir uns küssten oder nicht. Ich hatte auch keine Schuldgefühle gegenüber Rike. Irgendwie fühlte ich mich leer und hatte gedacht, ich könnte mir mit diesem Flirt eine Dosis Glücksgefühle verpassen. Doch das passierte nicht.

Bei unserem dritten Date kam Nora direkt zu mir nach Hause. Nach einer gründlichen Inspektion meiner Wohnung tranken wir im Wohnzimmer ein Gläschen Rotwein auf dem Sofa, küssten uns und gingen rüber ins Schlafzimmer, wo wir uns gemeinsam aufs Bett legten. Als Nora sich nackt vor mir räkelte, machte mich das null-Komma-null an. Das ging so weit, dass mein halbsteifer Penis sofort kleiner wurde, als ich das Kondom aufsetzen wollte. Also fragte ich sie:

»Können wir ohne Kondom Sex haben? Ich glaube, anders klappt es nicht.«

»Na ja … Hast du denn irgendeine Krankheit?«

»Nein. Ich hatte die letzten Jahre nur was mit meiner Ex-Freundin, und da war nie was.«

Sie gab grünes Licht, und so versuchte ich, Nora ohne Kondom zu nehmen. Aber auch das ging schief. Ich konnte lediglich drei Stöße ausführen, dann hatte mein wieder klein gewordener Freund keine Lust mehr.

»Sorry, aber irgendwie bekomme ich das heute nicht hin.«

»Ist doch kein Problem«, sagte sie verständnisvoll.

Nora gab die Hoffnung nicht auf und dachte, mit ein bisschen Blasen könnte sie mich auf Hochtouren bringen. Aber auch hiervon war mein Freund sichtlich nicht begeistert. Sie gab sich so viel Mühe, dass ich wenigstens ihr eine Freude bescheren wollte. Also versuchte ich, sie mit Zungenspielen und meinen Fingern zu verwöhnen. Als die Lust auf Sex allmählich auch bei ihr nachließ, zogen wir uns an und ich begleitete sie nach unten zu ihrem Auto, wo wir uns verabschiedeten. Das sollte unser letztes Treffen gewesen sein – aber nicht etwa, weil Nora das Interesse verloren hätte, sondern weil ich anschließend unsere kleine Affäre beendete. Ich sah endlich ein, dass ich absolut kein sexuelles Verlangen nach ihr hatte. Sie ließ mich völlig kalt. Was mich anfangs zu ihr hingezogen hatte, war nur die verlockende Aussicht auf ein schnelles Abenteuer – die Möglichkeit, nach all den Jahren der monogamen Beziehung mit Rike endlich mal wieder mit einer anderen Frau zu schlafen. Doch dass ich bei Nora tatsächlich sexuelle Befriedigung finden könnte, hatte sich als ein Trugschluss erwiesen, der noch schlimme Folgen haben sollte.

Zwei Monate später war ich noch immer mit Rike zusammen. Wir trafen uns meist am Wochenende und verbrachten gemeinsam Zeit miteinander, doch das Feuer ließ sich hierbei trotz unseres getrennten Wohnens nicht neu entfachen. Dass ich sie betrogen hatte, konnte ich ihr nicht beichten. Ich hatte auch nicht den Mut, Schluss zu machen. Zu sehr plagten mich die Erinnerungen, wie verletzt sie gewesen war, als ich mich damals schon von ihr getrennt hatte. Und ich wollte sie nicht wieder so verletzen, sondern glücklich sehen. Doch aus unserer Beziehung war endgültig die Luft raus, das spürte ich immer mehr. Der Sex mit Rike war auch schon lange nicht mehr erfüllend. Er war rein mechanisch und ohne jegliche Emotion, sodass keine Leidenschaft dabei entstehen konnte.

Unsere Beziehung lief noch eine ganze Weile so weiter, plätscherte vor sich hin. Doch dann kam der Tag, an dem sich alles änderte. Es war an einem Sonntag, als Rike plötzlich die Schublade meines Schreibtisches im Wohnzimmer öffnete und meine Achillesferse entdeckte:

»Sag mal, wofür brauchst du Kondome?«

»Ähm …«, sagte ich irritiert, während ich völlig verlegen neben ihr stand.

»Die sind ja auch noch lange haltbar. Du musst die erst vor Kurzem gekauft haben.«

In all den Jahren, in denen wir zusammen gelebt hatten, hatte sie nie in dieser Schublade herumgekramt – und jetzt auf einmal tat sie es und fand prompt meine Kondome. Was sollte ich jetzt tun? Ihr eine Lüge erzählen? Nein, dafür war sie viel zu intelligent; sie würde das sofort durchschauen. Außerdem war ich ein schlechter Lügner. Also entschied ich mich für die Wahrheit:

»Okay. Also ich muss dir etwas sagen. Seit wir getrennt leben, hat sich für mich nicht wirklich viel geändert an unserer Beziehung. Du bist eine sehr wichtige Person für mich, aber das zwischen uns ist rein freundschaftlicher Natur.«

Fassungslos stand Rike auf, packte ihre Tasche, zog sich ihre Jacke an und ging. Ich konnte hören, wie sie im Treppenhaus anfing zu heulen. Ich fühlte mich erneut schlecht. Sollte ich ihr hinterherlaufen und um Verzeihung bitten? Ich war hin- und hergerissen, als ich in der geöffneten Wohnungstür stand. Auf der einen Seite wollte ich sie natürlich nicht verletzen. So liebevoll wie sie immer zu mir war, hatte sie das nicht verdient. Auf der anderen Seite wollte ich aber auch seit Längerem schon

Schluss machen und jetzt bei Rike keine falschen Hoffnungen wecken, was eine Fortsetzung unserer Beziehung anging. Und so ließ ich sie schweren Herzens von dannen ziehen, weil ich glaubte, dass es letztendlich das Beste für uns beide war. Mich bedrückte all das so sehr, dass ich anschließend sämtliche Freunde anrief, um mit ihnen darüber zu sprechen. In solchen Momenten war das goldwert, Menschen um mich zu haben, die mir gut zureden und mich auffangen konnten.

Zwei Wochen später klingelte es an der Tür. Anhand des kleinen LED-Lämpchens an der Gegensprechanlage sah ich, dass sich die Person unmittelbar vor meiner Wohnungstür befand. Ob das wohl der Paketbote war? Ich öffnete die Tür – und da stand Rike vor mir. Ich machte einen Schritt zurück und bat sie herein. Während wir uns im Wohnungsflur gegenüberstanden, sagte sie mit aufgeregter Stimme:

»Wir müssen mal ganz dringend reden. Hast du Zeit?«

»Gerade ist es etwas schlecht, aber ja, komm rein.«

»Okay. Also, wir haben ein Problem, ich war beim Frauenarzt.«

Ich war schockiert und malte mir sofort das Schlimmste aus: Sie wäre schwanger und ich würde Vater werden.

»Bei mir wurden Chlamydien festgestellt. Weißt du, was das ist?«

»Ja, natürlich.«

»Gut. Also ich hatte mit niemanden was, als wir zusammen waren. Das heißt, es muss von dir sein.«

»Aber ich hatte keinen Sex«, log ich sie an.

»Das kann auch durch Oralsex übertragen werden.«

»Okay«, sagte ich schockiert.

»Und noch was: Ich bin wegen dir die letzten Wochen durch die Hölle gegangen. Du bist das Letzte!«

Dann wandte sie sich von mir ab und ging. Und zwar endgültig und für immer; es war das letzte Mal, dass ich jemals etwas von Rike gehört habe. Ihre letzten Worte waren wie eine schallende Ohrfeige gewesen, aber auch so war ich total neben der Spur. Hatte ich mich bei Nora angesteckt? Oder war das die Rache von Rike und sie hatte alles nur erfunden? Spätestens seit der Geschichte mit Anja, der besten Freundin von Marta, wusste ich, wozu so manch eine wütende Frau imstande ist. Doch je länger ich darüber nachdachte, desto mehr kam ich zu dem Schluss, dass ich mich bei Nora angesteckt haben musste. Einen Racheakt schloss ich aus, denn das würde einfach nicht Rikes ehrlicher Haut entsprechen.

Sofort machte ich einen Termin beim Urologen aus, und eine Woche später saß ich im Behandlungszimmer dem Arzt gegenüber. Er war ein sympathisch lächelnder, junggebliebener Mann Mitte vierzig, der vor Charme nur so sprühte. Da er ursprünglich aus Russland stammte, sprach er mit leichtem Akzent. Während ich redete, wirkte er sehr aufmerksam und nahm sich geduldig Zeit, sich meine Geschichte anzuhören. Ich erzählte ihm alle relevanten Details über den Sex mit Nora und Rike.

»Aber was ich nicht verstehe: Ich hatte bei meinem One-Night-Stand nur kurz Sex. Das waren ein paar Sekunden. Kann man sich da schon anstecken?«, fragte ich den Urologen.

»Frauen stecken sich schneller damit an, aber die Möglichkeit besteht schon beim ersten Schleimhautkontakt.«

»Oder kam es eher durch den Oralsex zustande?«

»Unwahrscheinlich. Außer Sie hatten einen sehr, sehr, sehr aktiven Oralsex«, sagte er mit übertriebener Betonung.

So wirklich konnte ich nicht glauben, dass ich mich angesteckt hatte. Wenn die Infektion durch Oralsex unwahrscheinlich war, stand die Frage im Raum, ob ich wirklich Chlamydien hatte.

»Also, es gibt jetzt zwei Optionen«, sagte der Arzt.

»Und die wären?«

»Entweder wir machen einen Test auf Chlamydien, dieser würde um die achtzig Euro kosten. Oder ich verschreibe Ihnen direkt die Therapie.«

Ich entschied mich für die Therapie, denn diese wurde wenigstens von der Krankenkasse übernommen. Zumal Chlamydien bei mir als Mann schwerer festzustellen waren. Es konnte also passieren, dass der Test negativ ausfallen würde, obwohl ich in Wirklichkeit positiv wäre. Also bekam ich ein Antibiotikum verschrieben, das ich über zehn Tage einnehmen sollte.

Es war mittlerweile November 2019. Ich war seit einem Monat Single und am Anfang meiner Chlamydien-Therapie. An sich nicht der perfekte Zeitpunkt, um eine Frau kennenzulernen. Doch als ich ein Einzelcoaching in Berlin hatte, rannte die gefühlt schönste Frau der Stadt am Alexanderplatz an mir vorbei, vermutlich um noch ihre Tram-Bahn zu erwischen. Sie hatte schwarzes Haar und trug einen Mantel und Stiefeletten, doch am meisten faszinierte mich ihr hübsches Gesicht. Als ich sie sah, löste das direkt etwas in mir aus. Mein Atem stockte und ich wusste: Diese Frau musste ich kennenlernen. Sie hatte etwas an sich, das mich magisch anzog.

»Ist es okay, wenn ich die Schwarzhaarige da drüben anspreche?«, fragte ich meinen Coaching-Teilnehmer.

»Klar, ist ja auch ein scharfes Gerät«, freute sich dieser, mich in Action erleben zu dürfen.

Sofort lief ich los und stoppte die Frau direkt auf den Schienen der Tram-Bahn. Ihre Pupillen weiteten sich, als ich sie ansprach, und ich merkte sofort, dass es zwischen uns gewaltig funkte.

»Lass uns von den Schienen weg, da kommt die Tram-Bahn. Nicht, dass wir noch überfahren werden«, sagte ich.

»Oh! Du hast mein Leben gerettet«, antwortete sie lachend.

Ihr Leben gerettet? Wohl kaum. Die Tram-Bahn war noch hundert Meter entfernt und hätte notfalls stoppen können. Dennoch ließ ich ihre Aussage so stehen, da sie sich damit als kleine Romantikerin entpuppt hatte. Auf Anhieb hatte sie nun das positive Bild eines Beschützertypen von mir. Warum hätte ich ihr das ausreden sollen? Wir unterhielten uns kurz, ehe ich bemerkte, dass sie vor Kälte am Körper zitterte.

»Du frierst ja«, sagte ich.

»Ja, ich muss jetzt auch weiter. Ich fahre zu meiner Oma. Soll ich dir meine Nummer geben?«, fragte sie.

So eine Einladung ließ ich mir kein zweites Mal geben. Also tauschten wir Handynummern und ich speicherte sie unter dem Namen Rebecca ab. Am selben Abend schrieb ich ihr noch eine Nachricht über WhatsApp. Dies tat ich immer so früh, da das positive Gefühl von unserer ersten Begegnung noch frisch war und ich so die beste Chance auf eine Antwort hatte. Wir schrieben hin und her und machten ein Date für den übernächsten Tag aus. Ich freute mich schon auf unser

Wiedersehen, bis Rebecca mir einen Tag vorher plötzlich diese Nachricht schrieb:

„Hey Andy, ich muss dir leider absagen. Es gibt momentan eine ungeklärte Sache, die mich noch sehr beschäftigt. Deshalb hätte ich gerade kein gutes Gefühl auf ein Date zu gehen. Ich hoffe, du verstehst."

Ja, mittlerweile verstand ich Frauen und konnte diese Nachricht entschlüsseln. Sie hatte einen Freund, schien aber nicht glücklich mit ihm zu sein. Also gab ich ihr zu verstehen, dass ich das akzeptieren würde. Doch keine fünf Tage später schrieb ich ihr erneut. Ich war immer noch fasziniert von Rebecca und konnte sie nicht gehen lassen. Irgendetwas in mir sagte, dass ich einen neuen Versuch starten musste, auch wenn es ziemlich aussichtslos erschien. Und da sie ein neues Profilbild mit ihrem Hund in WhatsApp reingesetzt hatte, nahm ich dies zum Anlass, sie in einer Nachricht darauf anzusprechen. Es würde genau das richtige Thema sein, um eine emotionale Verbindung zu ihr herzustellen, da ich selbst Hunde liebte und wir dadurch eine Gemeinsamkeit hatten. Zumindest hoffte ich, dass es funktionieren würde. Und tatsächlich: Rebecca antwortete und stimmte nach ein paar Nachrichten doch noch einem Date zu. Ich war erstaunt über den Sinneswandel. Offenbar hatte sie weiterhin Interesse an mir und wurde gleichzeitig immer unglücklicher mit ihrem Freund. Dadurch hatte sich emotional irgendein Schalter in ihrem Kopf umgelegt, sodass sie ihre Bedenken aufgegeben hatte und mich nun trotzdem daten wollte.

Auch unser erstes Treffen startete holprig und drohte gründlich zu misslingen. Das tadschikische Café, das ich als besonders originelle Date-Idee ausgesucht hatte, mussten wir nach einer halben Stunde direkt wieder verlassen, da an diesem Abend eine Veranstaltung stattfand, für die wir keinen Tisch reserviert hatten. Das fängt ja gut an, dachte ich leicht sarkastisch, als wir wieder auf die Straße gesetzt wurden. Was nun? Wir brauchten einen Plan B. Um den Abend zu retten, beschlossen wir, in einen anderen Bezirk zu fahren, um dort unweit der Warschauer Straße in ein anderes beliebtes Lokal zu gehen. Während wir auf die S-Bahn warteten, nahm ich Rebecca in den Arm und versuchte, sie zu küssen. Das ging ihr allerdings viel zu schnell. Sie blockte ab und sagte:

»Ich dachte, so einen plumpen Kussversuch würde ein Flirtcoach nicht machen.«

»Ja, aber vielleicht hast du einen besonders schlechten Flirtcoach erwischt«, erwiderte ich grinsend.

Von solchen Zurückweisungen ließ ich mich schon lange nicht mehr aus der Fassung bringen. Ich wusste, dass das zum Spiel des Flirtens nun mal dazugehörte und beschloss, einfach später nochmal einen Kussversuch bei Rebecca zu starten. Als wir schließlich in dem Lokal ankamen und Entspannung fanden, ging es doch noch bergauf mit unserem Date. Wir tranken Wein, lachten und hatten viel Spaß zusammen. Ich bemerkte, dass Rebecca eine sehr herzliche und empathische Frau war, die voller Lebensfreude steckte. Die Annäherung klappte jetzt fließend, auch schienen ihr meine Berührungen zu gefallen. Der richtige Moment war gekommen. Wieder setzte ich zum Kuss an – doch diesmal erwiderte Rebecca ihn und wir knutschten leidenschaftlich rum.

Dieses erste Date war schon aufregend gewesen, aber das zweite toppte alles. Gemeinsam besuchten wir die Mineralis-Messe in Berlin. Rebecca interessierte sich sehr für Schmuck, Edelsteine und Kristalle, die man dort an zahlreichen Ständen bestaunen konnte – in allen möglichen Größen, Formen und Farben. Ich persönlich konnte damit nicht so viel anfangen, aber allein schon in ihrer Nähe zu sein, war Anlass genug, dort zu verweilen. Als wir genug von der Ausstellung hatten, gingen wir zu mir nach Hause, um uns von der spätherbstlichen Kälte ein wenig aufzuwärmen und noch einen schönen Abend miteinander zu verbringen. Nachdem Rebecca meine Wohnung begutachtet hatte, nahm ich ihre Hand und führte sie ins Schlafzimmer. Wir knutschten wild herum und warfen uns voll bekleidet aufs Bett.

»Sag mal, legst du dich immer mit Straßenklamotten ins Bett?«, fragte sie.

»Ähm, nein. Du hast recht, wir sollten uns ausziehen.«

»Jetzt ist es schon zu spät«, sagte sie grinsend.

Na gut, dachte ich mir, dann werde ich eben den ersten Schritt machen. Also fing ich an, mich auszuziehen, während Rebecca auf meinem Bett lag. Ich legte einen peinlich schlechten Striptease hin. Aber selbst ein schlechter Striptease kann eine gelungene Unterhaltung sein, und so fand Rebecca Gefallen daran. Als ich mich nur noch mit Unterhose bekleidet neben sie legte, stand sie auf und bewegte sich in Richtung Bad. Die Toilettenspülung wurde nicht betätigt, weshalb mir klar war, was jetzt folgen würde. Sie zog sich im Bad aus und würde gleich nackt zurück ins Bett kommen. Gespannt wartete ich auf ihre Rückkehr – und dann kam sie! Was für eine Schönheit, schoss es mir durch den Kopf, als Rebecca halbnackt durch die Schlafzimmertür hereintrat. Nur in Slip und BH war sie genauso schön anzusehen wie komplett angezogen in ihrem Wintermantel. Sie legte sich zu mir ins Bett und wir begannen, den Körper des anderen zu erkunden. Zu meiner Beunruhigung merkte ich allerdings, dass ich keinerlei Erektion bekam. Die Therapie gegen Chlamydien hatte ich vor Kurzem beendet, aber noch immer hatte ich die Befürchtung im Kopf, jemanden damit anstecken zu können. Ich hatte schließlich keinen Test gemacht. Deshalb war ich nun im Kopf nicht frei und mein kleiner Freund versagte wieder einmal seinen Dienst.

»Ich habe gerade richtig Hunger. Wollen wir was essen gehen?«, fragte ich.

»Ja, gerne«, antwortete Rebecca, als ob nichts gewesen wäre.

Nochmal Schwein gehabt, dachte ich erleichtert. Ich konnte sie mit dieser Idee vorerst ablenken und so mein Glück später nochmal versuchen. Also zogen wir uns an und gingen um die Ecke Vietnamesisch essen. Nachdem wir uns gestärkt hatten, gingen wir zu mir nach Hause zurück und landeten wieder im Bett. Und es wiederholte sich das gleiche elende Spiel: Ich bekam einfach keinen hoch. Rebecca sah das nicht so eng und zeigte glücklicherweise viel Verständnis. Da es schon spät am Abend war, redeten wir noch ein bisschen und schliefen schließlich aneinandergekuschelt ein. Am nächsten Morgen probierten wir es nochmal mit dem Sex, da wir immer noch große Lust aufeinander hatten. Doch was ich auch versuchte, alles war vergebens. Ich bekam keine Erektion; mein bestes Stück war anscheinend in den Dauerstreik getreten.

»Du, sorry. Ich weiß auch nicht, was los ist, aber irgendwie kann ich nicht«, sagte ich.

»Naja, vielleicht passt es einfach nicht zwischen uns«, antwortete Rebecca, während sie neben mir im Bett lag und leicht enttäuscht an die Schlafzimmerdecke starrte.

Oh man. Dieser Satz zerstörte alles in mir. Ich wollte diese Frau unbedingt – und nun glaubte sie, ich fände sie sexuell nicht ansprechend. Diese Chlamydien machten mich fertig, aber es sollte noch schlimmer kommen.

Gemeinsam frühstückten wir und ich brachte Rebecca zur S-Bahn, da sie nach Hause fahren wollte. Auf dem Weg zur Bahnstation merkte ich, dass sie etwas distanzierter mir gegenüber war. Sie redete weniger und wirkte auch nicht mehr so fröhlich wie noch am Tag zuvor. Sofort kamen Verlustängste in mir hoch, denn so einer attraktiven, herzlichen und lebenslustigen Frau wie ihr begegnet man nicht jeden Tag. Wir verabschiedeten uns etwas verkrampft, als ihre S-Bahn einfuhr, und ich ging mit einem unguten Gefühl nach Hause. Am nächsten Tag schrieb ich ihr wieder, und obwohl ich glaubte, dass wir uns nicht wiedersehen würden, schaffte ich es irgendwie, sie per WhatsApp noch für ein drittes Date zu begeistern. Mir war klar: Diesmal würden wir großartigen Sex haben müssen, wenn ich Rebecca nicht endgültig verlieren wollte. Also war gute Vorbereitung gefragt. Ich versuchte, meine blockierenden Gedanken an Chlamydien zu verdrängen und unternahm alles, was eine Erektionsstörung verhindern sollte: Ich schaute keine Pornos, um mein sexuelles Verlangen zu steigern; zudem besorgte ich mir Maca-Pulver und trank literweise Rote Bete, was beides als natürliches Potenzmittel gilt.

Und dann war der große Tag gekommen. Während wir im Bett lagen und ich einen erneuten Versuch startete, bekam ich tatsächlich eine Erektion. Doch diese sollte nicht lange anhalten, denn als ich das Kondom überstreifte, versagte ich erneut. Was sollte ich tun? Meine Verlustängste überwältigten mich in diesem Moment. Ich befürchtete, Rebecca endgültig in die

Flucht zu schlagen, wenn ich es jetzt nicht schaffte, sie im Bett zu befriedigen. Und so kam es, dass wir notgedrungen ohne Kondom Sex hatten. Das Kondom abzunehmen wirkte auch wie eine psychische Befreiung, denn plötzlich funktionierte bei mir alles wie durch ein Wunder. Auch am nächsten Morgen hatten wir ungeschützten Sex und ich war überglücklich, meinen Mann stehen zu können. Als wir anschließend bei mir in der Küche frühstückten, musste ich eine Sache noch unbedingt erfahren:

»Sag mal, wenn ich wieder keinen hochbekommen hätte und wir keinen Sex gehabt hätten, hättest du mich dann abgeschossen?«

»Nein, hätte ich nicht, weil mir der Charakter wichtiger ist und mir deine Persönlichkeit gefällt.«

Ihre Aussage überraschte mich. Offenbar hatte ich mich selbst völlig unnötig unter Druck gesetzt. Ich war erleichtert, so etwas zu hören und machte mir einmal mehr diese Tatsache bewusst:

„Wer seine Partnerin mit einer starken Persönlichkeit überzeugt, bekommt vieles verziehen – sogar ein Versagen im Bett. Die Persönlichkeit ist das, was eine echte Männlichkeit auszeichnet, und nicht nur die Potenz."

Aber eine Sorge blieb noch: Was, wenn ich noch Chlamydien hatte? Dann hatte ich Rebecca sicherlich angesteckt! Abermals befiel mich ein schlechtes Gewissen, weil ich beim Sex das Kondom abgezogen und damit grob fahrlässig gehandelt hatte. In dem heiklen Moment meiner Erektionsprobleme waren meine Verlustängste so groß gewesen, dass ich Rebeccas Gesundheit hintangestellt und sie völlig unnötig in Gefahr gebracht hatte.

Ein paar Tage später verspürte ich ein Brennen beim Wasserlassen. Sofort bekam ich es mit der Angst zu tun, dass die Chlamydien aktiv waren. Also machte ich umgehend einen Termin beim Urologen aus und hockte ein paar Tage später wieder in seinem Behandlungszimmer, um von meinen Eskapaden zu berichten.

»Ich habe eine neue Partnerin ...«

»Oh, sehr gut«, unterbrach mich der Arzt mit seinem russischen Akzent und lächelte mich augenzwinkernd an.

»Ja. Die Sache ist nur die: Wir hatten Sex ohne Kondom und ich habe seitdem ein Brennen beim Wasserlassen. Könnte es sein, dass das von den Chlamydien kommt?«

»Bitte schützen Sie sich in Zukunft. Und ob das von den Chlamydien kommt, müssen wir testen. Wir machen am besten einen Urintest und schauen dann weiter.«

Rebecca erzählte ich bei unserem nächsten Treffen, dass ich Schmerzen beim Urinieren hatte und tat es als normalen Harnwegsinfekt ab, sodass sie keinen Verdacht schöpfte. Dass ich womöglich noch Chlamydien hatte, verschwieg ich, denn ich wollte unsere Romanze damit nicht am Anfang schon belasten. Kurze Zeit darauf machte ich den Urintest, und nach fast einer Woche hatte die Arztpraxis den Befund des Labors vorliegen. Um das Testergebnis zu erfahren, rief ich in der Praxis an:

»Können Sie mir das Testergebnis sagen?«

»Besser Sie besprechen den Befund mit dem Arzt«, sagte die Arzthelferin.

»Bitte sagen Sie es mir doch einfach. Habe ich Chlamydien?«

»Nein, Chlamydien haben Sie nicht, aber etwas anderes.«

»Okay, und was dann?«, fragte ich mit Herzrasen.

»Ureaplasma urealyticum.«

»Was ist das denn?«

»Eine Geschlechtskrankheit. Kommen Sie bitte vorbei und besprechen Sie alles weitere mit dem Arzt.«

Na super, dachte ich ironisch, irgendjemand will mich doppelt bestrafen. Erst die Sache mit den Chlamydien und jetzt das. Ich suchte im Internet sofort nach allem, was ich zum Thema Ureaplasma finden konnte und fand heraus, dass es sich hierbei um ein Bakterium handelt. Bei Frauen verursacht es selten Symptome, bei Männer hingegen schon. Auch davon erzählte ich Rebecca vorerst nichts und suchte erneut meinen Urologen auf. Beim Termin kam er schon mit einem breiten Grinsen zur Tür herein, als ich im Behandlungszimmer saß und auf ihn wartete. Vermutlich dachte er, ich würde mich wie wild durch die Weltgeschichte vögeln. Zwei Geschlechtskrankheiten hintereinander in so kurzer Zeit, so einen Patienten hatte er sicher nicht alle Tage.

»Kann es sein, dass ich Chlamydien und Ureaplasma gleichzeitig hatte?«, fragte ich ihn.

»Nein. Schauen Sie sich den Befund an: Die Chlamydien sind negativ, das Ureaplasma ist ganz frisch. Das haben Sie von der neuen Frau.«

Also hatte ich mich bei Rebecca angesteckt. Das verwunderte mich, da sie vorher nur mit ihrem Freund geschlafen hatte, mit dem sie ein Jahr lang zusammen gewesen war, bevor sie sich nach unserem ersten Date von ihm getrennt hatte. Mein Urologe verschrieb mir ein Antibiotikum und empfahl mir dringend, während der Therapie abstinent zu sein oder beim Sex ein Kondom zu verwenden. Außerdem solle Rebecca ebenfalls eine Therapie machen, da sonst ein Ping-Pong-Effekt entstehe, sodass wir uns immer wieder gegenseitig anstecken würden. Ich musste sie also über meine Geschlechtskrankheit aufklären.

Allerdings war Rebecca für fast einen Monat nach London vereist und ich wollte ihr den Urlaub nicht kaputt machen. Somit entschied ich mich dazu, ihr die Sache mit dem Ureaplasma zu sagen, sobald sie wieder zurück sein würde.

Die Erkenntnis

Als Rebecca im Januar 2020 in London war, verschlechterte sich unser Verhältnis. Sie war dort mit ihrem besten Freund, der schon lange ein Auge auf sie geworfen hatte. Ich war ein lästiger Konkurrent für ihn und merkte sofort, welchen Einfluss er auf sie ausübte. Das führte dazu, dass Rebecca sich langsam von mir distanzierte. Ihre WhatsApp-Nachrichten wurden immer kürzer und lustloser. Auch antwortete sie sehr verzögert auf meine Nachrichten, obwohl ihr Status in WhatsApp ständig „online" anzeigte. Ich weiß bis heute nicht, was genau in London vorgefallen ist, aber ihr bester Freund hatte sicher seine Finger im Spiel. Natürlich wollte ich sie nicht verlieren, aber auf der anderen Seite würde mir ein Ende unserer Romanze sehr gelegen kommen, da ich einfach das Thema Geschlechtskrankheiten ein für alle Mal hinter mich bringen wollte.

Als Rebecca wieder zurück in Berlin war, trafen wir uns in ihrem Lieblingscafé – und sie gab mir zu verstehen, dass das zwischen uns nicht funktionieren würde. Ich signalisierte, dass ich ihre Entscheidung akzeptieren werde und fügte hinzu, dass ich auch etwas auf dem Herzen habe. Dann erzählte ihr von dem Ureaplasma und klärte sie darüber auf. Liebevoll wie sie war, entschuldigte sie sich bei mir, mich angesteckt zu haben. Natürlich traf sie keine Schuld, schließlich hatte sie nicht gewusst, dass sie dieses Bakterium in sich trug. Wir verabschiedeten uns und mich überkam ein Gefühl der Traurigkeit. In den paar Monaten unserer gemeinsamen Zeit war sie mir sehr ans Herz gewachsen, und jetzt war alles vorbei.

Und schon wieder musste ich an Lalo denken. Also schrieb ich ihr und wir trafen uns Anfang Februar in einem Café. Ich erzählte

Lalo alles, was vorgefallen war, seit wir uns das letzte Mal gesehen hatten. An sich wäre die Zeit perfekt gewesen, um uns beiden eine neue Chance zu geben. Nur war diesmal sie in einer Beziehung. Sie hatte sich in ihren Arbeitskollegen verliebt und beide waren ein glückliches Paar. Wie sollte ich damit umgehen? Freundschaft kam für mich nicht infrage, und in eine intakte Beziehung hineinzufunken war für mich sowieso seit jeher tabu.

Es war also an der Zeit, mit meiner Vergangenheit abzuschließen – insbesondere mit Lalo. Ganz oft neigen wir Männer aufgrund von Bedürftigkeit dazu, unsere Ex-Partnerin erneut erobern zu wollen. Wir glauben, sie wäre die Einzige. Die Frau fürs Leben. Und dass wir ohne sie niemals wieder glücklich werden können. Doch jede Frau ist auf ihre Art und Weise besonders und es gibt viele wundervolle Frauen da draußen. Wir Männer müssen nur mit offenen Augen durch die Welt gehen und sie entdecken. Als mir das wieder bewusst wurde, fasste ich den Entschluss, keine meiner Ex-Freundinnen für eine erneute Partnerschaft in Betracht zu ziehen und die seelischen Altlasten über Bord zu werfen. Die Zeit war gekommen, um eine neue Frau kennenzulernen. Wie das geht, wusste ich ja inzwischen längst!

Und obwohl es bis hierhin noch keine Liebesgeschichte mit Happy End gibt, habe ich die wertvollste Essenz nach all den Jahren erkannt:

„Die Entwicklung der Persönlichkeit mit all den Herausforderungen lässt einen wachsen und macht einen zum anziehenden Mann."

Hunderttausende Menschen lesen monatlich meinen Blog. Tausende von ihnen durfte ich in meinen Coachings begleiten. Und fast alle haben eines gemeinsam: Sie suchen nach der Zauberformel, um wie auf Knopfdruck attraktiver zu werden oder die Eine doch noch von sich zu begeistern. Die Wahrheit ist: Auch wenn ich Dir gerne ein paar hilfreiche Ratschläge gebe, ist das nur die Spitze des Eisbergs. Denn nur wenn Du Dich so wie ich einst auf den Weg begibst, Dich selbst besser kennenlernst und Deinen Ängsten und Herausforderungen stellst, nur dann wirst Du zu dem Mann, der Du schon immer sein wolltest. Damit wirst Du dann ganz automatisch eine anziehende Ausstrahlung entwickeln, um endlich die Frau in Dein Leben ziehen zu können, die Du wirklich willst!

Was kannst Du ganz konkret tun, um dieses Ziel zu erreichen? Nun, jede große Reise beginnt mit dem ersten Schritt – und Du kannst ihn schon heute gehen, um sofort etwas zum Positiven zu verändern. Dieser erste Schritt besteht darin, endlich Deine Schüchternheit zu überwinden und fremde Frauen anzusprechen. Und zwar überall, wo Du sie siehst. Egal ob beim Einkaufen, an der Bahnhaltestelle oder beim Spaziergang im Park. Also, besiege Deinen inneren Schweinehund! Fällt Dir das noch schwer? Hast Du große Angst und weißt nicht, was Du zu einer Frau im Gespräch sagen sollst, um sie von Dir zu begeistern? Dann unterstütze ich Dich gerne persönlich in einem Coaching und zeige Dir die Abkürzung zum Ziel.

Besuche einfach meine Webseite und vereinbare ein kostenloses telefonisches Erstgespräch:

www.andreas-lorenz.com

NACHWORT

Und so sitze ich nun hier und schreibe meine letzten Sätze. Dabei wird mir eines immer klarer: Irgendwann endete auch diese Sturm-und-Drang-Phase – eine äußerst wilde Zeit, an die ich immer gerne zurückdenke. Es waren lustige, aber auch schmerzhafte Momente dabei. Momente, die mich in meiner Entwicklung stark geprägt haben. In diesem Buch ging es aber nicht nur um mich; ich habe Dir einige andere Jungs vorgestellt, die mich auf meinem Weg begleitet haben. Vielleicht möchtest Du erfahren, was aus ihnen geworden ist. Nun, deshalb möchte ich gerne ein paar Worte darüber verlieren.

Meine immer intensivere Beschäftigung mit dem Thema Verführung schmälerte den Kontakt zu Thomas und Patrick, die nicht viel von meinen Praktiken hielten. Unsere Interessen entwickelten sich auseinander und nachdem ich nicht mehr in dem Dorf meiner Eltern gelebt hatte, war der Kontakt endgültig verloren gegangen. Schade, aber ich hoffe, dass beide ein glückliches und erfülltes Leben führen.

Michi, mein damaliger Verbündeter, ist heute immer noch stets an meiner Seite. Nach ein paar Jahren harten Augenkontakt-Trainings überwand er seine Scheu vor Frauen. Heute ist er Polizeibeamter und hat mir angeboten, dass ich seine Handschellen für gröbere Sexpraktiken nutzen dürfe. Natürlich nur, wenn die Frau ihr Einverständnis dazu gibt. Vielen Dank, Michi! Ich komme auf das Angebot bald zurück.

Zu Rainer habe ich keinen Kontakt mehr. Das Letzte, was mir zu Ohren kam, war, dass er mit Ende dreißig eine Ausbildung zum Reiseverkehrskaufmann angefangen haben soll. Das finde ich sehr beachtlich. Ob er diese Berufswahl getroffen hat, um in anderen Ländern seine Pheromone unters Volk zu bringen? Vielleicht ist dieser Gedanke weit hergeholt, aber irgendwie muss ich dabei schmunzeln.

Chris, der nur so vor Männlichkeit strotzte, hat eine Geschlechtsanpassung vorgenommen und lebt heutzutage als Frau unter dem Namen Sandra. Als ich sie das erste Mal traf, war das für mich eine komplette Umstellung. Es fühlte sich an, als würde ich einen ganz neuen Menschen kennenlernen. Den Chris von damals gibt es nicht mehr. Doch die Lebensfreude, die Sandra bei unserem Treffen versprühte, zeigte mir, dass sie glücklich ist und ihre Entscheidung die richtige war.

Als Moe mit Andrea zusammengekommen war und mit ihr seine erste richtige Beziehung hatte, war er anfangs überglücklich. Doch Jahre später rief er mich an und erzählte mir, dass er mit Andrea Schluss gemacht habe, weil er endlich zur Besinnung gekommen sei. Er habe eingesehen, dass meine Ratschläge und Warnungen vor Andrea richtig gewesen seien. Aber so ist das eben: Manchmal müssen wir die heiße Herdplatte selbst anfassen, um zu verstehen, dass wir uns daran verbrennen können. Bis heute pflege ich mit Moe einen guten Kontakt und bin froh darüber.

Bernhard lebt mittlerweile in Zypern und leitet als App-Entwickler ein eigenes Unternehmen. Aus dem Coaching-Business hat er sich komplett zurückgezogen. Er ist nach wie vor ein sehr guter Kumpel von mir, mit dem ich all meine Gedanken teile. Ich kenne niemanden, der so eine unbändige Motivation hat – egal ob es ums Ansprechen von Frauen oder um unternehmerische Zielsetzungen geht. Er ist und bleibt ein wichtiger Mensch in meinem Leben!

DANKSAGUNGEN

Nicht alles sollte man als selbstverständlich betrachten. Wäre ich in einem anderen Land unter anderen Bedingungen aufgewachsen, wäre mein Leben vielleicht nicht so erfüllt, wie es heute ist. Natürlich ist jeder seines eigenen Glückes Schmied, aber ich bin der Meinung, dass oft auch ein paar glückliche Zufälle hineinspielen, auf die wir keinen Einfluss haben. Deswegen ist es mir umso wichtiger, Danke zu sagen. Ich bin jedem Menschen dankbar, dem ich begegnen durfte. Dennoch möchte ich ein paar ganz besonderen Menschen in kurzen Worten danken.

Wir beginnen mit meinen Eltern. Danke, dass Ihr immer hinter mir gestanden habt. Auch wenn Ihr meine Coaching-Tätigkeit bis heute hin und wieder als gewöhnungsbedürftig empfindet, habt Ihr mir immer Halt gegeben.

Danke auch an meinen Bruder. Wir hatten zwar oft Meinungsverschiedenheiten, aber schlussendlich fanden wir immer einen Weg zueinander, der uns stärker machte.

Danke an Bernhard, mit dem ich sehr viel erlebt habe und von dem ich auch eine Menge lernen durfte. Ohne Dich wäre ich sicher noch nicht da, wo ich heute stehe.

Danke an meine zwei langjährigen Freunde Michi und Sandra (Chris). Ohne Euch zwei Verrückten hätte ich in der Anfangszeit nicht so viel Spaß daran gehabt, Frauen anzusprechen.

Danke an Moe. Du warst mir gegenüber stets ein treuer Freund und warst immer an meiner Seite. Das weiß ich sehr zu schätzen.

Ein großer Dank geht an meinem Mitarbeiter Jan, der dieses Buch lektoriert hat. Ohne Dich wäre das Werk sicher ein Fall für die Mülltonne geworden.

Und wie heißt es so schön? Das Beste kommt zum Schluss. Deswegen möchte ich noch einen ganz besonderen Dank an die Frauenwelt richten:

Lalo, Dir habe ich weite Teile dieses Buches gewidmet – und sicherlich weißt Du, warum. Vergiss nie: Du warst, bist und bleibst immer in meinem Herzen. Danke, dass es Dich gibt!

Rike, Du warst mit Abstand die liebevollste Frau, die ich je kennengelernt habe. Ich habe bis heute mit keiner Frau eine so lange und intensive Beziehung geführt wie mit Dir. Ich habe Dich immer geliebt. Sowohl in den guten als auch in den schlechten Zeiten. Danke, dass Du Teil meines Lebens warst!

Und den letzten Dank möchte ich allen Frauen aussprechen. Ihr seid wundervoll. Jede einzelne Frau der ich begegnen durfte, hat an meinem Entwicklungsprozess mitgewirkt. Ich bin sehr froh, dass es Euch gibt, ansonsten wäre dieses Buch nie entstanden.

ÜBER DEN AUTOR

Andreas Lorenz beschäftigt sich seit 2008 intensiv mit dem Thema Flirten, Dating und Verführung. Er ist hauptberuflich als Coach tätig und hilft zahlreichen Männern und Frauen dabei, ihr Glück in der Liebe zu finden. Durch seine TV-Auftritte zählt er mittlerweile zu den bekanntesten Flirtcoaches im deutschsprachigen Raum. Sein Lebensmotto:

„Es geht im Leben nicht darum, mit tausenden von Frauen zu schlafen – sondern darum, genau die Frau in sein Leben zu ziehen, die man wirklich will."

Willst Du mehr erfahren? Dann besuche seine Webseite:

www.andreas-lorenz.com